U0672998

四部要籍選刊·子部

清吴鼒刻本

韓非子

二

浙江大學出版社

本册目録

第二册
卷十三
外儲說右上第三十四……二六一
卷十四
外儲說右下第三十五……二八一
卷十五
難一第三十六……二九七
難二第三十七……三〇九
卷十六
難三第三十八……三一九
難四第三十九……三二九
卷十七
難勢第四十……三三七
問辯第四十一……三四一
問田第四十二……三四三
定法第四十三……三四四
說疑第四十四……三四七
詭使第四十五……三五五
卷十八
六反第四十六……三六一
八說第四十七……三六八
八經第四十八……三七五
卷十九
五蠹第四十九……三八三

顯學第五十……三九六

卷二十

忠孝第五十一……四〇三
人主第五十二……四〇七
飭令第五十三……四一〇
心度第五十四……四一一
制分第五十五……四一三
韓非子識誤序　顧廣圻……四一七
韓非子識誤卷上……四一九
韓非子識誤卷中……四五七
韓非子識誤卷下……四九五
韓非子識誤跋　顧廣圻……五三七

韓非子卷第十三

外儲說右上第三十四

君所以治臣者有三一勢不足以化則除之師曠之對晏子之說皆合勢之易也而道行之難是與獸逐走也未知除患患之可除在子夏之說春秋也善持勢者蚤絶其姦萌故季孫讓仲尼以遇勢而況錯之於君乎是以太公望殺狂矞而臧獲不乘驥嗣公知之故而駕鹿薛公知之故與二欒博此皆知同異之反也故明主之牧臣也說在畜焉二人主者利害之軺轂也射者衆故人主共矣是以好惡見則下有因而人主惑矣辭言通則臣難言而主不神矣說在申子之言六愼與唐易之言弋也患在國年之請變與宣王之太息也明之以靖郭氏之獻十珥也與犀首甘戍之道穴聞也堂谿公知術故問玉卮昭侯能術故以聽獨寢明主之道在申子之勸獨斷也

三術之不行有故不殺其狗則酒酸夫國亦有狗且左右皆社鼠也人主無堯之再誅與莊王之應太子而皆有薄媼之決蔡嫗也知貴不能以教歌之法先揆之吳起之出愛妻文公之斬顛頡皆逵其情者也故能使人彈疽者必其忍痛者也

右經

一賞之譽之不勸罰之毀之不畏四者加焉不變則其除之

齊景公之晉從平公飲師曠侍坐景公問政於師曠曰太師將奚以教寡人師曠曰君必惠民而已中坐酒酣將出又復問政於師曠曰太師奚以教寡人曰君必惠民而已矣景公出之舍師曠送之又問政於師曠師曠曰君必惠民而已矣景公歸思未醒而得師曠之所謂公子尾公子夏者景公之二弟也甚得齊民家富貴而民說之擬於公室此危吾位者也今謂我惠民者使我與二弟爭民耶於是反國發廩粟以賦衆貧散府餘

財以賜孤寡倉無陳粟府無餘財宮婦不御者出嫁之七十受祿米鬻德惠施於民也已與二弟爭居二年二弟出走公子夏逃楚公子尾走晉

景公與晏子遊於少海登柏寢之臺而還望其國曰美哉泱泱乎堂堂乎後世將孰有此晏子對曰其田成氏乎景公曰寡人有此國也而曰田成氏有之何也晏子對曰夫田成氏甚得齊民其於民也上之請爵祿行諸大臣下之私大斗斛區釜以出貸小斗斛區釜以收之殺一牛取一豆肉餘以食士終歲布帛取二制焉餘以衣士故市木之價不加貴於山澤之魚鹽龜鱉蠃蚌不貴於海君重斂而田成氏厚施齊嘗大飢道旁餓死者不可勝數也父子相牽而趨田成氏者不聞不生故周秦之民相與歌之曰謳乎其已乎苞乎其往歸田成子乎詩曰雖無德與女式歌且舞今田成氏之德而民之歌舞民德歸之矣故曰

其田成氏乎公泫然出涕曰不亦悲乎寡人有國而田成氏有之今爲之柰何晏子對曰君何患焉若君欲奪之則近賢而遠不肖治其煩亂緩其刑罰振貧窮而恤孤寡行恩惠而給不足民將歸君則雖有十田成氏其如君何

或曰景公不知用勢而師曠晏子不知除患夫獵者託車輿之安用六馬之足使王良佐轡則身不勞而易及輕獸矣今釋車輿之利捐六馬之足與王良之御而下走逐獸則雖樓季之足無時及獸矣託良馬固車則臧獲有餘國者君之車也勢者君之馬也夫不處勢以禁誅擅愛之臣而必德厚以與天下齊行以爭名是皆不乘君之車不因馬之利車而下走者也故曰景公不知用勢之主也而師曠晏子不知除患之臣也

子夏曰春秋之記臣殺君子殺父者以十數矣皆非一日之積也有漸而以至矣凡姦者行久而成積積成而力多力多而能殺

故明主蚤絶之今田常之爲亂有漸見矣而君不誅晏子不使其君禁侵陵之臣而使其主行惠故簡公受其禍故子夏曰善持勢者蚤絶姦之萌

季孫相魯子路爲郈令魯以五月起衆爲長溝當此之爲子路以其私秩粟爲漿飯要作溝者於五父之衢而飡之孔子聞之使子貢往覆其飯擊毀其器曰魯君有民子奚爲乃飡之子路怫然怒攘肱而入請曰夫子疾由之爲仁義乎所學於夫子者仁義也仁義者與天下共其所有而同其利者也今以由之秩粟而飡民不可何也孔子曰由之野也吾以女知之女徒未及也女故如是之不知禮也女之飡之爲愛之也夫禮天子愛天下諸侯愛境内大夫愛官職士愛其家過其所愛曰侵今魯君有民而子擅愛之是子侵也不亦誣乎言未卒而季孫使者至讓曰肥也起民而使之先生使弟子令徒役而飡之將奪肥之民耶孔

子駕而去魯以孔子之賢而季孫非魯君也以人臣之資假人主之術蚤禁於未形而子路不得行其私惠而害不得生況人主乎以景公之勢而禁田常之侵也則必無劫弑之患矣

太公望東封於齊齊東海上有居士曰狂矞華士昆弟二人者立議曰吾不臣天子不友諸侯耕作而食之掘井而飲之吾無求於人也無上之名無君之禄不事仕而事力太公望至於營丘使吏執殺之以爲首誅周公旦從魯聞之發急傳而問之曰夫二子賢者也今日饗國而殺賢者何也太公望曰是昆弟二人立議曰吾不臣天子不友諸侯耕作而食之掘井而飲之吾無求於人也無上之名無君之禄不事仕而事力彼不臣天子者是望不得而臣也不友諸侯者是望不得而使也耕作而食之掘井而飲之無求於人者是望不得以賞罰勸禁也且無上名雖知不爲望用不仰君禄雖賢不爲望功不仕則不治不任

則不忠且先王之所以使其臣民者非爵禄則刑罰也今四者不足以使之則望當誰爲君乎不服兵革而顯不親耕耨而名又所以教於國也今有馬於此如驥之狀者天下之至良也然而驅之不前却之不止左之不左右之不右則臧獲雖賤不託其足臧獲之所願託其足於驥者以驥之可以追利辟害也今不爲人用臧獲雖賤不託其足焉已自謂以爲世之賢士而不爲主用行極賢而不用於君此非明主之所臣也亦驥之不可左右矣是以誅之一曰太公望東封於齊海上有賢者狂矞太公望聞之往請焉三却馬於門而狂矞不報見也太公望誅之當是時也周公旦在魯馳往止之比至已誅之矣周公旦曰狂矞天下賢者也夫子何爲誅之太公望曰狂矞也議不臣天子不友諸侯吾恐其亂法易教也故以爲首誅今有馬於此形容似驥也然驅之不往引之不前雖臧獲不託足於其軫也

如耳說衛嗣公衛嗣公說而太息左右曰公何爲不相也公曰夫馬似鹿者而題之千金然而有百金之馬而無一金之鹿者馬爲人用而鹿不爲人用也今如耳萬乘之相也外有大國之意其心不在衛雖辯智亦不爲寡人用吾是以不相也

薛公之相魏昭侯也左右有欒子者曰陽胡潘其於王甚重而不爲薛公薛公患之於是乃召與之博予之人百金令之昆弟博俄又益之人二百金方博有閒謁者言客張季之子在門公怫然怒撫兵而授謁者曰殺之吾聞季之不爲文也立有閒時季羽在側曰不然竊聞季爲公甚顧其人陰未聞耳乃輟不殺客大禮之曰曩者聞季之不爲文也故欲殺之今誠爲文也豈忘季哉告廩獻千石之粟告府獻五百金告騶私廄獻良馬固車二乘因令奄將宮人之美妾二十人并遺季也欒子因相謂曰爲公者必利不爲公者必害吾曹何愛不爲公因斯競勸而遂爲

之薛公以人臣之勢假人主之術也而害不得生況錯之人主乎夫馴烏斷其下頷焉斷其下頷則必恃人而食焉得不馴乎夫明主畜臣亦然令臣不得不利君之祿不得無服上之名夫利君之祿服上之名焉得不服

二申子曰上明見人備之其不明見人惑之其知見人惑之不知見人匿之其無欲見人司之其有欲見人餌之故曰吾無從知之惟無爲可以規之一曰申子曰慎而言也人且知女慎而行也人且隨女而有知見也人且匿女而無知見也人且意女女有知也人且臧女女無知也人且行女故曰惟無爲可以規之

○田子方問唐易鞠曰弋者何慎對曰鳥以數百目視子子以二目御之子謹周子廩田子方曰善子加之弋我加之國鄭長者聞之田子方知欲爲廩而未得所以爲廩夫虛無無見者廩也一曰齊宣王問弋於唐易子曰弋者奚貴唐易子曰在於謹廩

王曰何謂謹廩對曰鳥以數十目視人人以二目視鳥奈何不謹廩也故曰在於謹廩也故曰然則爲天下何以爲此廩今人主以二目視一國一國以萬目視人主將何以自爲廩乎對曰鄭長者有言曰夫虛靜無爲而無見也其可以爲此廩乎國羊重於鄭君聞君之惡己也侍飲因先謂君曰臣適不幸而有過願君幸而告之臣請變更則臣免死罪矣

客有說韓宣王宣王說而太息左右引王之說之曰先告客以爲德

靖郭君之相齊也王后死未知所置乃獻玉珥以知之一曰薛公相齊齊威王夫人死中有十孺子皆貴於王薛公欲知王所欲立而請置一人以爲夫人王聽之則是說行於王而重於置夫人也王不聽是說不行而輕於置夫人也欲先知王之所欲置以勸之王置之於是爲十玉珥而美其一而獻之王以賦十

孺子明日坐視美珥之所在而勸王以爲夫人

甘茂相秦惠王惠王愛公孫衍與之閒有所言曰寡人將相子甘茂之吏道穴聞之曰以告甘茂甘茂入見王曰王得賢相臣敢再拜賀王曰寡人託國於子安更得賢相對曰將相犀首王曰子安聞之對曰犀首告臣王怒犀首之泄乃逐之一曰犀首天下之善將也梁王之臣也秦王欲得之與治天下犀首曰衍其人臣者也不敢離主之國居期年犀首抵罪於梁王逃而入秦秦王甚善之樗里疾秦之將也恐犀首之代之將也鑿穴於王之所常隱語者俄而王果與犀首計曰吾欲攻韓奚如犀首曰秋可矣王曰吾欲以國累子子必勿泄也犀首反走再拜曰受命於是樗里疾也道穴聽之矣郎中皆曰兵秋起攻韓犀首爲將於是日也郎中盡知之於是日也境內盡知之王召樗里疾曰是何匈匈也何道出樗里疾曰似犀首也王曰吾無與犀首

言也其犀首何哉樗里疾曰犀首也羈旅新抵罪其心孤是言自嫁於衆王曰然使人召犀首已逃諸侯矣

堂谿公謂昭侯曰今有千金之玉卮通而無當可以盛水乎昭侯曰不可有瓦器而不漏可以盛酒乎昭侯曰可對曰夫瓦器至賤也不漏可以盛酒雖有乎千金之玉卮至貴而無當漏不可乘水則人孰注漿哉今爲人之主而漏其羣臣之語是猶無當之玉卮也雖有聖智莫盡其術爲其漏也昭侯曰然昭侯聞堂谿公之言自此之後欲發天下之大事未嘗不獨寢恐夢言而使人知其謀也一曰堂谿公見昭侯曰今有白玉之卮而無當有瓦卮而有當君渴將何以飲君曰以瓦卮堂谿公曰白玉之卮美而君不以飲者以其無當耶君曰然堂谿公曰爲人主而漏泄其羣臣之語譬猶玉卮之無當堂谿公每見而出昭侯必獨卧惟恐夢言泄於妻妾申子曰獨視者謂明獨聽者謂聰能

獨斷者故可以爲天下主

三宋人有酤酒者升槩甚平遇客甚謹爲酒甚美縣幟甚高著然不售酒酸怪其故問其所知問長者楊倩倩曰汝狗猛耶曰狗猛則酒何故而不售曰人畏焉或令孺子懷錢挈壺甕而往酤而狗迓而齕之此酒所以酸而不售也夫國亦有狗有道之士懷其術而欲以明萬乘之主大臣爲猛狗迎而齕之此人主之所以蔽脅而有道之士所以不用也故桓公問管仲治國最奚患對曰最患社鼠矣公曰何患社鼠哉對曰君亦見夫爲社者乎樹木而塗之鼠穿其間堀穴託其中燻之則恐焚木灌之則恐塗阤此社鼠之所以不得也今人君之左右出則爲勢重而收利於民入則比周而蔽惡於君內間主之情以告外外內爲重諸臣百吏以爲富吏不誅則亂法誅之則君不安據而有之此亦國之社鼠也故人臣執柄而擅禁明爲己者必利而不

爲已者必害此亦猛狗也夫大臣爲猛狗而齕有道之士矣左右又爲社鼠而間主之情人主不覺如此主焉得無壅國焉得無亡乎一曰宋之酤酒者有莊氏者其酒常美或使僕往酤莊氏之酒其狗齕人使者不敢往乃酤佗家之酒問曰何爲不酤莊氏之酒對曰今日莊氏之酒酸故曰不殺其狗則酒酸

桓公問管仲曰治國何患對曰最苦社鼠夫社木而塗之鼠因自託也燻之則木焚灌之則塗阤此所以苦於社鼠也今人君左右出則爲勢重以收利於民入則比周謾侮蔽惡以欺於君不誅則亂法誅之則人主危據而有之此亦社鼠也故人臣執柄擅禁明爲己者必利不爲己者必害亦猛狗也故左右爲社鼠用事者爲猛狗則術不行矣

堯欲傳天下於舜鯀諫曰不祥哉孰以天下而傳之於匹夫乎堯不聽舉兵而誅殺鯀於羽山之郊共工又諫曰孰以天下而

傳之於匹夫乎堯不聽又舉兵而誅共工於幽州之都於是天下莫敢言無傳天下於舜仲尼聞之曰堯之知舜之賢非其難者也夫至乎誅諫者必傳之舜乃其難也一曰不以其所疑敗其所察則難也

荆莊王有茅門之法曰羣臣大夫諸公子入朝馬蹄踐霤者廷理斬其輈戮其御於是太子入朝馬蹄踐霤廷理斬其輈戮其御太子怒入爲王泣曰爲我誅戮廷理王曰法者所以敬宗廟尊社稷故能立法從令尊敬社稷者社稷之臣也焉可誅也夫犯法廢令不尊敬社稷者是臣乘君而下尚校也臣乘君則主失威下尚校則上位危威失位危社稷不守吾將何以遺子孫於是太子乃還走避舍露宿三日北面再拜請死罪一曰楚王急召太子楚國之法車不得至於茆門天雨廷中有潦太子遂驅車至於茆門廷理曰車不得至茆門非法也太子曰王召急

不得須無潦遂驅之廷理舉殳而擊其馬敗其駕太子入爲王泣曰廷中多潦驅車至茆門廷理曰非法也舉殳擊臣馬敗臣駕王必誅之王曰前有老主而不踰後有儲主而不屬矜矣是真吾守法之臣也乃益爵二級而開後門出太子勿復過

衛嗣君謂薄疑曰子小寡人之國以爲不足仕則寡人力能仕子請進爵以子爲上卿乃進田萬頃薄子曰疑之母親疑以疑爲能相萬乘所不窕也然疑家巫有蔡嫗者疑母甚愛信之屬之家事焉疑智足以信言家事疑母盡以聽疑也然巳與疑言者亦必復決之於蔡嫗也故論疑之智能以疑爲能相萬乘而不窕也論其親則子母之間也然猶不免議之於蔡嫗也今疑之於人主也非子母之親也而人主皆有蔡嫗人主之蔡嫗必其重人也重人者能行私者也夫行私者繩之外也而疑之言法之内也繩之外與法之内讎也不相受也一曰衛君之晉謂薄疑

曰吾欲與子皆行薄疑曰媼也在中請歸與媼計之衛君自請薄媼曰疑君之臣也君有意從之甚善衛君曰吾以請之媼媼許我矣薄疑歸言之媼也曰衛君之疑奚與媼媼曰不如吾愛子也衛君之賢奚疑奚與媼也曰不如吾賢子也媼與疑計家事巳決矣乃請決之於卜者蔡嫗今衛君從疑而行雖與疑決計必與他蔡嫗敗之如是則疑不得長爲臣矣

夫教歌者使先呼而詘之其聲反清徵者乃教之一曰教歌者先揆以法疾呼中宮徐呼中徵疾不中宮徐不中徵不可謂教

吳起衛左氏中人也使其妻織組而幅狹於度吳子使更之其妻曰諾及成復度之果不中度吳子大怒其妻對曰吾始經之而不可更也吳子出之其妻請其兄而索其兄曰吳子爲法者也其爲法也且欲以與萬乘致功必先踐之妻妾然後行之子毋幾索入矣其妻之弟又重於衛君乃因以衛君之重請吳子

吴子不聽遂去衛而入荆也一曰吴起示其妻以組曰子爲我織組令之如是組已就而效之其組異善起曰使子爲組令之如是而今也異善何也其妻曰用財若一也加務善之吴起曰非語也使之衣歸其父往請之吴起曰起家無虚言

晉文公問於狐偃曰寡人甘肥周於堂巵酒豆肉集於宫壺酒不清生肉不布殺一牛遍於國中一歲之功盡以衣士卒其足以戰民乎狐子曰不足文公曰吾弛關市之征而緩刑罰其足以戰民乎狐子曰不足文公曰吾民之有喪資者寡人親使郎中視事有罪者赦之貧窮不足者與之其足以戰民乎狐子對曰不足此皆所以慎産也而戰之者殺之也民之從公也爲慎産也公因而迎殺之失所以爲從公矣曰然則何如足以戰民乎狐子對曰令無得不戰公曰無得不戰柰何狐子對曰信賞必罰其足以戰公曰刑罰之極安至對曰不辟親貴法行所愛文公

曰善明日令田於圃陸期以日中爲期後期者行軍法焉於是公有所愛者曰顛頡後期吏請其罪文公隕涕而憂吏曰請用事焉遂斬顛頡之脊以徇百姓以明法之信也而後百姓皆懼曰君於顛頡之貴重如彼甚也而君猶行法焉況於我則何有矣文公見民之可戰也於是遂興兵伐原克之伐衛東其畒取五鹿攻陽勝虢伐曹南圍鄭反之陴罷宋圍還與荆人戰城濮大敗荆人返爲踐土之盟遂城衡雍之義一舉而八有功所以然者無他故異物從狐偃之謀假顛頡之脊也

夫痤疽之痛也非刺骨髓則煩心不可支也非如是不能使人以半寸砥石彈之今人主之於治亦然非不知有苦則安欲治其非如是不能聽聖知而誅亂臣者必重人重人者必人主所甚親愛也人主所甚親愛也者是同堅白也夫以布衣之資欲以離人主之堅白所愛是以解左髀說右髀者是身必死而說

不行者也

韓非子卷第十三

五千久刁八十

韓非子卷第十四

外儲說右第三十五

一賞罰共則禁令不行（令臣操之故曰共也）何以明之以造父於期（既善馭馬又能忍渴及至彘趨飲遂不能制）子罕爲出彘（罕行罰一國畏之因簒君亦威分出彘之類也）田恒爲圃池（擅行賞人歸之因弒簡公亦分圃池之比也）故宋君簡公弒患在王良造父之共車田連成竅之共琴也（王造誠能御車使共操轡則不進田成信善琴令共操彈則曲不成君臣共賞亦由是也）

○二治強生於法弱亂生於阿（法曲則亂）君明於此則正賞罰非仁下也爵禄生於功（功立則爵生）誅罰生於罪（罪著則罰生）臣明於此則盡死力而忠君也君通於不仁臣通於不忠則可以王矣昭襄知主情（但當自求理以訾言責也百姓但當仰君亦不須曲爲愛故君疾而禱者責之以二甲）而不發五苑（應侯欲發蔬果以救飢人昭王以爲無功受賞因止之也）田鮪知臣情（但當立功蓋因不須私忠於上也）故教田章（鮪教子章曰富國家自富利君身自利也）而公儀辭魚（以爲違法受魚則失魚故不受）

三明主者鑒於外也而外事不得不成故蘇代非齊王（以令燕王專任）

子之故不專任終不成霸人主鑒於上也而居者不適不顯故潘壽言禹情欲媚子之故謂燕王言禹傳位於益終令啓取之王遂崇子之人主無所覺悟方吾知之故恐同衣於族而況借於權乎方吾知人皆知已不與同服者共車同族者共家恐其因同而擅已況君權可借臣乎吳章知之故說以佯而況借於誠乎趙王惡虎目而壅明主之道王圃中虎目而惡之左右或言平陽君之目甚於虎目遂殺言者如周行人之却衛侯也衛侯君名辟彊行人以辟彊天子同號故不令朝改名然後納之

四人主者守法責成以立功者也聞有吏雖亂而有獨善之民吏雖亂賢人不改操舠之三人夏之龍逢是也不聞有亂民而有獨治之吏子率以正孰敢不正故明主治吏不治民吏治則民治矣說在搖木之本與引網之綱搖木本則萬木動引網綱則萬目張吏正則國治也故失火之嗇夫不可不論也救火者吏操壺走火則一人之用也操鞭使人則役萬夫明主執契亦然故所遇術者如造父之遇驚馬牽馬推車則不能進代御執轡持筴則馬咸騖矣是以說在椎鍛平夷榜檠矯直不然敗在淖齒用齊戮

閔王李兊用趙餓主父也

五因事之理則不勞而成故茲鄭之踞轅而歌以上高梁也其患在趙簡主稅吏請輕重（主欲稅吏問輕重主不自定其輕重之節曰勿輕重而已吏因擅意因以富）薄疑之言國中飽簡主喜而府庫虛百姓餓而姦吏富也故桓公巡民而管仲省腐財怨女（公巡人見有飢人及老而無妻者以告仲曰國有腐財則人飢宮有怨女則人老而無妻也）不然則在延陵乘馬不得進造父過之而爲之泣也（前礙飾後礙錯旣不後得前却遂旁而佚造父見之泣猶賞罰失必致敗也）

右經

一造父御四馬馳驟周旋而恣欲於馬（意所欲馬必隨之也）恣欲於馬者擅轡筴之制也（以轡筴專制之故馬不遠也）然馬驚於出彘而造父不能禁制者非轡筴之嚴不足也威分於出彘也（彘亦令馬可畏故曰威分）王子於期爲駙駕轡筴不用而擇欲於馬擅芻水之利也然馬過於圃池而駙馬敗者非芻水之利不足也德分於圃池也故王良造

父天下之善御者也然而使王良操左革而叱咤之使造父操右革而鞭笞之馬不能行十里共故也田連成竅天下善鼓琴者也然而田連鼓上成竅擫下而不能成曲亦故也夫以王良造父之巧共轡而御不能使馬人主安能與其臣共權以爲治以田連成竅之巧共琴而不能成曲人主又安能與臣共勢以成功乎一曰造父爲齊王駙駕渴馬服成（令馬忍渴百日服習之故成也）效駕圃中渴馬見圃池去車走池駕敗王子於期爲趙簡主取道爭千里之表其始發也伏溝中王子於期齊轡筴而進之彘突出於溝中馬驚駕敗

司城子罕謂宋君曰慶賞賜與民之所喜也君自行之殺戮誅罰民之所惡也臣請當之宋君曰諾於是出威令誅大臣君曰問子罕也於是大臣畏之細民歸之處期年子罕殺宋君而奪政故子罕爲出彘以奪其君國（罕用刑服國是由出彘用威懼焉）

簡公在上位罰重而誅嚴厚賦斂而殺戮民田成恒設慈愛明寬厚簡公以齊民爲渴馬不以恩加民而田成恒以仁厚爲圃池也（以仁濟物由圃池也）一曰造父爲齊王駙駕渴服馬百日而服成服成請效駕齊王王曰效駕於圃中造父驅車入圃馬見圃池而走造父不能禁造父以渴服馬久矣今馬見池駻而走雖造父不能治今簡公之法禁其衆久矣而田成恒利之是田成恒傾圃池而示渴民也一曰王子於期爲宋君爲千里之逐已駕察手吻文且發矣驅而前之輪中繩引而却之馬掩迹拊而發之彘逸出於竇中馬退而却筴不能進前也馬駻而走轡不能正也一曰司城子罕謂宋君曰慶賀賜予者民之所好也君自行之誅罰殺戮者民之所惡也臣請當之於是戮細民而誅大臣君曰與子罕議之居朞年民知殺生之命制於子罕也故一國歸焉故子罕劫宋君而奪其政法不能禁也故曰子罕爲出

㦸而田成常爲圃池也令王良造父共車人操一邊轡而入門閭駕馬必敗而道不至也令田連成竅共琴人撫一絃而揮則音必敗曲不遂矣

二秦昭王有病百姓里買牛而家爲王禱公孫述出見之入賀王曰百姓乃皆里買牛爲王禱王使人問之果有之王曰訾之人二甲訾毀也罰之也夫非令而擅禱是愛寡人也夫愛寡人寡人亦且改法而心與之相循者是法不立法不立亂亡之道也不如人罰二甲而復與爲治一曰秦襄王病百姓爲之禱病愈殺牛塞禱郎中閻遏公孫衍出見之曰非社臘之時也奚自殺牛而祠社怪而問之百姓曰人主病爲之禱今病愈殺牛塞禱閻遏公孫衍說見王拜賀曰過堯舜矣王驚曰何謂也對曰堯舜其民未至爲之禱也今王病而民以牛禱病愈殺牛塞禱故臣竊以王爲過堯舜也王因使人問之何里爲之訾其里正與伍老屯二甲

屯亦罰也閻遏公孫衍媿不敢言居数月王飲酒酣樂閻遏公孫衍謂王曰前時臣竊以王爲過堯舜非直敢諛也堯舜病且其民未至爲之禱也今王病而民以牛禱病愈殺牛塞禱今乃訾其里正與伍老屯二甲臣竊怪之王曰子何故不知於此彼民之所以爲我用者非以吾愛之爲我用者也以吾勢之爲我用者也吾適勢與民相收若是吾適不愛而民因不爲我用也故遂絶愛道也

秦大饑應侯請曰五苑之草著謂草木著地而生也蔬菜橡果棗栗足以活民請發之昭襄王曰吾秦法使民有功而受賞有罪而受誅今發五苑之蔬草者使民有功與無功俱賞也夫使民有功與無功俱賞者此亂之道也夫發五苑而亂不如弃棗蔬而治一曰令發五苑之蓏蔬棗栗足以活民是用民有功與無功爭取也夫生而亂不如死而治大夫其釋之田鮪教其子田章曰欲

利而身先利而君欲富而家先富而國一曰田鮪教其子田章曰主賣官爵臣賣智力故自恃無恃人

公儀休相魯而嗜魚一國盡爭買魚而獻之公儀子不受其弟諫曰夫子嗜魚而不受者何也對曰夫唯嗜魚故不受也夫即受魚必有下人之色有下人之色將枉於法枉於法則免於相雖嗜魚此不必能自給致我魚我又不能自給魚即無受魚而不免於相雖嗜魚我能長自給魚此明夫恃人不如自恃也明於人之爲己者不如己之自爲也三子之相燕貴而主斷蘇代爲齊使燕王問之曰齊王亦何如主也對曰必不霸矣燕王曰何也對曰昔桓公之霸也內事屬鮑叔外事屬仲桓公被髮而御婦人日遊於市今齊王不信其大臣於是燕王因益大信子之子之聞之使人遺蘇代金百鎰而聽其所使之一曰蘇代爲秦使燕見無益子之則必不得事而還貢賜又不出於是見燕

王乃譽齊王燕王曰齊王何若是之賢也則將必王乎蘇代曰救亡不暇安得王哉燕王曰何也曰其任所愛不均燕王曰其亡何也曰昔者齊桓公愛管仲置以爲仲父内事理焉外事斷焉舉國而歸之故一匡天下九合諸侯今齊任所愛不均是以知其亡也燕王曰今吾任子之天下未之聞也於是明日張朝而聽子之潘壽謂燕王曰王不如以國讓子之人所以謂堯賢者以其讓天下於許由許由必不受也則是堯有讓許由之名而實不失天下也今王以國讓子之子之必不受也則是王有讓子之之名而與堯同行也於燕王因舉國而屬之子之大重一曰潘壽闞者燕使人聘之潘壽見燕王曰臣恐子之之如益也王曰何益哉對曰古者禹死將傳天下於益啓之人因相與攻益而立啓今王信愛子之將傳國子之太子之人盡懷印爲子之之人無一人在朝廷者王不幸弃羣臣則子之亦益也王

因收吏璽自三百石以上皆效之子之子之大重夫人主之所以鏡照者諸侯之士徒也今諸侯之士徒皆私門之黨也人主之所以自淺娟者巖穴之士徒也今巖穴之士徒皆私門之舍人也是何也奪號之資在子之也故吳章曰人主不佯憎愛人佯愛人不得復憎也佯憎人不得復愛也一曰燕王欲傳國於子之也問之潘壽對曰禹愛益而任天下於益已而以啓人爲吏及老而以啓爲不足任天下故傳天下於益而勢重盡在啓也已而啓與友黨攻益而奪之天下是禹名傳天下於益而實令啓自取之也此禹之不及堯舜明矣今王欲傳之子之而吏無非太子之人者也是名傳之而實令太子自取之也燕王乃收璽自三百石以上皆效之子之遂重

方吾子曰吾聞之古禮行不與同服者同車不與同族者共家而況君人者乃借其權而外其勢乎吳章謂韓宣王曰人主不

可佯愛人一日不可復憎不可以佯憎人一日不可復愛也故佯憎佯愛之徵見則諛者因資而毀譽之雖有明主不能復收而況於以誠借人也

趙王遊於圃中左右以菟與虎而輟（輟而觀之）盼然環其眼（環轉其眼以作怒也）王曰可惡哉虎目也左右曰平陽君之目可惡過此見此未有害也見平陽君之目如此者則必死矣其明日平陽君聞之使人殺言者而王不誅也

衛君入朝於周周行人問其號對曰諸侯辟彊周行人卻之曰諸侯不得與天子同號（開辟彊土者天子之號）衛君乃自更曰諸侯燬而後內之仲尼聞之曰遠哉禁偪虛名不以借人況實事乎（名辟彊未必能辟彊故曰虛也）

四搖木者一一攝其葉則勞而不徧左右拊其本而葉徧搖矣（拊擊動也）臨淵而搖木鳥驚而高魚恐而下善張網者引其綱不一

一攝萬目而後得則是勞而難引其綱而魚已囊矣故吏者民之本綱者也故聖人治吏不治民治吏猶引綱理人猶張目救火者令吏挈壺甕而走火則一人之用也操鞭箠指麾而趣使人則制萬夫是以聖人不親細民明主不躬小事造父方耨得有子父乘車過者馬驚而不行其子下車牽馬父子推車請造父助我推車造父因收器輟而寄載之援其子之乘乃始檢轡持筴未之用也而馬轡驚矣使造父而不能御雖盡力勞身助之推車馬猶不肯行也今身使佚且寄載有德於人者有術而御之也故國者君之車也勢者君之馬也無術以御之身雖勞猶不免亂術則国之轡束也有術以御之身處佚樂之地又致帝王之功也

椎鍜者所以平不夷也榜檠者所以矯不直也聖人之爲法也所以平不夷矯不直也

淖齒之用齊也擢閔王之筋李兊之用趙也餓殺主父此二君者皆不能用其椎鍛榜檠故身死爲戮而爲天下笑一曰入齊則獨聞淖齒而不聞齊王入趙則獨聞李兊而不聞趙王故曰人主者不操術則威勢輕而臣擅名一曰田嬰相齊人有說王者曰終歲之計王不一以數日之閒自聽之則無以知吏之姦邪得失也王曰善田嬰聞之即遽請於王而聽其計王將聽之矣田嬰令官具押券斗石參升之計王自聽計計不勝聽罷食後復坐不復暮食矣田嬰復謂曰羣臣所終歲日夜不敢偷怠之事也王以一夕聽之則羣臣有爲勸勉矣王曰諾俄而王已睡矣吏盡揄刀削其押券升石之計王自聽之亂乃始生一曰武靈王使惠文王莅政李兊爲相武靈王不以身躬親殺生之柄故劫於李兊

五兹鄭子引輦上高梁而不能支兹鄭踞轅而歌前者止後者

趨輦乃上使茲鄭無術以致人則身雖絶力至死輦猶不上也今身不至勞苦而輦以上者有術以致人之故也

趙簡主出税者吏請輕重簡主曰勿輕勿重重則利入於上若輕則利歸於民吏無私利而正矣薄疑謂趙簡主曰君之國中飽簡主欣然而喜曰何如焉對曰府庫空虛於上百姓貧餓於下然而姦吏富矣

齊桓公微服以巡民家人有年老而自養者桓公問其故對曰臣有子三人家貧無以妻之傭未反桓公歸以告管仲曰畜積有腐弃之財則人飢餓宮中有怨女則民無妻桓公曰善乃論宮中有婦人而嫁之下令於民曰丈夫二十而室婦人十五而嫁一曰桓公微服而行於民間有鹿門稷者行年七十而無妻桓公問管仲曰有民老而無妻者乎管仲曰有鹿門稷者行年七十矣而無妻桓公曰何以令之有妻管仲曰臣聞之上有積

財則民臣必匱乏於下宮中有怨女則有老而無妻者桓公曰善令於宮中女子未嘗御出嫁之乃令男子年二十而室女年十五而嫁則內無怨女外無曠夫

延陵卓子乘蒼龍挑文之乘（言雕飾之）鉤飾在前（約鉤使奮也）錯錣在後（錣鍬也以金飾之）馬欲進則鉤飾禁之欲退則錯錣貫之馬因旁出造父過而爲之泣涕曰古之治人亦然矣夫賞所以勸之而毀存焉罰所以禁之而譽加焉民中立而不知所由（言賞則有毀罰則有譽故不知其所由）此亦聖人之所爲泣也一曰延陵卓子乘蒼龍與翟文之乘（馬有翟之文）前則有錯飾後則利錣策進則引之退則策之馬前不得進後不得退遂避而逸因下抽刀而刎其脚造父見之泣終日不食因仰天而歎曰策所以進之也錯飾在前引所以退之也利錣在後今人主以其清潔也進之以其不適左右也退之以其公正也譽之以其不聽從也廢之民懼中立而不知所由此聖人之

所爲泣也

韓非子卷第十四

韓非子卷第十五

難一第三十六　難二第三十七
難三第三十八

難一第三十六（古人行事或有不合理韓子立義以難之）

晉文公將與楚人戰召舅犯問之曰吾將與楚人戰彼衆我寡爲之柰何舅犯曰臣聞之繁禮君子不厭忠信（禮繁縟故曰繁禮雖忠信可以學禮故曰不厭忠信）戰陣之間不厭詐僞（非譎詐不能制勝故曰不厭詐僞也）君其詐之而已矣文公辭舅犯因召雍季而問之曰我將與楚人戰彼衆我寡爲之柰何雍季對曰焚林而田偷（苟且也）多獸後不必無獸以詐遇民偷取一時後必無復（因詐得利必以詐僞俗故言復有忠信）文公曰善辭雍季以舅犯之謀與楚人戰以敗之歸而行爵先雍季而後舅犯羣臣曰城濮之事舅犯謀也夫用其言而後其身可乎文公曰此非君所知也夫舅犯言一時之權也雍季言萬世之利也

仲尼聞之曰文公之霸也宜哉既知一時之權又知萬世之利
或曰雍季之對不當文公之問凡對問者有因問小大緩急而
對也所問高大而對以卑狹則明主弗受也今文公問以少遇
衆而對曰後必無復此非所以應也且文公不知一時之權又
不知萬世之利戰而勝則國安而身定兵強而威立雖有後復
莫大於此萬世之利奚患不至戰而不勝則國亡兵弱身死名
息拔拂今日之死不及安暇待萬世之利待萬世之利在今日
之勝今日之勝在詐於敵詐敵萬世之利而已故曰雍季之對
不當文公之問且文公又不知舅犯之言舅犯所謂不厭詐僞
者不謂詐其民請詐其敵也敵者所伐之國也後雖無復何傷
哉文公之所以先雍季者以其功耶則所以勝楚破軍者舅犯
之謀也以其善言耶則雍季乃道其後之無復也此未有善言
也舅犯則以兼之矣舅犯曰繁禮君子不厭忠信者忠所以愛

其下也信所以不欺其民也夫既以愛而不欺矣言孰善於此然必曰出於詐僞者軍旅之計也舅犯前有善言後有戰勝故舅犯有二功而後論雍季無一焉而先賞文公之霸不亦宜乎仲尼不知善賞也（仲尼不知善賞妄歎宜哉乎）

歷山之農者侵畔舜往耕焉朞年甽畝正（相謙故正也）河濱之漁者爭坻（坻水中高地釣者依之）舜往漁焉朞年而讓長東夷之陶者器苦窳（苦窳惡也）舜往陶焉朞年而器牢仲尼歎曰耕漁與陶非舜官也（非大人之事）而舜往爲之者所以救敗也舜其信仁乎乃躬藉處苦而民從之故曰聖人之德化乎

或問儒者曰方此時也堯安在其人曰堯爲天子然則仲尼之聖堯奈何（堯在上三人爲惡仲尼謂堯爲聖者奈何）聖人明察在上位將使天下無姦也今耕漁不爭陶器不窳舜又何德而化（若堯以聖在上則自有禮讓何須舜以化）之舜之救敗也則是堯有失也賢舜則去堯之明察聖堯則去

舜之德化不可兩得也楚人有鬻楯與矛者譽之曰楯之堅莫能陷也又譽其矛曰吾矛之利於物無不陷也或曰以子之矛陷子之楯何如其人弗能應也夫不可陷之楯與無不陷之矛不可同世而立今堯舜之不可兩譽矛楯之說也且舜救敗朞年已一過三年已三過舜有盡壽有盡天下過無已者有盡逐無已所止者寡矣賞罰使天下必行之令曰中程者賞弗中程者誅令朝至暮變暮至朝變十日而海内畢矣奚待朞年舜猶不以此說堯令從己乃躬親不亦無術乎且夫以身爲苦而後化民者堯舜之所難也處勢而驕下者庸主之所易也將治天下釋庸主之所易道堯舜之所難未可與爲政也管仲有病桓公往問之曰仲父病不幸卒於大命將奚以告寡人管仲曰微君言臣故將謁之願君去豎刁除易牙遠衛公子開方易牙爲君主惟人肉未嘗易牙烝其子首而進之夫人惟情莫不愛其子今弗愛其

子安能愛君君妬而好内豎刁自宮以治内人情莫不愛其身身且不愛安能愛君聞開方事君十五年齊衛之間不容數日行弃其母久宦不歸其母不愛安能愛君臣聞之矜僞不長蓋虚不久（言蓋藏詐事不可久也）願君去此三子者也管仲卒死桓公弗行及桓公死蟲出尸不葬

或曰管仲所以見告桓公者非有度者之言也所以豎刁易牙者以不愛其身適君之欲也曰不愛其身安能愛君然則臣有盡死力以爲其主者（盡死力亦不愛身也）管仲將弗用也曰不愛其死力安能愛君是君去忠臣也且以不愛其身度其不愛其君是將以管仲之不能死公子糾度其不死桓公也是管仲亦在所去之域矣明主之道不然設民所欲以求其功故爲爵禄以勸之設民所惡以禁其姦故爲刑罰以威之慶賞信而刑罰必故君舉功於臣而姦不用於上（臣有功者舉用之自然姦不見用也）雖有豎刁其柰君何且臣盡死力以與君垂爵禄以與臣市君臣之際非父子之

親也計數之所出也（君計臣力臣計君祿）君有道則臣盡力而姦不生無道則臣上塞主明而下成私管仲非明此度數於桓公也使去豎刁一豎刁又至非絕姦之道也且桓公所以身死蟲流出尸不葬者是臣重也臣重之實擅主也有擅主之臣則君令不下究臣情不上通一人之力能隔君臣之間使善敗不聞禍福不通故有不葬之患也明主之道一人不兼官一官不兼事卑賤不待尊貴而進論大臣不因左右而見百官脩通羣臣輻湊有賞者君見其功有罰者君知其罪見知不悖於前賞罰不蔽於後（可賞賞可罰罰無所蔽塞也）安有不葬之患管仲非明此言於桓公也使去三子故曰管仲無度矣

襄子圍於晉陽中出圍賞有功者五人高赫爲賞首張孟談曰晉陽之事赫無大功今爲賞首何也襄子曰晉陽之事寡人國家危社稷殆矣吾羣臣無有不驕侮之意者惟赫子不失君臣之

禮是以先之仲尼聞之曰善賞哉襄子賞一人而天下爲人臣者莫敢失禮矣

或曰仲尼不知善賞矣夫善賞罰者百官不敢侵職羣臣不敢失禮上設其法而下無姦詐之心如此則可謂善賞罰矣使襄子於晉陽也令不行禁不止是襄子無國晉陽無君也尚誰與守哉今襄子於晉陽也知氏灌之曰竈生鼃而民無反心是君臣親也襄子有君臣親之澤操令行禁止之法而猶有驕侮之臣是襄子罰也爲人臣者乘事而有功則賞今赫僅不驕侮而襄子賞之是失賞也臣有不驕僅合臣禮非有善不賞也明主賞不加於無功罰不加於無罪今襄子不誅驕侮之臣而賞無功之赫安在襄子之善賞也故曰仲尼不知善賞

晉平公與羣臣飲飲酣乃喟然歎曰莫樂爲人君惟其言而莫之違師曠侍坐於前援琴撞之公披衽而避琴壞於壁公曰太

師譙撞師曠曰今者有小人言於側者故撞之公曰寡人也師曠曰啞（嘆息之聲）是非君人者之言也左右請除之公曰釋之以爲寡人戒

或曰平公失君道師曠失臣禮夫非其行而誅其身君之於臣也非其行則陳其言善諫不聽則遠其身者臣之於君也今師曠非平公之行不陳人臣之諫而行人主之誅舉琴而親其體是逆上下之位而失人臣之禮也夫爲人臣者君有過則諫諫不聽則輕爵祿以待之此人臣之禮義也今師曠非平公之過舉琴而親其體雖嚴父不加於子而師曠行之於君此大逆之術也臣行大逆平公喜而聽之是失君道也故平公之迹不可明也使人主過於聽而不悟其失師曠之行亦不可明也使姦臣襲極諫而飾弑君之道不可謂兩明此爲兩過故曰平公失君道師曠亦失臣禮矣

齊桓公時有處士曰小臣稷桓公三往而弗得見桓公曰吾聞布衣之士不輕爵祿無以易萬乘之主萬乘之主不好仁義亦無以下布衣之士於是五往乃得見之

或曰桓公不知仁義夫仁義者憂天下之害趨一國之患不避卑辱謂之仁義故伊尹以中國爲亂道爲宰于湯百里奚以秦爲亂道虜于穆公皆憂天下之害趨一國之患不辭卑辱故謂之仁義今桓公以萬乘之勢下匹夫之士將欲憂齊國而小臣不行見小臣之忘民也忘民不可謂仁義仁義者不失人臣之禮不敗君臣之位者也是故四封之内執會而朝名曰臣臣吏分職受事名曰萌今小臣在民萌之衆而逆君上之欲故不可謂仁義仁義不在焉桓公又從而禮之使小臣有智能而遁桓公是隱也德修而隱不爲臣用故宜刑也若無智能而虛驕矜桓公是誣也宜戮小臣之行非刑則戮桓公不能領臣主之理而禮刑戮之人是桓

公以輕上侮君之俗教於齊國也非所以爲治也故曰桓公不知仁義

靡笄之役（晉代齊也　靡笄山名）韓獻子將斬人郤獻子聞之駕往救之比至則已斬之矣郤子因曰胡不以徇其僕曰曩不將救之乎郤子曰吾敢不分謗乎

或曰郤子言不可不察也非分謗也韓子之所斬也若罪人不可救救罪人法之所以敗也法敗則國亂若非罪人則勸之以徇勸之以徇是重不辜也（斬既不辜徇又不辜是重不辜也）重不辜民所以起怨者也民怨則國危郤子之言非危則亂不可不察也且韓子之所斬若罪人郤子奚分焉斬若非罪人則已斬之矣而郤子乃至是韓子之謗已成而郤子且後至也夫郤子曰以徇不足以分斬人之謗而又生徇之謗（徇既不辜益得一謗）是子言分謗也昔者紂爲炮烙崇侯惡來又曰斬涉者之脛也奚分於紂之謗（此助

爲虐更益謗也且民之望於上也甚矣韓子弗得不得斬謂不幸也且望郄子之得之也望郄子正韓子之過今郄子俱弗得則民絕望於上矣君上同惡更何所望也故曰郄子之言非分謗也益謗也且郄子之往救罪也以韓子爲非也不道其所以爲非而勸之以徇是使韓子不知其過也夫下使民望絕於上又使韓子不知其失吾未得郄子之所以分謗者也

桓公解管仲之束縛而相之管仲曰臣有寵矣然而臣卑公曰使子立高國之上管仲曰臣貴矣然而臣貧公曰使子有三歸之家管仲曰臣富矣然而臣疏於是立以爲仲父霄略曰管仲以賤爲不可以治國故請高國之上以貧爲不可以治富故請三歸以疏爲不可以治親故處仲父管仲非貪以便治也或曰今使臧獲奉君令詔卿相莫敢不聽非卿相卑而臧獲尊也主令所加莫敢不從也今使管仲之治不緣桓公是無君也謂擅出其

（令故曰不緣也）國無君不可以爲治若負桓公之威下桓公之令是臧獲之所以信也奚待高國仲父之尊而後行哉當世之行事都丞（都丞官官之卑者也）之下徵令者不辟尊貴不就卑賤（二官雖卑奉命徵令亦不以尊即避卑即就也）故行之而法者雖巷伯信乎卿相行之而非法者雖大吏詘乎民萌今管仲不務尊主明法而事增寵益爵是非管仲貪欲富貴必闇而不知術也故曰管仲有失行霸略有過譽

韓宣王問於樛留吾欲兩用公仲公叔其可乎樛留對曰昔魏兩用樓翟而亡西河（樓緩翟璜也）楚兩用昭景而亡鄢郢（昭景楚之二姓）今君兩用公仲公叔此必將爭事而外市（與鄰國交私以示己利故曰外市也）則國必憂矣

或曰昔者齊桓公兩用管仲鮑叔成湯兩用伊尹仲虺夫兩用臣者國之憂則是桓公不霸成湯不王也湣王一用淖齒而手死乎東廟主父一用李兌減食而死主有術兩用不爲患無術

兩用則爭爭事而外市一則專制而劫弑今留無術以規上使其主去兩用一是不有西河鄖郢之憂則必有身死減食之患是樛留未有善以知言也

難二第三十七

景公過晏子曰子宫小近市請徙子家豫章之圃晏子再拜而辭曰且嬰家貧待市食而朝暮趨之不可以遠景公笑曰子家習市識貴賤乎是時景公繁於刑晏子對曰踊貴而屨賤景公曰何故對曰刑多也景公造（七老反）然變色曰寡人其暴乎於是損刑五

或曰晏子之貴踊非其誠也欲便辭以止多刑也（卒問而對非深思也乱國重典豈惡刑多在當與不當耳不在多少）此不察治之患也夫刑當無多不當無少（苟不當雖少猶以爲多多也）無以不當聞而以太多說無術之患也敗軍之誅以千百數猶且不止即治亂之刑如恐不勝而姦尚不盡今晏子不察其當否而以太多爲說不亦妄乎夫惜草茅者耗禾穗

惠盜賊者傷良民今緩刑罰行寬惠是利姦邪而害善人也此非所以爲治也

齊桓公飲酒醉遺其冠恥之三日不朝管仲曰此非有國之恥也公胡其不雪之以政公曰胡其善因發倉囷賜貧窮論囹圄出薄罪處三日而民歌之曰公胡不復遺冠乎或曰管仲雪桓公之恥於小人而生桓公之恥於君子矣使桓公發倉囷而賜貧窮論囹圄而出薄罪非義也不可以雪恥使之而義也桓公宿義須遺冠而後行之則是桓公行義非爲遺冠也是雖雪遺冠之恥於小人而亦遺義之恥於君子矣且夫發囷倉而賜貧窮者是賞無功也論囹圄而出薄罪者是不誅過也夫賞無功則民偷幸而望於上遺冠得賜常望遺冠不誅過則民不懲而易爲非此亂之本也安可以雪恥哉

昔者文王侵盂克莒舉酆三舉事而紂惡之文王乃懼請入洛

西之地赤壤之國方千里以請解炮烙之刑天下皆説仲尼聞之曰仁哉文王輕千里之國而請解炮烙之刑智哉文王出千里之地而得天下之心

或曰仲尼以文王爲智也不亦過乎夫智者知禍難之地而辟之者也是以身不及於患也使文王所以見惡於紂者以其不得人心耶則雖索人心以解惡可也紂以其大得人心而惡之己又輕地以收人心是重見疑也固其所以桎梏囚於羑里也鄭長者有言體道無爲無見也此最宜於文王矣不使人疑之也仲尼以文王爲智未及此論也

晉平公問叔向曰昔者齊桓公九合諸侯一匡天下不識臣之力也叔向對曰管仲善制割賓胥無善削縫言損益若女工剪削彌縫隰朋善純緣言增飾若女工之純緣也衣成君舉而服之亦臣之力也君何力之有師曠伏琴而笑之公曰太師奚笑也師曠對曰臣笑叔向之

對君也凡爲人臣者猶炮宰和五味而進之君君弗食孰敢強之也臣請譬之君者壤地也臣者草木也必壤地美然後草木碩大亦君之力臣何力之有

或曰叔向師曠之對皆偏辭也夫一匡天下九合諸侯美之大者也非專君之力也又非專臣之力也昔者宮之竒在虞僖負羈在曹二臣之智言中事發中功虞曹俱亡者何也此有其臣而無其君者也且蹇叔處干而干亡秦而秦霸非蹇叔愚於干而智於秦也此有君與無臣也向曰臣之力也不然矣昔者桓公宮中二市婦閭（里門也）二百被髮而御婦人得管仲爲五伯長失管仲得豎刁而身死蟲流出尸不葬以爲非臣之力也且不以管仲爲霸以爲君之力也且不以豎刁爲亂昔者晉文公慕於齊女而亡歸咎犯極諫故使反晉國故桓公以管仲合文公舅犯霸而師曠曰君之力也又不然矣凡五霸所以能成功

名於天下者必君臣俱有力焉故曰叔向師曠之對皆偏辭也

齊桓公之時晉客至有司請禮桓公曰告仲父者三（有司三請皆曰告仲父）而優笑曰易哉爲君一曰仲父二曰仲父（優俳優樂者名）桓公曰吾聞君人者勞於索人佚於使人吾得仲父已難矣得仲父之後何爲不易乎哉

或曰桓公之所應優非君人者之言也桓公以君人爲勞於索人何索人爲勞哉伊尹自以爲宰干湯百里奚自以爲虜干穆公虜所辱也宰所羞也蒙羞辱而接君上賢者之憂世急也然則君人者無道賢而已矣索賢不爲人主難且官職所以任賢也爵禄所以賞功也設官職陳爵禄而士自至君人者奚其勞哉使人又非所佚也人主雖使人必度量準之以刑名參之以事遇於法則行不遇於法則止功當其言則賞不當則誅以刑名收臣以度量準下此不可釋也君人者焉佚哉索人不勞使人

不佚而桓公曰勞於索人佚於使人者不然且桓公管仲又不難管仲不死其君而歸桓公鮑叔輕官讓能而任之桓公得管仲又不難明矣已得管仲之後奚遽易哉管仲非周公旦周公旦假爲天子七年成王壯授之以政非爲天下計也爲其職也夫不奪子而行天下者必不背死君而事其讎背死君而事其讎者必不難奪子而行天下不難奪子而行天下者必不難奪其君國矣管仲公子糾之臣也謀殺桓公而不能其君死而臣桓公管仲之取舍非周公旦未可知也若使管仲大賢也且爲湯武湯武桀紂之臣也桀紂作亂湯武奪之今桓公以易居其上是以桀紂之行居湯武之上桓公危矣若使管仲不肖人也且爲田常田常簡公之臣也而弑其君今桓公以易居其上是以簡公之易居田常之上也桓公又危矣管仲非周公旦以明矣然爲湯武與田常未可知也爲湯武有桀紂之危爲田常有簡

公之亂也已得仲父之後桓公奚遽易哉若使桓公之任管仲必知不欺己也是知不欺主之臣也然雖知不欺主之臣今桓公以任管仲之專借豎刁易牙蟲流出戶而不葬桓公不知臣欺主與不欺主已明矣而任臣如彼其專也故曰桓公闇主

李兌治中山苦陘令上計而入多李兌曰語言辨聽之說不度於義謂之窕言（苟且也）無山林澤谷之利而入多者謂之窕貨君子不聽窕言不受窕貨之姑免矣

或曰李子設辭曰夫言語辨聽之說不度於義者謂之窕言辯在言者說在聽者言非聽者也所謂不度於義非謂聽者必謂所聽也聽者非小人則君子也小人無義必不能度之義也君子度之義必不肯說也夫曰言語辯聽之說不度於義者必不誠之言也入多之為窕貨也未可遠行也李子之姦弗蚤禁使至於計是遂過也無術以知而入多入多者穰也（穰豐多也）雖倍入

將柰何舉事慎陰陽之和種樹節四時之適無早晚之失寒溫之災則入多不以小功妨大務不以私欲害人事丈夫盡於耕農婦人力於織紝則入多務於畜養之理察於土地之宜六畜遂五穀殖則入多明於權計審於地形舟車機械之利用力少致功大則入多利商市關梁之行能以所有致所無客商歸之外貨留之儉於財用節於衣食宮室器械周於資用不事玩好則入多入多皆人爲也若天事風雨時寒溫適土地不加大而有豐年之功則入多人事天功二物者皆入多非山林澤谷之利也夫無山林澤谷之利入多因謂之寇貨者無術之害也

趙簡子圍衞之郛郭犀楯犀櫓立於矢石之所及（簡子以犀爲楯櫓而自衛之櫓楯類也）鼓之而士不起簡子投枹曰烏乎吾之士數弊也行人燭過免冑而對曰臣聞之亦有君之不能耳無弊者（但君不能用之耳）昔者吾先君獻公并國十七服國三十八戰十有二勝是民之用也

獻公没惠公即位淫衍㬥乱身好玉女秦人恣侵去絳十七里亦是人之用也惠公没文公授之圍衞取鄴城濮之戰五敗荆人取尊名於天下亦此人之用也亦有君不能士耳士無弊也簡子乃去楯櫓立矢石之所及鼓之而士乗之戰大勝簡子曰與吾得革車千乗不如聞行人燭過之一言也

或曰行人未有以說也乃道惠公以此人是敗文公以此人是霸未見所以用人也（文能以賞貴信必罰未必去櫓親立於矢石間）簡子未可以速去脅櫓也嚴親在圍輕犯矢石孝子之所愛親也（孝子所以輕犯矢石而救者謂親愛）孝子愛親百數之一也（犯難救親百人無一人言孝稀也）今以爲身處危而人尚可戰是以百族之子於上皆若孝子之愛親也是行人之誣也（能孝於親者尚百無益況於君百族而行孝哉是誣也）好利惡害夫人之所有也賞厚而信人輕敵矣刑重而必失人不比矣長行徇上數百不一失喜利畏罪人莫不然將衆者不出乎莫不然之數而道乎百無

失人之行人未知衆之道也

韓非子卷第十五

韓非子卷第十六

難三第三十八　難四第三十九

難三第三十八

魯穆公問於子思曰吾聞龐𫔨氏之子不孝其行奚如子思對曰君子尊賢以崇德舉善以觀民若夫過行是細人之所識也臣不知也子思出子服厲伯入見龐𫔨氏子子服厲伯對曰其過三皆君之所未嘗聞自是之後君貴子思而賤子服厲伯也

或曰魯之公室三世劫於季氏不亦宜乎明君求善而賞之求姦而誅之其得之一也故以善聞之者以說善同於上者也以姦聞之者以惡姦同於上者也此宜賞譽之所力也聞善聞姦俱當賞也不以姦聞是異於上而下比周於姦者也此宜毀罰之所及也今子思不以過聞而穆公貴之厲伯以姦聞而穆公賤之人情皆喜貴而惡賤故季氏之亂成而不上聞此魯君之所以劫也

且此亡王之俗取魯之民所以自美而穆公獨貴之不亦倒乎文公出亡獻公使寺人披攻之蒲城披斬其袪文公奔翟惠公即位又使攻之惠竇不得也及文公反國披求見公曰蒲城之役君令一宿而汝即至惠竇之難君令三宿而汝一宿何其速也披對曰君令不二除君之惡恐不堪蒲人翟人余何有焉當時君爲蒲翟之人無臣之分則何有焉今公即位其無蒲翟乎且桓公置射鉤而相管仲君乃見之

或曰齊晉絶祀不亦宜乎桓公能用管仲之功而忘射鉤之怨文公能聽寺人之言而弃斬袪之罪桓公文公能容二子者也後世之君明不及二公後世之臣賢不如二子不忠之臣以事不明之君君不知則有燕操子之也子罕田常之賊知之則以管仲寺人自解君必不誅而自以爲有桓文之德是臣讎而明不能燭多假之資自以爲賢而不戒則雖無後嗣不亦可乎且寺

人之言也直飾非誠詐也君令而不貳者則是貞於君也死君後生臣不愧而復爲貞不皆死然後爲貞今惠公朝卒而暮事文公寺人之不貳何如人有設桓公隱者曰一難二難三難何也桓公不能對以告管仲管仲對曰一難也近優而遠士二難也去其國而數之海三難也君老而晚置太子桓公曰善不擇日而廟禮太子

或曰管仲之射隱不得也士之用不在近遠而俳優侏儒固人主之所與燕也則近優而遠士而以爲治非其難者也夫處世而不能用其有而悖不去國是以一人之力禁一國以一人之力禁一國者少能勝之明能照遠姦而見隱微必行之令雖遠於海內必無變然則去國之海而不劫殺非其難者也楚成王置商臣以爲太子又欲置公子職商臣作難遂弒成王公子宰周太子也公子根有寵遂以東州反分而爲兩國此皆非晚置太子之患也夫分勢不二庶孽卑寵無藉雖處大臣晚置太子

可也然則晚置太子庶孽不亂又非其難也物之所謂難者必借人成勢而勿侵害己可謂一難也貴妾不使二后二難也愛孽不使危正適專聽一臣而不敢偶君此則可謂三難也葉公子高問政於仲尼仲尼曰政在悅近而來遠哀公問政於仲尼仲尼曰政在選賢齊景公問政於仲尼仲尼曰政在節財三公出子貢問曰三公問夫子政一也夫子對之不同何也仲尼曰葉都大而國小民有背心故曰政在悅近而來遠魯哀公有大臣三人外障距諸侯四隣之士內比周而以愚其君使宗廟不掃除社稷不血食者必是三臣也故曰政在選賢齊景公築雍門爲路寢一朝而以三百乘之家賜者三（謂以大夫之業世賜與爲寢也）故曰政在節財

或曰仲尼之對亡國之言也恐民有倍心而誠說之悅近而來遠則是教民懷惠惠之爲政無功者受賞而有罪者免此法之

所以敗也法敗而亂以亂政治敗民未見其可也且民有倍心者君上之明有所不及也不紹葉公之明而使之悅近而來遠是舍吾勢之所能禁而使與不行惠以爭民非能持勢者也夫堯之賢六王之冠也舜一從而咸包而堯無天下矣有人無術以禁下恃爲舜而不失其民不亦無術乎明君見小姦於微故民無大謀行小誅於細故民無大亂此謂圖難於其所易也爲大者於其所細也今有功者必賞賞者不得君力之所致也有罪者必誅誅者不怨上罪之所生也民知誅罰之皆起於身也故疾功利於業而不受賜於君太上下智有之此言太上之下民無說也安取懷惠之民上君之民無利害說以悅近來遠亦可舍已哀公有臣外障距内比周以愚其君而說之以選賢此非功伐之論也選其心之所謂賢者也使哀公知三子外障距内比周也則三子不一日立矣哀公不知選賢選其心之所謂

賢故三子得任事燕子噲賢子之而非孫卿故身死爲僇夫差智太宰嚭而愚子胥故滅於越魯君不必知賢而說以選賢是使哀公有夫差燕噲之患也明君不自舉臣臣相進也不自賢功自徇也論之於任試之於事課之於功故羣臣公政而無私不隱賢不進不肖然則人主奚勞於選賢景公以百乘之家賜而說以節財是使景公無術使智　之侈而獨儉於上未免於貧也有君以千里養其口腹則雖桀紂不侈焉齊國方三千里而桓公以其半自養是侈於桀紂也然而能爲五霸冠者知侈儉之地也爲君不能禁下而自禁者謂之劫不能飾下而自飾者謂之亂不節下而自節者謂之貧明君使人無私以詐而食者禁力盡於事歸利於上者必聞聞者必賞汙穢爲私者必知知者必誅然故忠臣盡忠於公民士竭力於家百官精尅於上精廉尅巳侈倍景公非國之患也伊如上雖侈非國之患也然則說之以節

財非其急者也夫對三公一言而三公可以無患知下之謂也知下明則禁於微則姦無積姦無積則無比周無比周則公私分公私分則朋黨散朋黨散則無外障距内比周之患知下明則見精沐見精沐則誅賞明誅賞明則國不貧故曰一對而三公無患知下之謂也韓子以齊桓侈於桀紂猶未虧德形於翰墨著以爲教一一何逆理之甚其不得死秦獄未必不由此也

鄭子產晨出過東匠之閭聞婦人之哭撫其御之手而聽之有閒遺吏執而問之則手絞其夫者也異日其御問曰夫子何以知之子產曰其聲懼凡人於其親愛也始病而憂臨死而懼已死而哀今哭已死不哀而懼是以知其有姦也

或曰子產之治不亦多事乎不以法度而用智故曰多事也必姦待耳目之所及而後知之則鄭國之得姦者寡矣不任典成之吏典主也謂其事而責成之不察參伍之政不明度量恃毒聰明勞智慮而以知姦不亦無術乎且夫物衆而智寡寡不勝衆智不足以徧知物故則因

物以治物謂若因龍以治鱗蟲因鳳以治羽鳥也下衆而上寡寡不勝衆者言君不足以偏知臣也故因人以知人是以形體不勞而事治智慮不用而姦得故宋人語曰一雀過羿必得之則羿誣矣羿雖善射見雀未必一一得之故曰誣也以天下爲之羅則雀不失矣夫知姦亦有大羅不失其一而已矣不脩其理而以己之胷察爲之弓矢則子産誣矣老子曰以智治國國之賊也其子産之謂矣

秦昭王問於左右曰今時韓魏孰與始強左右對曰弱於始也今之如耳魏齊孰與曩之孟常芒卯對曰不及也王曰孟常芒卯率強韓魏猶無柰寡人何也左右對曰甚然中期推琴而對曰王之料天下過矣夫六晉之時知氏最強滅范中行而從韓魏之兵以伐趙灌以晉水城之未沈者三板知伯出魏宣子御韓康子爲驂乘知伯曰始吾不知水可以滅人之國吾乃今知之汾水可以灌安邑絳水可以灌平陽魏宣子肘韓康子康子

踐宣子之足肘足接乎車上而知氏分於晉陽之下今足下雖強未若知氏韓魏雖弱未至如其晉陽之下也此天下方用肘足之時願王勿易之也或曰昭王之問也有失左右中期之對也有過凡明主之治國也任其勢勢不可害則雖強天下無柰何也而況孟常芒卯韓魏能柰我何其勢可害也則不肖如耳魏齊及韓魏猶能害之然則害與不侵在自恃而已矣奚問乎自恃其不可侵強與弱奚其擇焉失在不自恃而問其柰何也其不侵也幸矣申子曰失之數而求之信則疑矣其昭王之謂也知伯無度從韓康魏宣而圖以水灌滅其國此知伯之所以國亡而身死頭爲飲杯之故也今昭王乃問孰與始強其畏有水人之患乎雖有左右非韓魏之二子也安有肘足之事而中期曰勿易此虛言也且中期之所官琴瑟也絃不調弄不明中期之任也此中期所以事昭王者也中期善承其任未慊昭王

也而爲所不知豈不妄哉左右對之曰弱於始與不及則可矣其曰甚然則諛也申子曰治不踰官雖知不言今中期不知而尚言之故曰昭王之問有失左右中期之對皆有過也

管子曰見其可說之有證見其不可惡之有形賞罰信於所見雖所不見其敢爲之乎見其可說之無說證見其不可惡之無形賞罰不信於所見而求所不見之外不可得也

或曰廣廷嚴居衆人之所肅也宴室獨處曾史之所優也觀人之所肅非行情也且君上者臣下之所爲飾也好惡在所見臣下之飾姦物以愚其君必也明不能燭遠姦見隱微而待之以觀飾行定賞罰不亦弊乎

管子曰言於室滿於室言於堂滿於堂是謂天下王

或曰管仲之所謂言室滿室言堂滿堂者非特謂遊戲飲食之言也必謂大物也人主之大物非法則術也法者編著之圖籍

設之於官府而布之於百姓者也術者藏之於胷中以偶衆端而潛御羣臣者也故法莫如顯而術不欲見是以明主言法則境内卑賤莫不聞知也不獨滿於堂用術則親愛近習莫之得聞也不得滿室而管子猶曰言於室滿室言於堂滿堂非法術之言也

難四第三十九

衛孫文子聘於魯公登亦登叔孫穆子趨進曰諸侯之會寡君未嘗後衛君也今子不後寡君一等寡君未知所過也子其少安孫子無辭亦無悛容穆子退而告人曰孫子必亡亡臣而不後君過而不悛亡之本也

或曰天子失道諸侯伐之故有湯武諸侯失道大夫伐之故有齊晉臣而伐君者必亡則是湯武不王晉齊不立也孫子君於衛而後不臣於魯臣之君也君有失也故臣有得也不命亡於

有失之君而命亡於有得之臣不察魯不得誅衛大夫而衛君之明不知不悛之臣孫子雖有是二也臣以亡其所以亡其失所以得君也

或曰臣主之施分也臣能奪君者以得相踦也故非其分而取者衆之所奪也辭其分而取者民之所予也是以桀索崏山之女紂求比干之心而天下謂湯身易名武身受詈而海内服趙咺走山田外僕而齊晋從則湯武之所以王齊晋之所以立非必以其君也彼得之而後以君處之也今未有其所以得而行其所以處是倒義而逆德也倒義則事之所以敗也逆德則怨之所以聚也敗亡之不察何也

魯陽虎欲攻三桓不尅而犇齊景公禮之鮑文子諫曰不可陽虎有寵於季氏而欲伐於季孫貪其富也今君富於季孫而齊大於魯陽虎所以盡詐也景公乃囚陽虎或曰千金之家其子

不仁人之急利甚也桓公五伯之上也爭國而殺其兄其利大也臣主之閒非兄弟之親也刼殺之功制萬乘而享大利則群臣孰非陽虎也事以微巧成以疏拙敗羣臣之未起難也其備未具也羣臣皆有陽虎之心而君上不知是微而巧也陽虎貪於天下以欲攻上是疏而拙也不使景公加誅於拙虎是鮑文子之說反也臣之忠詐在君所行也君明而嚴則羣臣忠君懦而闇則羣臣詐知微之謂明無救赦之謂嚴不知齊之巧臣而誅魯之成亂不亦妄乎

或曰仁貪不同心故公子目夷辭宋而楚商臣弒父鄭去疾予弟而魯桓弒兄五伯兼并而以桓律人則是皆無貞廉也且君明而嚴則羣臣忠陽虎爲亂於魯不成而走入齊而不誅是承爲亂也君明則誅知陽虎之可以濟亂也此見微之情也語曰諸侯以國爲親君嚴則陽虎之罪不可失此無救赦之實也則

誅陽虎所以使羣臣忠也未知齊之巧臣而廢明亂之罰責於未然而不誅昭昭之罪此則妄矣今誅魯之罪亂以威羣臣之有姦心者而可以得季孟叔孫之親鮑文之說何以爲反

鄭伯將以高渠彌爲卿昭公惡之固諫不聽及昭公即位懼其殺己也辛卯弑昭公而立子亶也君子曰昭公知所惡矣公子圉曰高伯其爲戮乎報惡已甚矣

或曰公子圉之言也不亦反乎昭公之及於難者報惡晚也然則高伯之晚於死者報惡甚也明君不懸怒（有怒不行且舉之故曰懸怒）懸怒則臣罪輕舉以行計則人主危故靈臺之飲衞侯怒而不誅故褚師作難食黿之羹鄭君怒而不誅故子公殺君君子之舉知所惡非甚之也曰知之若是其明也而不行誅焉以及於死故知所惡以見其無權也人君非獨不足於見難而已或不足於斷制今昭公見惡稽罪而不誅使渠彌含憎懼死以徼幸故

不免於殺是昭公之報惡不甚也

或曰報惡甚者大誅報小罪大誅小罪也者獄之至也獄之患故非在所以誅也以讎之衆也是以晉厲公滅三郤而欒中行作難鄭子都殺伯咺而食鼎起禍吳王誅子胥而越勾踐成霸則衛侯之逐鄭靈之弒不以褚師之不死而公父之不誅也以未可以怒而有怒之色未可誅而有誅之心怒其當罪而誅不逆人心雖懸奚害夫未立有罪即位之後宿罪而誅齊胡之所以滅也君行之臣猶有後患況爲臣而行之君乎誅既不當而以盡爲心是與天下有讎也則雖爲戮不亦可乎

衛靈之時彌子瑕有寵於衛國侏儒有見公者曰臣之夢淺矣公曰奚夢夢見竈者爲見公也公怒曰吾聞人主者夢見日奚爲見寡人而夢見竈乎侏儒曰夫日兼照天下一物不能當也人君兼照一國一人不能壅也故將見人主而夢日也夫竈一

人煬焉則後人無從見矣或者一人煬君邪則臣雖夢竈不亦可乎公曰善遂去雍鉏退彌子瑕而用司空狗

或曰侏儒善假於夢以見主道矣然靈公不知侏儒之言也去雍鉏退彌子瑕而用司空狗者是去所愛而用所賢也鄭子都賢慶建而壅焉燕子噲賢子之而壅焉夫去所愛而用所賢未免使一人煬己也不肖者煬主不足以害明今不加知而使賢者煬主己則賢矣

或曰屈到嗜芰文王嗜菖蒲葅非正味也而二賢尚之所味不必美晉靈侯說參無恤燕噲賢子之非正士也而二君尊之所賢不必賢也非賢而賢用之與愛而用之同賢誠賢而舉之與用所愛異狀故楚莊舉叔孫而霸商辛用費仲而滅此皆用所賢而事相反也燕噲雖舉所賢而同於用所愛衞奚距然哉則侏儒之未可見也君壅而不知其壅也已見之後而知其壅

也故退壅臣是加知之也曰不加知而使賢者煬己則必危而今以加知矣則雖煬己必不危矣

韓非子卷第十六

韓非子卷第十七

難勢第四十　問辯第四十一
問田第四十二　定法第四十三
說疑第四十四　詭使第四十五

難勢第四十

愼子曰飛龍乘雲騰蛇遊霧雲罷霧霽而龍蛇與螾螘同矣則失其所乘也賢人而詘於不肖者則權輕位卑也不肖而能服於賢者則權重位尊也堯爲匹夫不能治三人而桀爲天子能亂天下吾以此知勢位之足恃而賢智之不足慕也夫弩弱而矢高者激於風也身不肖而令行者得助於衆也堯教於隸屬而民不聽至於南面而王天下令則行禁則止由此觀之賢智未足以服衆而勢位足以缶賢者也

應愼子曰飛龍乘雲騰蛇遊霧吾不以龍蛇爲不託於雲霧之

勢也雖然夫擇賢而專任勢足以爲治乎則吾未得見也夫有雲霧之勢而能乘遊之者龍蛇之材美之也今雲盛而螾弗能乘也霧醲而螘不能遊也夫有盛雲醲霧之勢而不能乘遊者螾螘之材薄也今桀紂南面而王天下以天子之威爲之雲霧而天下不免乎大亂者桀紂之材薄也且其人以堯之勢以治天下也其勢何以異桀之勢也亂天下者也夫勢者非能必使賢者用巳而不肖者不用巳也賢者用之則天下治不肖者用之則天下亂人之情性賢者寡而不肖者衆而以威勢之利濟亂世之不肖人則是以勢亂天下者多矣以勢治天下者寡矣夫勢者便治而利亂者也故周書曰毋爲虎傅翼飛入邑擇人而食之夫乘不肖人於勢是爲虎傅翼也桀紂爲高臺深池以盡民力爲炮烙以傷民性桀紂得乘四行者南面之威爲之翼也使桀紂爲匹夫未始行一而身在刑戮矣勢者養虎狼之

心而成暴風亂之事者也此天下之大患也勢之於治亂本末有位也而語專言勢之足以治天下者則其智之所至者淺矣夫良馬固車使臧獲御之則爲人笑王良御之而日取千里車馬非異也或至乎千里或爲人笑則拙相去遠矣今以國位爲車以勢爲馬以號令爲轡以刑罰爲鞭筴使堯舜御之則天下治桀紂御之則天下亂則賢不肖相去遠矣夫欲追速致遠不知任王良欲進利除害不知任賢能此則不知類之患也夫堯舜亦治民之王良也復應之曰其人以勢爲足恃以治官客曰必待賢乃治則不然矣夫勢者名一而變無數者也勢必於自然則無爲言於勢矣吾所爲言勢者言人之所設也夫聖舜生而在上位雖有十桀紂不能亂者則勢治也桀紂亦生而在上位雖有十堯舜而亦不能治者則勢亂也故曰勢治者則不可亂而勢亂者則不可治也此自然之勢也非人之所得設也若

吾所言謂人之所得勢也而已矣賢何事焉何以明其然也客曰人有鬻矛與楯者譽其楯之堅物莫能陷也俄而又譽其矛曰吾矛之利物無不陷也人應之曰以子之矛陷子之楯何如其人弗能應也以爲不可陷之楯與無不陷之矛爲名不可兩立也夫賢之爲勢不可禁而勢之爲道也無不禁以不可禁之勢此矛楯之說也夫賢勢之不相容亦明矣且夫堯舜桀紂千世而一出是比肩隨踵而生也世之治者不絕於中吾所以爲言勢者中也中者上不及堯舜而下亦不爲桀紂抱法處勢則治背法去勢則亂今廢勢背法而待堯舜堯舜至乃治是千世亂而一治也抱法處勢而待桀紂桀紂至乃亂是千世治而一亂也且夫治千而亂一與治一而亂千也是猶乘驥駬而分馳也相去亦遠矣夫弃隱栝之法去度量之數使奚仲爲車不能成一輪無慶賞之勸刑罰之威釋勢委法堯舜戶說而人辨

之不能治三家夫勢之足用亦明矣而曰必待賢則亦然矣且夫百日不食以待粱肉餓者不活今待堯舜之賢乃治當世之民是猶待粱肉而救餓之說也夫曰良馬固車臧獲御之則爲人笑王良御之則日取乎千里吾不以爲然夫待越人之善海遊者以救中國之溺人越人善遊矣而溺者不濟矣夫待古之王良以馭今之馬亦猶越人救溺之說也不可亦明矣夫良馬固車五十里而一置使中手御之追速致遠可以及也而千里可日致也何必待古之王良乎且御非使王良也則必使臧獲敗之治非使堯舜也則必使桀紂亂之此味非飴蜜也必苦菜亭歷也此則積辯累辭離理失術兩末之議也奚可以難夫道理之言乎哉客議未及此論也

問辯四十一

或問曰辯安生乎對曰生於上之不明也問者曰上之不明因

生辯也何哉對曰明主之國令者言最貴者也法者事最適者也言無二貴法不兩適故言行而不軌於法令者必禁若其無法令而可以接詐應變生利揣事者上必采其言而責其實言當則有大利不當則有重罪是以愚者畏罪而不敢言智者無以訟此所以無辯之故也亂世則不然主有令而民以文學非之官府有法民以私行矯之人主顧漸其法令而尊學者之智行此世之所以多文學也夫言行者以功用爲之的彀者也夫砥礪殺矢而以妄發其端未嘗不中秋毫也然而不可謂善射者無常儀的也設五寸之的引十步之遠非羿逢蒙不能必中者有常也故有常則羿逢蒙以五寸的爲巧無常則以妄發之中秋毫爲拙今聽言觀行不以功用爲之的彀言雖至察行雖至堅則妄發之說也是以亂世之聽言也以難知爲察以博文爲辯其觀行也以離羣爲賢以犯上爲抗人主者說辯察之言

尊賢抗之行故夫作法術之人立取舍之行別辭爭之論而莫爲之正是以儒服帶劒者衆而耕戰之士寡堅白無厚之詞章而憲令之法息故曰上不明則辯生焉

問田第四十二

徐渠問田鳩曰臣聞智士不襲下而遇君聖人不見功而接上令陽成義渠明將也而措於毛伯公孫亶回聖相也而關於州部何哉田鳩曰此無他故異物主有度上有術之故也且足下獨不聞楚將宋觚而失其政魏相馮離而亡其國二君者驅於聲詞眩乎辯說不試於毛伯不關乎州部故有失政亡國之患由是觀之夫無毛伯之試州部之關豈明主之備哉

堂谿公謂韓子曰臣聞服禮辭讓全之術也修行退智遂之道也今先生立法術設度數臣竊以爲危於身而殆於軀何以效之所聞先生術曰楚不用吳起而削亂秦行商君而富彊二子

之言巳當矣然而吳起支解而商君車裂者不逢世遇主之患也逢遇不可必也患禍不可斥也夫舍乎全遂之道而肆乎危殆之行竊爲先生無取焉韓子曰明先生之言矣夫治天下之柄齊民萌之度甚未易處也然所以廢先王之教而行賤臣之所取者竊以爲立法術設度數所以利民萌便衆庶之道也故不憚亂主闇上之患禍而必思以齊民萌之資利者仁智之行也憚亂主闇上之患禍而避乎死亡之害知明而不見民萌之資夫科身者貪鄙之爲也臣不忍嚮貪鄙之爲不敢傷仁智之行先王有幸臣之意然有大傷臣之實

定法第四十三

問者曰申不害公孫鞅此二家之言孰急於國應之曰是不可程也人不食十日則死大寒之隆不衣亦死謂之衣食孰急於人則是不可一無也皆養生之具也今申不害言術而公孫鞅

爲法術者因任而授官循名而責實操殺生之柄課羣臣之能者也此人主之所執也法者憲令著於官府刑罰必於民心賞存乎慎法而罰加乎姦令者也此臣之所師也君無術則弊於上臣無法則亂於下此不可一無皆帝王之具也

問者曰徒術而無法徒法而無術其不可何哉對曰申不害韓昭侯之佐也韓者晉之别國也晉之故法未息而韓之新法又生先君之令未收而後君之令又下申不害不擅其法不一其憲令則姦多故利在故法前令則道之利在新法後令則道之利在故新相反前後相勃則申不害雖十使昭侯用術而姦臣猶有所譎其辭矣故託万乘之勁韓七十年而不至於霸王者雖用術於上法不勤飾於官之患也公孫鞅之治秦也設告相坐而責其實連什伍而同其罪賞厚而信刑重而必是以其民用力勞而不休逐敵危而不却故其國富而兵强然而無術以知

姦則以其富強也資人臣而已矣及孝公商君死惠王即位秦法未敗也而張儀以秦殉韓魏惠王死武王即位甘茂以秦殉周武王死昭襄王即位穰侯越韓魏而東攻齊五年而秦不益尺土之地乃城其陶邑之封應侯攻韓八年成其汝南之封自是以來諸用秦者皆應穰之類也故戰勝則大臣尊益地則私封立主無術以知姦也商君雖十飾其法人臣反用其資故乘強秦之資數十年而不至於帝王者法不勤飾於官主無術於上之患也

問者曰主用申子之術而官行商君之法可乎對曰申子未盡於法也申子言不踰官雖知弗言治不踰官謂之守職也可知而弗言是不謂過也人主以一國目視故視莫明焉以一國耳聽故聽莫聰焉今知而弗言則人主尚安假借矣商君之法曰斬一首者爵一級欲爲官者爲五十石之官斬二首者爵二級欲爲官者爲百石

之官官爵之遷與斬首之功相稱也今有法曰斬首者令爲醫匠則屋不成而
藥也而以斬首之功爲之則不當其能今治官者智
今斬首者勇力之所加而治者智能之官是以斬首之功爲醫匠也故曰二子之於法術皆未盡善也

說疑第四十四

凡治之大者非謂其賞罰之當也賞無功之人罰不辜民非所謂明也賞有功罰有罪而不失其人方在於人者也非能生功止過者也是故禁姦之法太上禁其心其次禁其言其次禁其事今世皆曰尊主安國者必以仁義智能而不知卑主危國者之必以仁義智能也故有道之主遠仁義去智能服之以法是以譽廣而名威民治而國安知用民之法也凡術也者主之所以執也法也者官之所以師也然使郎中日聞道於郎門之外以

至於境内日見法又非其難者也昔者有扈氏有失度讙兜氏有孤男三苗有成駒桀有侯侈紂有崇侯虎晉有優施此六人者亡國之臣也言是如非言非如是内險以賊其外小謹以徵其善稱道往古使良事沮善禪其主以集精微亂之以其所好此夫郎中左右之類者也往世之主有得人而身安國存者有得人而身危國亡者得人之名一也而利害相千万也故人主左右不可不慎也爲人主者誠明於臣之所言則别賢不肖如黑白矣若夫許由續牙晉伯陽秦顛頡衞僑如狐不稽重明董不識卞隨務光伯夷叔齊此十二人者皆上見利不喜下臨難不恐或與之天下而不取有萃辱之名則不樂食穀之利夫見利不喜上雖厚賞無以勸之臨難不恐上雖嚴刑無以威之此之謂不令之民也此十二者或伏死於窟穴或槁死於草木或飢餓於山谷或沉溺於水泉有如此先古聖王皆不能臣當今之世

將安用之若夫關龍逢王子比干隨季梁陳泄冶楚申胥吳子胥此六人者皆疾爭強諫以勝其君言聽事行則如師徒之勢一言而不聽一事而不行則陵其主以語待之以其身雖死家破要領不屬手足異處不難爲也如此臣者先古聖王皆不能忍也當今之時將安用之若夫齊田恒宋子罕魯季孫意如晉僑如衛子南勁鄭太宰欣楚白公周單荼燕子之此九人者之爲其臣也皆朋黨比周以事其君隱正道而行私曲上偪君下亂治援外以撓內親下以謀上不難爲也如此臣者唯聖王智主能禁之若夫昏亂之君能見之乎若夫后稷皋陶伊尹周公旦太公望管仲隰朋百里奚蹇叔舅犯趙衰范蠡大夫種逢同華登此十五人者爲其臣也皆夙興夜寐卑身賤躰竦心白意明刑辟治官職以事其君進善言通道法而不敢矜其善有成功立事而不敢伐其勞不難破家以便國殺身以安主以其主

爲高天泰山之尊而以其身爲壑谷鬴洧之卑主有明名廣譽於國而身不難受壑谷鬴洧之卑如此臣者雖當昏亂之主尚可致功況於顯明之主乎此謂霸王之佐也若夫周滑之鄭王孫申陳公孫寧儀行父荆芋尹申亥隨少師越種干吳王孫頟晋陽成泄齊豎刁易牙此十二人者之爲其臣也皆思小利而忘法義進則揜蔽賢良以陰闇其主退則撓亂百官而爲禍難皆輔其君共其欲苟得一說於主雖破國殺衆不難爲也有臣如此雖當聖王尚恐奪之而況昏亂之君其能無失乎有臣如此者皆身死國亡爲天下笑故周威公身殺國分爲二鄭子陽身殺国分爲三陳靈身死於夏徵舒氏荆靈王死於乾谿之上隨亡於荆吳并於越知伯滅於晋陽之下桓公身死七日不收故曰諂諛之臣唯聖王知之而亂主近之故至身死國亡聖王明君則不然内舉不避親外舉不避讎是在焉從而舉之非在焉從而

罰之是以賢良遂進而姦邪並退故一舉而能服諸侯其在記曰堯有丹朱而舜有商均啓有五觀商有太甲武王有管蔡五王之所誅者皆父兄子弟之親也而所殺亡其身殘破其家者何也以其害國傷民敗法類也觀其所舉或在山林藪澤巖穴之間或在囹圄緤紲纆索之中或在割烹芻牧飯牛之事然明主不羞其卑賤也以其能爲可以明法便國利民從而舉之身安名尊亂主則不然不知其臣之意行而任之以國故小之名卑地削大之國亡身死不明於用臣也無數以度其臣者必以其衆人之口斷之衆之所譽從而悅之衆之所非從而憎之故爲人臣者破家殘賥内構黨與外接巷族以爲譽從陰約結以相固也虛相與爵禄以相勸也曰與我者將利之不與我者將害之衆貪其利刼其威彼誠喜則能利己忌怒則能害己衆歸而民留之以譽盈於國發聞於主主不能理其情因以爲賢彼

又使譎詐之士外假爲諸侯之寵使假之以輿馬信之以瑞節鎮之以辭令資之以幣帛使諸侯淫說其主微挾私而公議所爲使者異國之主也所爲談者左右之人也主說其言而辯其辭以此人者天下之賢士也內外之於左右其諷一而語同大者不難卑身尊位以下之小者高爵重祿以利之夫姦人之爵祿重而黨與彌衆又有姦邪之意則姦臣愈反而說之曰古之所謂聖君明王者非長幼弱也及以次序也以其搆黨與聚巷族偪上弑君而求其利也彼曰何知其然也因曰舜偪堯禹偪舜湯放桀武王伐紂此四王者人臣弑其君者也而天下譽之察四王之情貪得人之意也度其行暴亂之兵也然四王自廣措也而天下稱大焉自顯名也而天下稱明焉則威足以臨天下利足以蓋世天下從之又曰以今時之所聞田成子取齊司城子罕取宋太宰欣取鄭單氏取周易牙之取衛韓魏趙三子

分晉此六人臣之弒其君者也姦臣聞此蹷然舉耳以爲是也故内搆黨與外攄巷族觀時發事一舉而取國家且夫内以黨與劫弒其君外以諸侯之權驕易其國隱敦適持私曲上禁君下撓治者不可勝數也是何也則不明於擇臣也記曰周宣王以來亡國數十其臣弒其君取國者衆矣然則難之從内起與從外作者相半也能一盡其民力破國殺身者尚皆賢主也若夫轉身法易位全衆傳國最其病也爲人主者誠明於臣之所言則雖罼弋馳騁撞鍾舞女國猶且存也不明臣之所言雖節儉勤勞布衣惡食國猶自亡也趙之先君敬侯不修德行而好縱慾適身體之所安耳目之所樂冬日罼弋夏浮淫爲長夜數日不廢御觴不能飲者以筩灌其口進退不肅應對不恭者斬於前故居處飲食如此其不節也制刑殺戮如此其無度也然敬侯享國數十年兵不

頓於敵國地不虧於四鄰內無君臣百官之亂外無諸侯鄰國之患明於所以任臣也燕君子噲邵公奭之後也地方數千里持戟數十萬不安子女之樂不聽鍾石之聲內不堙汙池臺榭外不畢弋田獵又親操耒耨以修畎畝子噲之苦身以憂民如此其甚也雖古之所謂聖王明君者其勤身而憂世不甚於此矣然而子噲身死國亡奪於子之而天下笑之此其何故也不明乎所以任臣也故曰人臣有五姦而主不知也爲人主者有侈用財貨賂以取譽者有務慶賞賜予以移衆者有務朋黨徇智尊士以擅逞者有務解免赦罪獄以事威者有務奉下直曲怪言偉服瓌稱以眩民耳目者此五者明君之所疑也而聖主之所禁也去此五者則譟詐之人不敢北面談立文言多實行寡而不當法者不誣敢情以談說是以羣臣居則修身動則任力非上之令不敢擅作疾言誣事此聖王之所以牧臣下也彼

聖主明君不適疑物以闚其臣也見疑物而無反者天下鮮矣故曰孽有擬適之子配有擬妻之妾廷有擬相之臣臣有擬主之寵此四者國之所危也故曰内寵並后外寵貳政枝子配適大臣擬主亂之道也故周記曰無尊妾而卑妻無孽適子而尊小枝无尊嬖臣而匹上卿無尊大臣以擬其主也四擬者破則上無意下無怪也四擬不破則隕身滅國矣

詭使第四十五

聖人之所以爲治道者三一曰利二曰威三曰名夫利者所以得民也威者所以行令也名者上下之所同道也非此三者雖有不急矣今利非無有也而民不化上威非不存也而下不聽從官非無法也而治不當名三者非不存也而世一治一亂者何也夫上之所貴與其所以爲治相反也夫立名號所以爲尊也今有賤名輕實者世謂高設爵位所以爲賤貴基也而簡上不

求見者世謂之賢貴威利所以行令也而無利輕威者謂之重法令所以爲治也而不從法令爲私善者世謂之忠官爵所以勸民也而好名義不進仕者世謂之烈士刑罰所以擅威也而輕法不避刑戮死亡之罪者世謂之勇夫民之急名也甚其求利也如此則士之飢餓乏絶者焉得無巖居苦身以爭名於天下哉故世之所以不治者非下之罪上失其道也常貴其所以亂而賤其所以治是故下之所欲常與上之所以爲治相詭也今下而聽其上上之所急也而惇慤純信用心怯言時謂之窶守法固聽令審則謂之愚敬上畏罪則謂之怯言時節行中適則謂之不肖無二心私學吏聽吏從教者則謂之陋難致謂之正難予謂之廉難禁謂之齊有令不聽從謂之勇無利於上謂之愿少欲寬惠行德謂之仁重厚自尊謂之長者私學成羣謂之師徒閑靜安居謂之有思損仁逐利謂之疾險躁佻反覆謂之

智先爲人而後自爲類名號言汎愛天下謂之聖言大本稱而不可用行而乖於世者謂之大人賤爵禄不撓上者謂之傑下漸行如此入則亂民出則不便也上宜禁其欲滅其近而不止也又從而尊之是教下亂上以爲治也凡所治者刑罰也今有私行義者尊社稷之所以立者安靜也而躁險讒諛者任四封之内所以聽從者信與德也而陂知傾覆者使令之所以行威之所以立者恭儉聽上而巖居非世者顯倉廩之所以實者耕農之本務也而綦組錦繡刻畫爲末作者富名之所以成城池之所以廣者戰士也今死之孤飢餓乞於道而優笑酒徒之屬乘車衣絲賞禄所以盡民力易下死也今戰勝攻取之士勞而賞不霑而卜筮視手理狐蟲爲順辭於前者日賜上握度量所以擅生殺之柄也今守度奉量之士欲以忠嬰上而不得見巧言利辭行姦軌以倖偷世者數御據法直言名刑相當循繩墨

誅姦人所以爲上治也而愈疏遠謟施順意從欲以危世者近習悉租稅專民力所以備難充倉府也而士卒之逃事狀匿附託有威之門以避傜賦而上不得者萬數夫陳善田利宅所以戰士卒也而斷頭裂腹播骨乎平原野者無宅容身死田畝而女妹有色大臣左右無功者擇宅而受擇田而食賞利一從上出所善制下也而戰介之士不得職而閒官之士尊顯上以此爲教名安得无卑位安得無危夫卑名位者必下之不從法令有二心無私學反逆世者也而不禁其行不破其羣以散其黨又從而尊之用事者過矣上世之所以立廉耻者所以厲下也今士大夫不羞汙泥醜辱而宦女妹私義之門不待次而官賞賜之所以爲重也而戰鬭有功之士貧賤而便辟優徒超級名號誠信所以通威也而主揜障近習女謁並行百官主爵遷人用事者過矣大臣官人與下先謀比周雖不法行威利在下

則主卑而大臣重矣夫立法令者以廢私也法令行而私道廢矣私者所以亂法也而士有二心私學巖居窞路託伏深慮大者非世細者惑下上不禁又從而尊之以名化之以實是無功而顯無勞而富也如此則士之有二心私學者焉得無深慮勉知詐與誹謗法令以求索與世相反者也凡亂上反世者常士有二心私學者也故本言曰所以治者法也所以亂者私也法立則莫得爲私矣故曰道私者亂道法者治上無其道則智者有私詞賢者有私意上有私惠下有私欲聖智成羣造言作辭以非法措於上上不禁塞又從而尊之是教下不聽上不從法也是以賢者顯名而居姦人賴賞而富賢者顯名而居姦人賴賞而富是以上不勝下也

韓非子卷第十七

韓非子卷第十八

六反第四十六　　八說第四十七
八經第四十八

六反第四十六

畏死難降北之民也而世尊之曰貴生之士學道立方離法之民也而世尊之曰文學之士遊居厚養牟食之民也而世尊之曰有能之士語曲牟知僞詐之民也而世尊之曰辯智之士行劒攻殺暴憿之民也而世尊之曰磏勇之士活賊匿姦當死之民也而世尊之曰任譽之士此六民者世之所譽也赴險殉誠死節之民而世少之曰失計之民也寡聞從令全法之民也而世少之曰樸陋之民也力作而食生利之民也而世少之曰寡能之民也嘉厚純粹整穀之民也而世少之曰愚戇之民也重命畏事尊上之民也而世少之曰怯懾之民也挫賊遏姦明上之

民也而世少之曰讇讒之民也此六民者世之所毀也姦僞無益之民六而世譽之如彼耕戰有益之民六而世毀之如此此之謂六反布衣循私利而譽之世主聽虛聲而禮之禮之所在利必加焉百姓循私害而訾之世主壅於俗而賤之賤之所在害必加焉故名賞在乎私惡當罪之民而毀害在乎公善宜賞之士索國之富強不可得也

古者有諺曰爲政猶沐也雖有弃髮必爲之愛弃髮之費而忘長髮之利不知權者也

夫彈痤者痛飲藥者苦爲苦憊之故不彈痤飲藥則身不活病不已矣

今上下之接無子父之澤而欲以行義禁下則交必有郄矣且父母之於子也産男則相賀産女則殺之此俱出父母之懷衽然男子受賀女子殺之者慮其後便計之長利也故父母之於

子也猶用計筭之心以相待也而況無父子之澤乎
今學者之說人主也皆去求利之心出相愛之道是求人主之
過父母之親也此不熟於論恩詐而誣也故明不受也聖人之
治也審於法禁法禁明著則官法必於賞罰賞罰不阿則民用
官官治則國富國富則兵強而霸王之業成矣霸王者人主之
大利也人主挾大利以聽治故其任官者當能其賞罰無私
使士民明焉盡力致死則功伐可立而爵祿可致爵祿致而富
貴之業成矣富貴者人臣之大利也人臣挾大利以從事故其
行危至死其力盡而不望此謂君不仁臣不忠則不可以霸王矣
夫姦必知則備必誅則止不知則肆不誅則行夫陳輕貨於幽
隱雖曾史可疑也懸百金於市雖大盜不取也不知則曾史可
疑於幽隱必知則大盜不取懸金於市故明主之治國也衆其
守而重其罪使民以法禁而不以廉止母之愛子也倍父父令之

行於子者十母吏之於民無愛令之行於民也萬父母積愛而令窮吏威嚴而民聽從嚴愛之筴亦可決矣且父母之所以求於子也動作則欲其安利也行身則欲其遠罪也君上之於民也有難則用其死安平則盡其力親以厚愛關子於安利而不聽君以無愛利求民之死力而令行明主知之故不養恩愛之心而增威嚴之勢故母厚愛處子多敗推愛也推行也父薄愛教笞子多善用嚴也

今家人之治產也相忍以飢寒相強以勞苦雖犯軍旅之難飢饉之患溫衣美食者必是家也相憐以衣食相惠以佚樂天飢歲荒嫁妻賣子者必是家也故法之爲道前苦而長利仁之爲道偷樂而後窮聖人權其輕重出其大利故用法之相忍而弃仁人之相憐也學者之言皆曰輕此亂士之術也凡賞罰之心者勸禁也賞厚則所欲之得也疾罰重則所惡之禁也急夫欲

利者必惡害害者利之反也反於所欲焉得無惡欲治者必惡亂亂者治之反也是故欲治甚者其賞必厚矣其惡亂甚者其罰必重矣今取於輕刑者其惡亂不甚也其欲治又不甚也此非特無術也又乃無行是故決賢不肖愚知之美在賞罰之輕重且夫重刑者非爲罪人也明主之法揆也治賊非治所揆也所揆也者是治死人也刑盜非治所刑也治所刑也者是治胥靡也故曰重一姦之罪而止境內之邪此所以爲治也重罰者盜賊也而悼懼者良民也欲治者奚疑於重刑名若夫厚賞者非獨賞功也又勸一國受賞者甘利未賞者慕業是報一人之功而勸境內之衆也欲治者何疑於厚賞今不知治者皆曰重刑傷民輕刑可以止姦何必於重哉此不察於治者也夫以重止者未必以輕止也以輕止者必以重止矣是以上設重刑者而姦盡止姦盡止則此奚傷於民也所謂重刑者姦之所利者

細而上之所加焉者大也民不以小利加大罪故姦必止者也所謂輕刑者姦之所利者大上之所加焉者小也民慕其利而傲其罪故姦不止也故先聖有諺曰不躓於山而躓於垤山者大故人順之垤微小故人易之也今輕刑罰民必易之犯而不誅是驅國而弃之也犯而誅之是爲民設陷也是故輕罪者民之垤也是以輕罪之爲民道也非亂國也則設民陷也此則可謂傷民矣

今學者皆道書筴之頌語不察當世之實事曰上不愛民賦斂常重則用不足而下恐上故天下大亂此以爲足其財用以加愛焉雖輕刑罰可以治也此言不然矣凡人之取重賞罰固已足之之後也雖財用足而後厚愛之然而輕刑猶之亂也夫當家之愛子財貨足用貨財足用則輕用輕用則侈泰親愛之則不忍不忍則驕恣侈泰則家貧驕恣則行暴此雖財用足而愛厚輕

利之患也凡人之生也財用足則隳於用力上懦則肆於爲非財用足而力作者神農也上治懦而行脩者曾史也夫民之不及神農曾史亦明矣

老聃有言曰知足不辱知止不殆夫以殆辱之故而不求於足之外者老聃也今以爲足民而可以治是以民爲皆如老聃也故桀貴在天子而不足於尊富有四海之内而不足於寶君人者雖足民不能足使爲君天子而桀未必爲天子爲足也則雖足民何可以爲治也故明主之治國也適其時事以致財物論其稅賦以均貧富厚其爵祿以盡賢能重其刑罰以禁姦邪使民以力得富以事致貴以過受罪以功致賞而不念慈惠之賜此帝王之政也

人皆寐則盲者不知皆嘿則喑者不知覺而使之視問而使之對則喑盲者窮矣不聽其言也則無術者不知不任其身也則

不肖者不知聽其言而求其當任其身而責其功則無術不肖者窮矣夫欲得力士而聽其自言雖庸人與烏獲不可別也授之以鼎俎則罷健效矣故官職者能士之鼎俎也任之以事而愚智分矣故無術者得於不用不肖者得於不任言不用而自文以爲辯身不任者而自飾以爲高世主眩其辯濫其高而尊貴之是不須視而定明也不待對而定辯也喑盲者不得矣明主聽其言必責其用觀其行必求其功然則虛舊之學不談矜誣之行不飾矣

八說第四十七

爲故人行私謂之不弃以公財分施謂之仁人輕祿重身謂之君子枉法曲親謂之有行弃官寵交謂之有俠離世遁上謂之高傲交爭逆令謂之剛材行惠取衆謂之得民不弃者吏有姦也仁人者公財損也君子者民難使也有行者法制毀也有俠

者官職曠也高傲者民不事也剛材者令不行也得民者君上孤也此八者匹夫之私譽人主之大敗也反此八者匹夫之私毀人主之公利也人主不察社稷之利害而用匹夫之私譽索國之無危亂不可得矣

任人以事存亡治亂之機也無術以任人無所任而不敗人君之所任非辯智則脩潔也任人者使有勢也智士者未必信也爲多其智因惑其信也以智士之計處乘勢之資而爲其私急則君必欺焉爲智者之不可信也故任脩士者使斷事也脩士者未必智爲潔其身因惑其智以愚人之所惛處治事之官而爲所然則事必亂矣故無術以用人任智則君欺任脩則君事亂此無術之患也明君之道賤德義貴下必坐上決誠以參聽無門戶（人莫能測也）故智者不得詐欺計功而行賞程能而授事察端而觀失有過者罪有能者得故愚者不任事智者不敢欺愚

者不得斷則事無失矣

察士然後能知之不可以爲令夫民不盡察賢者然後行之不可以爲法夫民不盡賢楊朱墨翟天下之所察也干世亂而卒不決雖察而不可以爲官職之令鮑焦華角天下之所賢也鮑焦木枯立死若木之枯也華角赴河雖不可以爲耕戰之士故人主之察智士盡其辯焉人主之所尊能士能盡其行焉今世主察無用之辯尊遠功之行索國之富強不可得也博習辯智如孔墨孔墨不耕耨則國何得焉脩孝寡欲如曾史曾史不戰攻則國何利焉匹夫有私便人主有公利不作而養足不仕而名顯此私便也息文學而明法度塞私便而一功勞此公利也錯法以道民也而又貴文學則民之所師法也疑賞功以勸民也而又尊行脩則民之產利也惰夫貴文學以疑法尊行脩以貳功索國之富強不可得也

搢笏干戚不適有方鐵銛言國軍興器方楯也言搢笏之議干戚之舞與夫方楯鐵銛不相稱適也登降周旋不逮日中奏百狸首射侯不當強弩趨發干城距衝衝不若堙穴伏橐古人亟於德中世逐於智當今爭於力古者寡事而備簡樸陋而不盡故有珧銚而推車者珧蜃以蜃爲銚也即推輪也上古摩蜃而耨也古者人寡而相親物多而輕利易讓故有揖讓而傳天下者然則行揖讓高慈惠而道推仁厚皆推政也處多事之時用寡事之器非智者之備也當大爭之世而循揖讓之軌非聖人之治也故智者不乘推車聖人不行推政也法所以制事事所以名功也法有立而有難權其難而事成事成而有害權其害而功多則爲之無難之法無害之功天下有也是以拔千丈之都敗十萬之衆死傷者軍之乘乘謂其半也甲兵折挫士卒死傷而賀戰勝得地者出其小害計其大利也夫沐者有弃髮除者傷血肉爲人見其難因釋其業是無術之事也先聖有言曰規

有摩而水有波我欲更之無柰之何此通權之言也是以說有必立而曠於實者言有辭拙而急於用者故聖人不求無害之言而務無易之事人之不事衡石者非貞廉而遠利也石不能爲人多少衡不能爲人輕重求索不能得故人不事也明主之國官不敢枉法吏不敢爲私利貨賂不行是境內之事盡如衡石也此其臣有姦者必知知者必誅是以有道之主不求清潔之吏而務必知之術也

慈母之於弱子也愛不可爲前（不可先以愛養之也）然而弱子有僻行使之隨師有惡病使之事醫不隨師則陷於刑不事醫則疑於死慈母雖愛無益於振刑救死則存子者非愛也子母之性愛也臣主之權筴也母不能以愛存家君安能以愛持國明主者通於富強則可以得欲矣故謹於聽治富強之法也明其法禁察其謀計法明則內無變亂之患計得於外無死虜之禍故存國

者非仁義也仁者慈惠而輕財者也暴者心毅而易誅者也慈惠則不忍輕財則好與心毅則憎心見於下易誅則妄殺加於人不忍則罰多宥赦好與則賞多無功憎心見則下怨其上妄誅則民將背叛故仁人在位下肆而輕犯禁法偷幸而望於上暴人在位則法令妄而臣主乖民怨而亂心生故曰仁暴者皆亡國者也

不能具美食而勸餓人飯不爲能活餓者也不能辟草生粟而勸貸施賞賜不能爲富民者也今學者之言也不務本作而好末事知道虛聖以說民此勸飯之說勸飯之說明主不受也書約而弟子辯法省而民訟簡是以聖人之書必著論明主之法必詳盡事盡思慮揣得失智者之所難也無思無慮挈前言而責後功愚者之所易也明主慮愚者之所易以責智者之所難故智慮力勞不用而國治也

酸甘鹹淡不以口斷而決於宰尹則廚人輕君而重於宰尹矣上下清濁不以耳斷而決於樂正則瞽工輕君而重於樂正矣治國是非不以術斷而決於寵人則臣下輕君而重於寵人矣人主不親觀聽而制斷在下託食於国者也

使人不衣不食而不飢不寒又不惡死則無事上之意意欲不宰於君則不可使也今生殺人柄在大臣而主令得行者未嘗有也虎豹必不用其爪牙而與鼷鼠同威萬金之家必不用其富厚而與監門同資有土之君說人不能利惡人不能害索人欲畏重已不可得也

人臣肆意陳欲曰俠人主肆意陳欲曰乱人臣輕上曰驕人主輕下曰暴行理同實下以受譽上以得非人臣大得人主大亡明主之國有貴臣無重臣貴者爵尊而官大也重臣者言聽而力多者也明主之國遷官襲級官爵受功故有貴臣言不度行

而有僞必誅故無重臣也

八經第四十八

一凡治天下必因人情人情者有好惡故賞罰可用賞罰可用則禁令可立而治道具矣君執柄以處勢故令行禁止柄者殺生之制也勢者勝衆之資也廢置無度則權瀆賞罰下共則威分是以明主不懷愛而聽不留說而計故聽言不參則權分乎姦智力不用則君窮乎臣故明主之行制也天不可測也其用人也鬼如鬼之陰密天則不非既高不測誰能非之鬼則不困既陰密誰能困之勢行教嚴逆而不違誰逆天下不敢違逆此勢之用也毀譽一行而不議毀譽一行而天下不敢議故賞賢罰暴舉善之至者也賞暴罰賢舉惡之至者也是謂賞同罰異賞莫如厚使民利之譽莫如美使民榮之誅莫如重使民畏之毀莫如惡使民恥之然後一行其法禁誅於私家不害功罪賞罰必知之知之道盡矣

因情 一曰收智

二力不敵衆智不盡物與其用一人不如用一國（用君之一人之智力不知任衆而用國也）故智力敵而羣物勝揣中則私勞不中則在過下君盡己之能中君盡人力上君盡人之智是以事至而結智一聽而公會聽不一則後悖於前後悖於前則愚智不分不公會則猶豫而不斷不斷則事留自取一則毋道墮壑之累故使之諷諷定而怒是以言陳之曰必有筴籍結智者事發而驗結能者功見而謀成敗成敗有徵賞罰隨之事成則君收其功規敗則臣任其罪君人者合符猶不親而況於力乎事智猶不親而況於懸乎故非用人也不取同同則君怒使人相用則君神則下盡下盡下則臣上不因君而主道畢矣

主道 一曰結智

三知臣主之異利者王以爲同者劫與共事者殺故明主審公

私之分審利害之地姦乃無所乘亂之所生六也主母后姬子姓弟兄大臣顯賢（主母君幼稱制后姬之姓則强庶逼兄弟則公子擅國大臣代主執物者顯賢則虚名掩君）任吏責臣主母不放（廢亂輒責於臣）禮施異等后姬不疑分勢不貳庶適不爭（不令庶子貳嫡也）權籍不失兄弟不侵（權柄國籍不失於下也）下不一門大臣不擁（不令一門專制則不得權）禁賞必行顯賢不亂臣有二因謂外内也外曰畏（外臣行威物皆畏）内曰愛所畏之求得所愛之言聽此亂臣之所因也外國之置諸吏者結誅親暱重帑則外不籍矣爵禄循功請者俱罪則内不因矣外不籍内不因則姦充塞矣官襲節而進以至大任智也其位至而任大者以三節持之曰質曰鎮曰固親戚妻子質也爵禄厚而必鎮也參伍責帑固也賢者止於質貪饕化於鎮姦邪窮於固忍不制則下上小不除則大誅而名實當則徑之生害事死傷名則行飲食不然而與其讎此謂除陰姦也醫曰詭詭曰易易功而賞見罪而罰而詭乃止

是非不泄說諫不通而易乃不用父兄賢良播出曰遊禍其患鄰敵多資僇辱之人近習曰狎賊其患發忿疑辱之心生藏怒持罪而不發曰增亂其患徼幸妄舉之人起大臣兩重提衡而不踦曰卷禍其患家隆劫殺之難作脫易不自神曰彈威其患賊夫酖毒之亂起此五患者人主之不知則有劫殺之事廢置之事生於內則治生於外則亂是以明主以功論之內而以利資之外其故國治而敵亂即亂之道臣憎則起外若眩臣愛則起內若藥

起亂 一曰亂起

四參伍之道行參以謀多揆伍以責失行參必拆揆伍必怒不拆則瀆上不怒則相和拆之徵足以知多寡怒之前不及其衆觀聽之勢其徵在比周而賞異也誅毋謁而罪同言會衆端必揆之以地謀之以天驗之以物參之以人四徵者符乃可以觀矣

參言以知其誠易視以改其澤執見以得非常一用以務近習重官以懼遠使舉往以悉其前即邇以知其內疏置以知其外握明以問所闇詭使以絕黷泄倒言以嘗所疑論反以得陰姦設諫以綱獨爲舉錯以觀姦動明說以誘避過卑適以觀直諂宣聞以通未見作鬭以散朋黨深一以敬衆心泄異以易其慮似類則合其參陳過則明其固知辟罪以止威陰使時循以省衺漸更以離通比下約以侵其上相室約其廷臣廷臣約其官屬兵士約其軍吏遣使約其行介縣令約其辟吏郎中約其左右后姬約其宮媛此之謂條達之道言通事泄則術不行

立道

五明主其務在周密是以喜見則德償怒見則威分故明主之言隔塞而不通周密而不見故以一得十者下道也以十得一者上道也明主兼行上下故姦無所失伍官連縣而鄰謁過賞

失過誅上之於下下之於上亦然是故上下貴賤相畏以法相誨以和民之性有生之實有生之名爲君者有賢知之名有賞罰之實名實俱至故福善必聞矣

參言

六聽不參則無以責下言不督乎用則邪說當上言之爲物也以多信不然之物十人云疑百人然乎千人不可解也吶者言之疑辯者言之信姦之食上也取資乎衆籍信乎辯而以類飾其私人主不饜忿而待合參其勢資下也有道之主聽言督其用課其功功課而賞罰生焉故無用之辯不留朝任事者知不足以治職則放官收說大而誇則窮端故姦得而怒無故而不當爲誣誣而罪臣言必有報說必責用也故朋黨之言不上聞凡聽之道人臣忠論以聞姦博論以內一人主不智則姦得資明主之道已喜則求其所納已怒則察其所搆論於已變之

後以得毀譽公私之徵衆諫以效智故使君自取一以避罪故衆之諫也敗君之取也無副言於上以設將然今符言於後以知謾誠語明主之道己不得兩諫必任其一語不得擅行必合其參故姦無道進矣

聽法

七官之重也毋法也法之息也上闇也上闇無度則官擅爲官擅爲故奉重無前則徵多徵多故富官之富重也亂功之所生也明主之道取於任（能任事則取之）賢於官（能守官則賛揚之）賞於功言程主喜俱必利不當主怒俱必害則人不私父兄而進其仇讎勢足以行法奉足以給事而私無所生故民勞苦而輕官任事也毋重使其寵必在爵處官者毋私使其利必在祿故民尊爵而重祿爵祿所以賞也民重所以賞也則國治刑之煩也名之繆也賞譽不當則民疑民之重名與其重賞也均賞者有誹焉不足

以勸罰者有譽焉不足以禁明主之道賞必出乎公利名必在乎爲上賞譽同軌非誅俱行然則民無榮於賞之内有重罰者必有惡名故民畏罰所以禁也民畏所以禁則國治矣

類柄

八行義示則主威分慈仁聽則法制毀民以制畏上而上以勢卑下故下肆很觸而榮於輕君之俗則主威分民以法難犯上而上以法撓慈仁故下明愛施而務貲賂之政（務爲貲賂）是以法令隳尊私行以貳主威行賕紋以疑法聽之則亂治不聽則謗主故君輕乎位而法亂乎官此之謂無常之國明主之道臣不得以行義成榮不得以家利爲功功名所生必出於官法法之所外雖有難行不以顯焉故民無以私名設法度以齊民信賞罰以盡民能明誹譽以勸沮名號賞罰法令三隅故大臣有行則尊君百姓有功則利上此之謂有道之國也

韓非子第十八卷終

韓非子卷第十九

五蠹第四十九　　顯學第五十

五蠹第四十九

上古之世人民少而禽獸衆人民不勝禽獸蟲蛇有聖人作構木爲巢以避羣害而民悅之使王天下號曰有巢氏民食果蓏蜯蛤腥臊惡臭而傷害腹胃民多疾病有聖人作鑽燧取火以化腥臊而民説之使王天下號之曰燧人氏中古之世天下大水而鯀禹決瀆近古之世桀紂暴亂而湯武征伐今有構木鑽燧於夏后氏之世者必爲鯀禹笑矣有決瀆於殷周之世者必爲湯武笑矣然則今有美堯舜湯武禹之道於當今之世者必爲新聖笑矣是以聖人不期脩古在扶世急也不法常可論世之事因爲之備宋人有耕田者田中有株兔走觸株折頸而死因釋其耒而守株冀復得兔兔不可復得而身爲宋國笑今欲以先王

之政治當世之民皆守株之類也古者丈夫不耕草木之實足食也婦人不織禽獸之皮足衣也不事力而養足人民少而財有餘故民不爭是以厚賞不行重罰不用而民自治今人有五子不爲多子又有五子大父未死而有二十五孫是以人民衆而貨財寡事力勞而供養薄故民爭雖倍賞累罰而不免於亂堯之王天下也茅茨不翦采椽不斲糲粢之食藜藿之羹冬日麑裘夏日葛衣雖監門之服養不虧於此矣禹之王天下也身執耒臿以爲民先股無胈脛不生毛雖臣虜之勞不苦於此矣以是言之夫古之讓天子者是去監門之養而離臣虜之勞也古傳天下而不足多也今之縣令一日身死子孫累世絜駕故人重之是以人之於讓也輕辭古之天子難去今之縣令者薄厚之實異也夫山居而谷汲者膢臘而相遺以水（谷水難得故節以水相遺也）澤居苦水者買庸而決竇（澤者苦水故買人功使決竇也）故饑歲之春

幼弟不饟幼弟可惜猶不饟之也穰歲之秋疏客必食非疏骨肉愛過也多少之實異也是以古之易財非仁也財多也今之爭奪非鄙也財寡也輕辭天子非高也勢薄也爭士橐非下也權重也故聖人議多少論薄厚爲之政故罰薄不爲慈誅嚴不爲戾稱俗而行也故事因於世而備適於事古者大王處豐鎬之間地方百里行仁義而懷西戎遂王天下徐偃王處漢東地方五百里行仁義割地而朝者三十有六國荊文王恐其害己也舉兵伐徐遂滅之故文王行仁義而王天下偃王行仁義而喪其國是仁義用於古不用於今也故曰世異則事異當舜之時有苗不服禹將伐之舜曰不可上德不厚而行武非道也乃脩教三年執干戚舞有苗乃服共工之戰鐵銛矩者及乎敵鎧甲不堅者傷乎體是干戚用於古不用於今也故曰事異則備變上古競於道德中世逐於智謀當今爭於氣力齊將攻魯魯使子貢說

之齊人曰子言非不辯也吾所欲者土地也非斯言所謂也遂舉兵伐魯去門十里以爲界故偃王仁義而徐亡子貢辯智而魯削以是言之夫仁義辯智非所以持國也去偃王之仁息子貢之智循徐魯之力使敵萬乘則齊荆之欲不得行於二國矣夫古今異俗新故異備如欲以寬緩之政治急世之民猶無轡策而御駻馬此不知之患也今儒墨皆先王兼愛天下則視民如父母何以明其然也曰司寇行刑君爲之不舉樂聞死刑之報君爲流涕此所舉先王也夫以君臣爲如父子則必治推是言之是無亂父子也人之情性莫先於父母皆見愛而未必治也雖厚愛矣奚遽不亂今先王之愛民不過父母之愛子子必不亂也則民奚遽治哉且夫以法行刑而君爲之流涕此以效仁非以爲治也夫垂泣不欲刑者仁也然而不可不刑者法也先王勝其法不聽其泣則仁之不可以爲治亦明矣且民者固

服於勢寡能懷於義仲尼天下聖人也脩行明道以游海內海內說其仁美其義而爲服役者七十人蓋貴仁者寡能義者難也故以天下之大而爲服役者七十人而仁義者一人魯哀公下主也南面君國境內之民莫敢不臣民者固服於勢誠易以服人故仲尼反爲臣而哀公顧爲君仲尼非懷其義服其勢也故以義則仲尼不服於哀公乘勢則哀公臣仲尼今學者之說人主也不乘必勝之勢而務行仁義則可以王是求人主之必及仲尼而以勢之凡民皆如列徒則七十子也此必不得之數也

今有不才之子父母怒之弗爲改鄉人譙之弗爲動師長教之弗爲變夫以父母之愛鄉人之行師長之智三美加焉而終不動其脛毛不改州部之吏操官兵推公法而求索姦人然後恐懼變其節易其行矣故父母之愛不足以教子必待州部之嚴刑者民固驕於愛聽於威矣故十仞之城樓季弗能踰者峭也千

仞之山跛牂易牧者夷也故明王峭其法而嚴其刑也布帛尋常庸人不釋鑠金百溢盜跖不掇（金銷爛雖多跖弃而不掇）不必害則不釋尋常必害手則不掇百溢故明主必其誅也是以賞莫如厚而信使民利之罰莫如重而必使民畏之法莫如一而故使民知之故主施賞不遷行誅無赦譽輔其賞毀隨其罰則賢不肖俱盡其力矣今則不然其有功也爵之而卑其士官也以其耕作也賞之而少其家業也以其不收也外之而高其輕世也以其犯禁罪之而多其有勇也毀譽賞罰之所加者相與悖繆也故法禁壞而民愈亂今兄弟被侵必攻者廉也（世謂之有廉隅之人）知友辱隨仇者貞也廉貞之行成而君上之法犯矣人主尊貞廉之行而忘犯禁之罪故民程於勇而吏不能勝也不事力而衣食則謂之能不戰功而尊謂之賢賢能之行而忘兵弱地弱之禍則私行立而功公利滅矣儒以文亂法俠以武犯禁而人主兼禮

之此所以亂也夫離法者罪而諸先王以文學犯禁者誅而羣俠以私劒養故法之所非君之所取吏之所誅上之所養也法趣上下四相反也而無所定雖有十黃帝不能治也故行仁義者非所譽譽之則害功文學者非所用用之則亂法楚之有直躬其父竊羊而謁之吏令尹曰殺之以爲直於君而曲於父報而罪之以是觀之夫君之直臣父之暴子也魯人從君戰三戰三北仲尼問其故對曰吾有老父身死莫之養也仲尼以爲孝舉而上之以是觀之夫父之孝子君之背臣也故令尹誅而楚姦不上聞仲尼賞而魯民易降北上下之利若是其異也而人主兼也舉匹夫之行而求致社稷之福必不幾矣古者蒼頡之作書也自環者謂之私背私謂之公公私之相背也乃蒼頡固以知之矣今以爲同利者不察之患也然則爲匹夫計者莫如脩行義而習文學行義脩則見信見信則受事文學習則爲明

師爲明師則顯榮此匹夫之美也然則無功而受事無爵而顯榮爲有政如此則國必亂主必危矣故不相容之事不兩立也斬敵者受賞而高慈惠之行拔城者受爵祿而信廉愛之説堅甲厲兵以備難而美薦紳之飾富國以農距敵恃卒而貴文學之士廢敬上畏法之民而養遊俠私劍之屬舉行如此治强不可得也國平養儒俠難至用介士所利非所用所用非所利是故服事者簡其業而於游學者日衆是世之所以亂也且世之所謂賢者貞信之行也所謂智者微妙之言也微妙之言上智之所難知也今爲衆人法而以上智之所難知則民無從識之矣故糟糠不飽者不務粱肉短褐不完者不待文繡夫治世之事急者不得則緩者非所務也今所治之政民間之事夫婦所明知者不用而慕上知之論則其於治反矣故微妙之言非民務也若夫賢良貞信之行者必將貴不欺之士不欺之士者亦

無不欺之術也布衣相與交無富厚以相利無威勢以相懼也故求不欺之士今人主處制人之勢有一國之厚重賞嚴誅得操其柄以脩明術之所燭雖有田常子罕之臣不敢欺也奚待扵不欺之士今貞信之士不盈於十而境內之官以百數必任貞信之士則人不足官人不足官則治者寡而乱者衆矣故明主之道一法而不求智固術而不慕信故法不敗而羣官無姦詐矣今人主之於言也說其辯而不求其當焉其用於行也美其聲而不責其功是以天下之衆其談言者務爲辨而不周於用故舉先王言仁義者盈廷而政不免扵乱行身者競扵爲高而不合於功故智士退處巖穴歸禄不受而兵不免扵弱政不免扵乱此其故何也民之所譽上之所礼乱國之術也今境內之民皆言治藏商管之法者家有之而國貧民耕者衆執耒者寡也境內皆言兵藏孫吳之書者家有之而兵愈弱言戰者多

被甲者少也故明主用其力不聽其言賞其功伐禁無用故民盡死力以從其上夫耕之用力也勞而民爲之者曰可得以富也戰之事也危而民爲之者曰可得以貴也今脩文學習言談則無耕之勞而有富之實無戰之危而有貴之尊則人孰不爲也是以百人事智而一人用力事智者衆則法敗用力者寡則國貧此世之所以乱也故明主之國無書簡之文以法爲教無先王之語以吏爲師無私劒之捍以斬首爲勇是境内之民其言談者必軌於法動作者歸之於功爲勇者盡之於軍是故無事則國富有事則兵強此之謂王資既畜王資而承敵國之舋超五帝侔三王者必此法也今則不然士民縱恣於内言談者爲勢於外外内稱惡以待強敵不亦殆乎故羣臣之言外事者非有分於從衡之黨則有仇讎之忠而借力於國也從者合衆強以攻一弱也而衡者事一強以攻衆弱也皆非所以持國也

今人臣之言衡者皆曰不事大則遇敵受禍矣事大未必有實則舉圖而委效璽而請兵矣獻圖則地削效璽則名卑地削則國削名卑則政乱矣事大爲衡未見其利也而亡地乱政矣人臣之言從者皆曰不救小而伐大則失天下失天下則國危國危而主卑救小未必有實則起兵而敵大矣救小未必能存而交大未必不有踈有踈則爲強國制矣出兵則軍敗退守則城抜救小爲從未見其利而亡地敗軍矣是故事強則以外權士官扵内救小則以内重求利扵外國利未立封土厚祿至矣主上雖卑人臣尊矣國地雖削私家富矣事成則以權長重事敗則以富退處人主之扵其聽說也於其臣事未成則爵祿已尊矣事敗而弗誅則游說之士孰不爲用矰繳之說而徼倖其後故破國亡主以聽言談者之浮說此其故何也是人君不明乎公私之利不察當否之言而誅罰不必其後也皆曰外事大可以

王小可以安夫王者能攻人者也而安則不可攻也強則能攻人者也治則不可攻也治強不可責於外内政之有也今不行法術於内而事智於外則不至於治強矣鄙諺曰長袖善舞多錢善賈此言多資之易爲工也故治強易爲謀弱乱難為計故用於秦者十變而謀希失用於燕者一變而計希得非用於秦者必智用於燕者必愚也盖治乱之資異也故周去秦爲從朞年而舉衛離魏爲衡半歲而亡是周滅於從衛亡於衡也使周衛緩其從衡之計而其境内之治明其法禁必其賞罰尽其地力以多其積致其民死以堅其城守天下得其地則其利少攻其國則其傷大萬乘之國莫敢自頓於堅城之下而使強敵裁其弊也此必不亡之術也舍必不亡之術而道必滅之事治國者之過也智困於内而政乱於外則亡不可振也民之政計皆就安利如辟危窮今爲之攻戰進則死於敵退則死於誅則危矣

棄私家之事而必汗馬之勞家困而上弗論則窮矣窮危之所在也民安得勿避故事私門而完解舍解舍完則遠戰遠戰則安行貨賂而襲當塗者則求得求得則私安私安則利之所在安得勿就是以公民少而私人衆矣夫明王治國之政使其商工游食之民少而名卑以寡趣本務而趨末作今世近習之請行則官爵可買官爵可買則商工不卑也矣姦財貨賈得用於市則商人不少矣聚斂倍農而致尊過耕戰之士則耿介之士寡而高價之民多矣是故亂國之俗其學者則稱先王之道以籍仁義盛容服而飾辯說以疑當世之法而貳人主之心其言古者爲設詐稱借於外力以成其私而遺社稷之利其帶劍者聚徒屬立節操以顯其名而犯五官之禁其患御者積於私門盡貨賂而用重人之謁退汗馬之勞其商工之民脩治苦窳之器聚弗靡之財蓄積待時而侔農夫之利此五者邦之蠹也人

主不除此五蠹之民不養耿介之士則海内雖有破亡之國削滅之朝亦勿怪矣

顯學第五十

世之顯學儒墨也儒之所至孔丘也墨之所至墨翟也自孔子之死也有子張之儒有子思之儒有顏氏之儒有孟氏之儒有漆雕氏之儒有仲良氏之儒有孫氏之儒有樂正氏之儒自墨子之死也有相里氏之墨有相夫氏之墨有鄧陵氏之墨故孔墨之後儒分爲八墨離爲三取舍相反不同而皆自謂真孔墨孔墨不可復生將誰使定世之學乎孔子墨子俱道堯舜而取舍不同皆自謂真堯舜堯舜不復生將誰使定儒墨之誠乎殷周七百餘歲虞夏二千餘歲而不能定儒墨之真今乃欲審堯舜之道於三千歲之前意者其不可必乎無參驗而必之者愚也弗能必而據之者誣也故明據先王必定堯舜者非愚則誣也愚

誣之學雜反行明主弗受也墨者之葬也冬日冬服夏日夏服桐棺三寸服喪三月世以爲儉而禮之儒者破家而葬服喪三年大毀扶杖世主以爲孝而禮之夫是墨子之儉將非孔子之侈也是孔子之孝將非墨子之戾也今孝戾侈儉俱在儒墨而上兼禮之漆雕之議不色撓不目逃行曲則違於臧獲行直則怒於諸侯世主以爲廉而禮之宋榮子之議設不鬬爭取不隨仇不羞囹圄見侮不辱世主以爲寬而禮之夫是漆雕之廉將非宋榮之恕也是宋榮之寬將非漆雕之暴也今寬廉恕暴俱在二子人主兼而禮之自愚誣之學雜反之辭爭而人主俱聽之故海內之士言無定術行無常議夫冰炭不同器而久寒暑不兼時而至雜反之學不兩立而治今兼聽雜學繆行同異之辭安得無亂乎聽行如此其於治人又必然矣今世之學士語治者多曰與貧窮地以實無資今夫與人相善也無豐年旁

入之利而獨以完給者非力則儉也與人相善也無饑饉疾疚禍罪之殃獨以貧窮者非侈則惰也侈而惰者貧而力而儉者富今上徵斂於富人以布施於貧家是奪力儉而與侈惰也而欲索民之疾作而節用不可得也今有人於此義不入危城不處軍旅不以天下大利易其脛一毛世主必從而禮之貴其智而高其行以爲輕物重生之士也夫上所以陳良田大澤設爵禄所以易民死命也今上尊貴輕物重生之士而索民之出死而重殉上事不可得也藏書策習談論聚徒役服文學而議説世主必從而禮之曰敬賢士先王之道也夫吏之所税耕者也而上之所養學士也耕者則重税學士則多賞而索民之疾作而少言談不可得也立節參民執操不侵怨言過於耳必隨之以劍世主必從而禮之以爲自好之士夫斬首之勞不賞而家鬭之勇尊顯而索民之疾戰距敵而無私鬭不可得也國平

則養儒俠難至則用介士所養者非所用所用者非所養此所以亂也且夫人主於聽學也若是其言宜布之官而用其身若非其言宜去其身而息其端今以爲是也而弗布於官以爲非也而不息其端是而不用非而不息亂亡之道也澹臺子羽君子之容也仲尼幾而取之與處久而行不稱其貌宰予之辭雅而文也仲尼幾而取之與處而智不充其辯故孔子曰以容取人乎失之子羽以言取人乎失之宰予故以仲尼之智而有失實之聲今之新辯濫乎宰予而世主之聽眩乎仲尼爲悅其言因任其身則焉得無失乎是以魏任孟卯之辯而有華下之患趙任馬服之辯而有長平之禍此二者任辯之失也夫視鍛錫而察青黃區冶不能以必劍水擊鵠鴈陸斷駒馬則臧獲不疑鈍利發齒吻形容伯樂不能以必馬授車就駕而觀其末塗則臧獲不疑駑良觀容服聽辭言仲尼不能以必士試之官職課

其功伐則庸人不疑於愚智故明主之吏宰相必起於州部猛將必發於卒伍夫有功者必賞則爵祿厚而愈勸遷官襲級則官職大而愈治夫爵祿大而官職治王之道也磐石千里不可謂富象人百萬不可謂強石非不大數非不衆也而不可謂富強者磐不生粟象人不可使距敵也今商官技藝之士亦不墾而食是地不墾與磐石一貫也儒俠毋軍勞顯而榮者則民不使與象人同事也夫禍知磐石象人而不知禍商官儒俠爲不墾之地不使之民不知事類者也故敵國之君王雖説吾義吾弗入貢而臣關內之侯雖非吾行吾必使執禽而朝是故力多則人朝力寡則朝於人故明君務力夫嚴家無悍虜而慈母有敗子吾以此知威勢之可以禁暴而德厚之不足以止亂也夫聖人之治國不恃人之爲吾善也而用其不得爲非也恃人之爲吾善也境內不什數用人不得爲非一國可使齊爲治者用衆

而舍寡故不務德而務法夫必恃自直之箭百世無矢恃自圜之木千世無輪矣自直之箭自圜之木百世無有一然而世皆乘車射禽者何也隱栝之道用也雖有不恃隱栝而有自直之箭自圜之木良工弗貴也何則乘者非一人射者非一發也不恃賞罰而恃自善之民明主弗貴也何則國法不可失而所治非一人也故有術之君不隨適然之善適然謂偶然也而行必然之道今或謂人曰使子必智而壽則世必以爲狂夫智性也壽命也性命者非所學於人也而以人之所不能爲說人此世之所以謂之爲狂也謂之不能然則是諭也夫諭性也以仁教人是以智與壽說也有度之主弗受也故善毛嗇西施之美無益吾面用脂澤粉黛則倍其初言先王之仁義無益於治明吾法度必吾賞罰者亦國之脂澤粉黛也故明主急其助而緩其頌故不道仁義今巫祝之祝人曰使若千秋萬秋千歲萬歲之聲聒耳

而一日之壽無徵於人此人所以簡巫祝也今世儒者之說人主不善今之所以爲治而語已治之功不審官法之事不察姦邪之情而皆道上古之傳譽先王之成功儒飾辭曰聽吾言則可以霸王此說者之巫祝有度之主不受也故明主舉實事去無用不道仁義者故不聽學者之言今不知治者必曰得民之心欲得民之心而可以爲治則是伊尹管仲無所用也將聽民而已矣民智之不可用猶嬰兒之心也夫嬰兒不剔首則腹痛首病不治則加痛也不揊痤則寖益謂癰也揊威而潰之披揊也剔首揊痤必一人抱之慈母治之然猶啼呼不止嬰兒子不知犯其所小苦致其所大利也今上急耕田墾草以厚民產也而以上爲酷脩刑重罰以爲禁邪也而以上爲嚴徵賦錢粟以實倉庫且以救飢饉備軍旅也而以上爲貪境內必知介而無私解并力疾鬬所以禽虜也而以上爲暴此四者所以治安也而民不知悅也夫求聖通之

韓非子卷第十九

韓非子卷第二十

忠孝第五十一　人主第五十二　飭令第五十三
心度第五十四　制分第五十五

忠孝第五十一

天下皆以孝悌忠順之道爲是也而莫知察孝悌忠順之道而審行之是以天下亂皆以堯舜之道爲是而法之是以有弑君有曲於父堯舜湯武或反君臣之義亂後世之教者也堯爲人君而君其臣舜爲人臣而臣其君湯武人臣而弑其主刑其尸而天下譽之此天下所以至今不治者也夫所謂明君者能畜其臣者也所謂賢臣者能明法辟治官職以戴其君者也今堯自以爲明而不能以畜舜舜自以爲賢而不能以戴堯湯武自以爲義而弑其君長此明君且常與而賢臣且常取也故至今爲人子者有取其父之家爲人臣者有取其君之國者矣父而

讓子君而讓臣此非所以定位一教之道也臣之所聞曰臣事君子事父妻事夫三者順則天下治三者逆則天下亂此天下之常道也明王賢臣而弗易也則人主雖不肖臣不敢侵也今夫上賢任智無常逆道也而天下常以爲治是故田氏奪呂氏於齊戴氏奪子氏於宋此皆賢且智也豈愚且不肖乎是廢常上賢則亂舍法任智則危故曰上法而不上賢記曰舜見瞽瞍其容造焉（造愁貌也）孔子曰當是時也危哉天下岌岌有道者父固不得而子君固不得而臣也臣曰孔子本未知孝悌忠順之道也然則有道者進不爲臣主退不爲父子耶父之所以欲有賢子者家貧則富之父苦則樂之君之所以欲有賢臣者國亂則治之主卑則尊之今有賢子而不爲父則父之處家也苦有賢臣而不爲君則君之處位也危然則父有賢子君有賢臣適足以爲害耳豈得利焉哉所謂忠臣不危其君孝子不非其親

今舜以賢取君之國而湯武以義放弒其君此皆以賢而危主者也而天下賢之古之烈士進不臣君退不爲家是進則非其君退則非其親者也且夫進不臣君退不爲家亂世絶嗣之道也是故賢堯舜湯武而是烈士天下之亂術也瞽瞍爲舜父而舜放之象爲舜弟而殺之放父殺弟不可謂仁妻帝二女而取天下不可謂義仁義無有不可謂明詩云普天之下莫非王土率土之濱莫非王臣信若詩之言也是舜出則臣其君入則臣其父妾其母妻其主女也故烈士内不爲家亂世絶嗣而外矯於君朽骨爛肉施於土地流於川谷不避蹈水火使天下從而效之是天下徧死而願夭也此皆釋世而不治是也世之所爲烈士者雖衆獨行取異於人爲恬淡之學而理恍惚之言臣以爲恬淡無用之教也恍惚無法之言也言出於無法數出於無用者天下謂之察臣以爲人生必事君養親事君養親不可以恬

淡之人必以言論忠信法術言論忠信法術不可以恍惚恍惚之言恬淡之學天下之惑術也孝子之事父也非競取父之家也忠臣之事君也非競取君之國也夫爲人子而常譽他人之親曰某子之親夜寢早起強力生財以養子孫臣妾是誹謗其親者也爲人臣常譽先王之德厚而願之誹謗其君者也非其親者知謂不孝而非其君者天下此賢之此所以亂也故人臣毋稱堯舜之賢毋譽湯武之伐毋言烈士之高盡力守法專心於事主者爲忠臣古者黔首悗密惷愚（悗忘情貌）故可以虛名取也今民儇詗智慧欲自用不聽上上必且勸之以賞然後可進又且畏之以罰然後不敢退而世皆曰許由讓天下賞不足以勸盜跖犯刑赴難不足以禁臣曰未有天下而無以天下爲者許由是也巳有天下而無以天下爲者堯舜是也毀廉求財犯刑趨利忘身之死者盜跖是也此二者殆物也治國用民之道也

不以此二者爲量治也者治常者也道也者道常者也殆物妙言治之害也天下太平士不可以賞勸也天下太平之士不可以爲刑禁也然爲太上士不設賞爲太下士不設刑則治國用民之道失矣故世人多不言國法而言從横諸侯言從者曰從成必霸而言横者曰横成必王山東之言從横未嘗一日而止也然而功名不成霸王不立者虚言非所以成治也王者獨行謂之王是以三王不務離合而止五霸不待從横察治内以裁外而已矣

人主第五十二

人主之所以身危國亡者大臣太貴左右太威也所謂貴者無法而擅行操國柄而便私者也所謂威者擅權勢而輕重者也此二者不可不察也夫馬之所以能任重引車致遠道者以筋力也萬乘之主千乘之君所以制天下而征諸侯者以其威勢也威勢者人主之筋力也今大臣得威左右擅勢是人主失力

人主失力而能有國者千無一人虎豹之所以能勝人執百獸者以其爪牙也當使虎豹失其爪牙則人必制之矣今勢重者人主之爪牙也君人而失其爪牙虎豹之類也宋君失其爪牙於子罕簡公失其爪牙於田常而不蚤奪之故身死國亡今無術之主皆明知宋簡之過也而不悟其失不察其事類者也且法術之士與當途之臣不相容也何以明之主有術士則大臣不得制斷近習不敢賣重大臣左右權勢息則人主之道明矣今則不然其當途之臣得勢擅事以環其私左右近習朋黨比周以制疏遠則法術之士奚時得進用人主奚時得論裁故有術不必用而勢不兩立法術之士焉得無危故君人者非能退大臣之議而背左右之訟獨合乎道言也則法術之士安能蒙死亡之危而進說乎此世之所以不治也明主者推功而爵禄稱能而官事所舉者必有賢所用者必有能賢用能之士進則

私門之請止矣夫有功者受重祿有能者處大官則私劒之士安得無離於私勇而疾距敵游宦之士焉得無撓於私門而務於清潔矣此所以聚賢能之士而散私門之屬也今近習者不必智人主之於人也或有所知而聽之入因與近習論其言聽近習而不計其智是與愚論智也其當途者不必賢人主之於人或有所賢而禮之入因與當途者論其行聽其言而不用賢是與不肖論賢也故智者決策於愚人賢士程行於不肖則賢智之士奚時得用以主之明塞矣昔關龍逄說桀而傷其四肢王子比干諫紂而剖其心子胥忠直夫差而誅於屬鏤此三子者爲人臣非不忠而說非不當也然不免於死亡之患者主不察賢智之言而蔽愚不肖之患也今人主非肯用法術之士聽愚不肖之臣則賢智之士孰敢當三子之危而進其智能者乎此世之所以亂也

飭令第五十三

飭令則法不遷法平則吏無姦法已定矣不以善言售法任功則民少言任善則民多言行法曲斷以五里斷者王能參驗五里然後斷定其罪如此者王也以九里斷者強既王且強宿治者削宿置也若委置其法則必削以刑治以賞戰厚祿以周術行都之過則都無姦市物多者衆農強姦勝則國必削民有餘食使以粟出爵必以其力則震不怠三寸之管毋當不可滿也雖受不多然當無則不可滿也授官爵出利祿不以功是無當也國以功授官與爵此謂以成智謀以威勇戰其國無敵國以功授官與爵則治見者省言有塞此謂以治去治以言去言以功與爵者也故國多力而天下莫之能侵也兵出必取取必能有之案兵不攻必當朝廷之事小者不毀效功取官爵廷雖有辟言不得以相干也是謂以數治以力攻者出一取十以言攻者出十喪百國好力此謂以難攻國好言此謂以易攻

其能勝其害輕其任而道壞餘力於心莫負乘宮之責於君內無伏怨使明者不相干故莫訟使士不兼官故技長使人不同功故莫爭言此謂易攻重刑少賞上愛民民死賞多賞輕刑上不愛民民死賞利出一空者其國無敵利出二空者其兵半用利出十空者民不守重刑明民大制使人則上利行刑重其輕者輕者不至至重者不來此謂以刑去刑罪重而刑輕刑輕則事生此謂以刑致刑其國必削

心度第五十四

聖人之治民度於本不從其欲期於利民而已故其與之刑非所以惡民愛之本也刑勝而民靜賞繁而姦生故治民者刑勝治之首也賞繁亂之本也夫民之性喜其亂而不親其法故明主之治國也明賞則民勸功嚴刑則民親法勸功則公事不犯親法則姦無所萌故治民者禁姦於未萌而用兵者服戰於民

心禁先其本者治兵戰其心者勝聖人之治民也先治者強先戰者勝夫國事務先而一民心專舉公而私不從賞告而姦不生明法而治不煩能用四者強不能用四者弱夫國之所以強者政也主之所以尊者權也故明君有權有政亂君亦有權有政積而不同其所以立異也故明君操權而上重一政而國治故法者王之者也刑者愛之自也夫民之性惡勞而樂佚佚則荒荒則不治不治則亂而賞刑不行於天下者必塞故欲舉大功而難致而力者大功不可幾而舉也欲治其法而難變其故者民亂不可幾而治也故治民無常唯治爲法法與時轉則治與世世宜則有功故民樸而禁之以名則治世知維之以刑則從時移而治不易者亂能治衆而禁不變者削故聖人之治民治法與時移而禁與能變能越力於地者富能起力於敵者強強不塞者王故王道在所聞在所塞塞其姦者必王故王術不

恃外之不亂也恃其不可亂也恃外不亂而治立者削恃其不可亂而行法者興故賢君之治國也敵適於不亂之術貴爵則上重故賞功爵任而邪無所關好力者其爵貴爵貴則上尊上尊則必王國不事力而恃私學者其爵賤爵賤則上卑上卑者必削故立國用民之道也能閉外塞私而上自恃者王可致也

制分第五十五

夫凡國博君尊者未嘗非法重而可以至乎令行禁止於天下者也是以君人者分爵制祿則法必嚴以重之夫國治則民安事亂則邦危法重者得人情禁輕者失事實且夫死力者民之所有者也情莫不出其死力以致其所欲而好惡者上之所制也民者好利祿而惡刑罰上賞好惡以御民力事實不宜失矣然而禁輕事失者刑賞失也其治民不秉法爲善也如是則是無法也故治亂之理宜務分刑賞爲急治國者莫不有法然而有

存有亡亡者其制刑賞不分也治國者其刑賞莫不有分有持以異爲分不可謂分至於察君之分獨分也是以其民重法而畏禁願毋抵罪而不敢胥賞故曰不待刑賞而民從事矣是故夫至治之國善以止姦爲務是何其法通乎人情關乎治理也然則去微姦之柰何其務令之相規其情者也則使相闚柰何曰蓋里相坐而已（同里有罪罪必相坐）禁尚有連於己者理不得相闚惟恐不得免有姦心者不令得忘闚者多也如此則慎己而闚彼發姦之密告過者免罪受賞失姦者必誅連刑如此則姦類發矣姦不容細私告任坐使然也（任保也同里相保之人則坐之人則任坐）夫治法之至明者任數不任人是以有術之國不用譽則毋適境內必治任數也亡國使兵公行乎其地而弗能圉禁者任人而無數也自攻者人也攻人者數也故有術之國去言而任法凡畸功之循約者雖知過刑之於言者難見也是以刑賞惑乎貳所謂循

約難知者姦功也臣過之難見者失根也循理不見虛功度情詭乎姦根則二者安得無兩失也是以虛士立名於内而談者為略於外故愚怯勇慧相連而以虛道屬俗而容乎世故其法不用而刑罰不加乎僇人如此則刑賞安得不容其二實故有所至而理失其量量之失非法使然也法定而任慧也釋法而任慧者則受事者安得其務務不與事相得則法安得無失而刑安得無煩是以賞罰擾亂邦道差誤刑賞之不分白也

韓非子卷第二十

韓非子識誤序

予之爲韓子識誤也歲在乙丑客於揚州太守陽城張古餘先生許宋槧本太守所借也與予向所得述古堂影鈔正同第十四卷失第二葉以影鈔者補之前人多稱道藏本其實差有長於趙用賢刻本者耳固遠不如宋槧也宋槧首題乾道改元中元日黃三八郎印亦頗有誤通而論之宋槧之誤由乎未嘗校改故誤之迹往往可尋也而趙刻之誤則由乎凡遇其不解者必校改之於是而并宋槧之所不誤者方且因此以至於誤其宋槧之所誤又僅苟且遷就仍

歸於誤而徒使可尋之迹泯焉豈不惜哉予讎勘數
過推求彌年既窺得失乃條列而識之不可解者未
敢妄説庚午在里中友人王子渭爲之寫録閒有所
論厥後攜諸行篋隨加增定甲戌以來再客揚州值
全椒吴山尊學士知宋槧之善重刊以行復舉識誤
附於末竊惟智芥學短曾何足云庶後有能讀此書
者將尋其迹輒以不敏爲之先道也嘉慶廿一年歲
在丙子秋八月元和顧廣圻序

韓非子識誤卷上

韓非子序 道藏本無非字今本删去不載今本趙用賢本以後盡同桉此即史記列傳耳韓子首必本有劉向序錄而今佚之也漢志韓子五十五篇在法家

卷第一　初見秦

第一 戰國策作張儀說秦王高誘注秦惠王也吴師道曰張儀誤當作韓非非以韓王安五年使秦始皇十三年也今桉吴依此是也

以與秦強爲難 秦強當作強秦策無強字

世有三亡 吴師道引此三作二策作三末多以逆攻順者亡一句或此脱

其頓首戴羽 頓字有譌吴師道引此同未詳所當作

削迹無遺根 當從策作削株掘根

取洞庭五湖江南 湖策作都吴師道曰當從韓今桉吴所說非也燕策云四日而至五渚蘇秦列傳同集解引戰國策取洞庭五渚渚都同字也湖是渚之譌

東服於陳 服策作伏

東以弱齊燕 弱策作強高誘注言以強於燕齊也下文同

立社稷主 稷字策無下文同

置宗

廟令策讀此以廟字句絕令字屬下下文策亦無令字皆不同天下又比周周當作意下文云天下皆比意甚固策兩意字皆作志也趙危而荊狐疑狐當從策作孤衍疑字策無而不憂民萌萌策作氓本書例用萌字莞山東河閒策無山東二字乾道本河閒作可閒藏本亦作可皆譌踰華當從策作踰羊腸高誘注羊腸塞名也絳上黨當從策作降代上黨代四十六縣四策作三上黨七十縣七十策作十七王渭曰即趙策今有城市之邑七十令梫史記趙世家彼亦作十七拔荊東以弱齊強燕策作挾荊以東弱齊燕無強字天下編隨而服矣藏本同今本編作偏誤策作偏吳師道引此作編弃甲兵弩戰竦而天下固巳量秦力藏本同今本兵作負誤而下有却字策有高誘注却退也吳師道引此無弩策作怒吳引作拏不合軍乃引而復弁於孚下藏本同今本復作退孚作李策作退弁於李下高誘注李下邑名吳師道引此

作乎與戰不能尅之也七字爲一句又不能反運句絕反當作及運讀爲餫罷而去三字爲一句罷讀爲疲策作又交罷却按無不能運而四字不同也幾不能矣策作豈其難矣王渭曰能當作難舊注未譌決水而灌之三月月策作年吳師道曰趙策亦云三年引此作月襄主鑽龜筮占兆筮當從策作數筴二字按本書飾邪鑿龜數筴兆曰大吉凡三見可證此爲脫誤於是乃潛於行而出知伯之約藏本同今本無於字知上有反字策同此與天下可兼有也藏本同今本重天下策作以此與天下天下可兼而有也乾道本可作何譌以爲王謀不忠者也當從策作以主爲謀不忠者主謂爲主首也爲謀造謀也此文例言大王不言王王字必誤吳師道引此無也字是重爲字非

存韓第二

功歸於強秦王渭曰秦當作趙見下文聚士卒養從藏本今本從下有徒字趙據齊以爲原原當作厚舊注誤

則合羣苦弱以敵而共二萬乘王渭曰當衍而共二字非所以亡趙之心也趙當作韓亡韓貴人之計也則秦必爲天下兵質矣質如字射的也舊注誤陛下雖以金石相弊王渭曰文選廿九卷注引此以作與以即與也按七發注亦引舊注誤今賤臣之遇愚計藏本無遇字是也今本作進誤則轉可以移書定也藏本同今本轉作韓誤此言定荆魏韓秦強弱韓當作轉攻伐而使從者閒焉閒當作閒閒反閒也書言韓子之未可舉藏本同今本無子字虛處逗則悏然若居濕地著而不去十一字爲一句以極逗走此字衍則發矣虛處平居也與極對文極困也悏說文苦也廣韵云患苦胡槩切舊注皆誤是悉趙而應二萬乘也王渭曰趙當作秦因令象武王渭曰象當作蒙蒙武見始皇本紀蒙恬列傳以嚮秦軍於關下矣

藏本闕作關是也而失攻荆藏本同今本失作先言欲伐秦其勢必先韓而後秦藏本重欲伐秦三字非也臣斯不見藏本今本不下有得字夫弃城而敗軍則反掖之寇敗軍當作軍敗軍句絕敗下屬城盡則聚散則無軍矣藏本今本重聚散城固守藏本今本城上有使字左右計之者不用用當作周周密也願得身因急與陛下有計也藏本今本因上有見字

難言第三

則見以爲掘而不倫藏本今本掘作拙激急親近藏本同今本急作意誤家計小談藏本同今本家作纖誤辭不悖逆逆當作遻遻詩巧言如流箋云故不悖逆釋文云遻五故反本亦作逆按本書說難云大意無所拂悟拂悖同字遻悟同字作逆者形近之誤也又鄭檀弓注噎弗寤之聲弗寤即拂悟正義讀弗如字者非今本因之改弗作不尤誤列女傳不拂不寤亦用寤字以質信言藏本信作性是也

故文王說紂囚之藏本今本紂下有而紂二字翼侯炙戰國策史記皆作鄂侯伯里子道乞伯讀爲百吳起收泣於岸門呂氏春秋仲冬紀云抿泣恃君覽云雪泣分脃見莊子胠篋尹子穽於棘未詳田明辜射未詳故君子不少也藏本同今本不少作難言誤按此句下有脫文

愛臣第四

萬物莫如身之至貴也此四美以徙其民王渭曰民當作威者藏本同今本也下衍十四字

主道第五

去舊去智句失韻有誤滲乎滲讀爲寥正字作廫說文云空虛也故君子不窮於名藏本無子字是也不智而爲上智者正藏本無上字是也官有一人本書揚搉有作置則萬物皆盡函句絕掩其跡匿其端本書二柄云今人主不掩其情不匿其端可證舊注讀函屬下誤絕其能望藏本同今本無望字誤此當衍能字處其主

之側 句絶側與下文忒賊韵 爲姦臣聞其主之忒 臣聞當作以閒以正字作㠯形相近閒去聲 收其餘 餘當作與下文輔虎其韵也 同合刑名 刑讀爲形揚搉同 則主失明 藏本今本明作名 是以不言善應 藏本今本言下有而字 事以責其功 藏本今本事以作以事桉當作以其事 臣不陳言而不當 此句下有脫文 曖乎 曖讀爲愛 則雖近愛必誅 此句下有脫文

卷第二

有度第六

莊王之氓社稷也 氓當作民下二句同舊注未譌 燕襄王 襄當作昭下同史記年表世家燕無襄王下文云殘齊在昭王二十八年或一謚襄也 襲涿方城 句有誤 魏安釐王攻趙救燕 當云攻燕救趙年表五年擊燕二十年救邯鄲二十一年救趙世家二十年云趙得全也 又攻盡陶魏之地 魏當作衞見本書飾邪 安釐死而魏以亡 藏本釐下有王字是也 故有荆莊齊桓

公（藏本無公字是也）故審得失有法度之制者（失當作夫桉舊注未譌下文審得失有權衡之稱者失亦當作夫）加以羣臣之上（加以當作以加桉舊注未譌）則良伏矣（藏本今本良下有臣字）則羣臣廢法而行私重（王渭曰句絕）數至能人之門（能當作態態人即荀子之態臣見臣道篇）非所尊君也（藏本同今本所下有以字）小臣奉祿養交（奉當作持見本書三守晏子春秋問下云士者持祿游者養交荀子臣道篇云以之持祿養交而已耳國賊也又見韓詩外傳）能者不可弊（弊讀爲蔽）無百里之慼（慼讀爲戚）而以作非上（藏本今本無作字）先王之法曰（此下五句文與洪範有異或別有所出非引彼也）無或作惡（藏本同今本無作毋）險躁不得關其佞（藏本同今本險作陰誤）法所以淩過遊外私也（淩字未詳過當作遏衍遊字舊注誤）

二柄第七

則虎反服狗

矣服下當有於字故劫殺擁蔽之主擁當作壅言異事也藏本同今本言下有不字誤異當作與爲人臣者陳而言藏本同今本陳下有事字誤桉而當作其見本書主道專以其事責其功當衍專字齊桓公妒外而好內藏本無外字是也本書十過難一無桓公好味當衍桓公二字此與上相承也易牙蒸其子首而進之藏本今本子首作首子桉作首子爲是漢書元后傳有首子可證也十過及難一同故君子見惡藏本今本無子字桓公蟲流出尸而不葬藏本尸作戶是也十過戶故曰去好惡藏本今本惡上有去字

揚權第八

權當從劉淵林蜀都賦注引此作推廣雅曰揚推都凡也舊注誤甘口而疾形藏本疾作病是也李善七發注引此作病說情而捐精捐當從七發注引作損故去泰甚去泰藏本今本無上泰字權不欲見素無爲也句有誤未詳用一

道藏本今本下有之字一因而任之使自事之句失韵有誤復脩其
形脩當作循舊注未譌督參鞠之句有誤未詳與時生死生死當作死生生與
下文情韵舊注未譌德不同陰陽藏本今本同下有於字君子藏本今本無子字
不同羣於臣藏本同今本羣於作於羣形名參同上下和調也同調
韵與詩車攻五章合溶若甚醉溶字未詳下同舊注皆訓爲閒不見所出參之以比
物伍之以合虛根幹不革則動泄不失矣動之溶之
無爲而改之喜之則多事惡之則生怨以上皆失韵未詳何句有
誤上固閉内扃上字下當有脫文參咫尺巳具當衍尺字舊注以尺寸釋
咫因誤入正文也周合刑名周當依本書主道作同法刑狗信信讀爲申申與
下文人眞韵言申法刑於狗也上文云虎將爲狗又云狗益無巳與此相承必伐其聚聚讀

爲藂下句同藂與下文衆韻　備將代之備當作彼舊注誤　主將壅圍圍當作圉
圍與下文拒處韻　木數披藏本同今本木下衍枝字按三字句上文數披其木凡四見　黨
與乃離披離韻　掘其根三字句與上文同　本此字衍　木乃不神根神
韻　塡其洶淵毋使水清句失韻有誤不即有脫文也　八姦第九
內事比以金玉玩好藏本同今本比作之　事畢公子側室藏本
今本無畢字　曰君臣者國小藏本今本臣作人　而制斂於內斂字未詳
不使擅退羣臣虞其意王渭曰擅退二字當衍七字爲一句舊注誤　其勇
力之士也藏本今本其下有於字　所謂亡君者當連前誤提行自此至卷末同
故不聽句絕　羣臣知不聽藏本今本重羣臣誤凡此言不聽皆是不聽大國與上文
云大國之所索小國必聽相對舊注全誤　諸侯之不聽王渭曰之當作知　則不受

之臣誣其君矣（藏本同今本之臣作臣之）聽左右之謁（乾道本亦提行誤）

卷第三　十過第十

豎穀陽（左傳同他書又作陽穀）酒也子反受而飲之（藏本也下有穀陽曰非酒也今本穀上又有豎字按本書飾邪有此句而無酒字）是亡楚國之社稷（亡當作忘飾邪同）而不言吾衆也（藏本無言字今本作恤按飾邪恤）荀息伐虢之還（藏本同今本之作而誤）反處三年興兵伐虞（反當在興字上讀下屬公羊傳云還四年反取虞何休注還復往故言反此出於彼也四年者并伐虢之年數之穀梁傳云五年不合本書喻老云還反滅虞亦可證）楚靈王爲申之命（命當作會）中射士諫曰（本書說林上下皆有中射之士射他書又作謝呂氏春秋去宥云中謝細人也史記張儀列傳索隱云蓋侍御之官此與左傳昭四年言椒舉不同）昔者桀爲有戎之會（戎當從左傳史記楚世家作仍有左傳無史記有）而有緡

叛之（而左傳無史記有下句同）紂爲黎丘之蒐而戎狄叛之（蒐下當依左傳史記補而東夷叛之幽王爲太室之盟二句此上下兩事各脫其半也丘史記作山左傳無）居未期年（句有誤左傳曰不過十年）晉平公觴之於施夷之臺（史記樂書夷作惠正義曰一本虒祁之堂）靈公起公曰（起下有脫字）平公問師涓曰（藏本同今本涓作曠）集於郎門之垝（垝他書又作危）反而問曰（藏本反下有坐字是也樂書有）風伯進掃（進當作迅）令主君德薄（主當作吾）平公之身

遂癃病（癃當作𤸇正字作癃說文罷病也）好利而驁愎（藏本同今本驁作鶩誤戰國策作鶩吳師道引此亦作鶩）宣子欲勿與（宣上當從策更有魏字）陽規而陰疏（規當從策作親）夫董閼于（本書七術同觀行閼作安閼安同字策閼安兩有者衍安字耳當依此訂）乃召延陵生（生策誤作王當依此訂）令將軍車騎（當從策衍軍字）

藏於臣臣當作民遺有奇人者遺下有脫文藏本刪遺字非也皆以荻蒿楛楚牆之句絕蒿讀爲槀荻策作狄楛策作苦皆同字有楛當衍此二字策無今俗本策反依此增入誤甚高至于丈策作其高至丈餘其堅則雖菌餘之勁藏本餘作榦是也今本簵誤以策作簬而改耳菌策作箘同字因軍而圍之藏本今本因下有舒字策有君失此計者失當從策作釋麤中而少親麤策作麗按當讀爲怚史記王翦列傳夫秦王怚而不信人徐廣曰怚一作粗即此字人莫之知也藏本之知作知之策同二君以約遺張孟談以讀爲巳今戰國策脫去二君巳約遺五字遂誤屬張孟談於下句當依此訂遇智過姚宏校戰國策曰一云知果而饗其利饗當從策作饗何常以說苑反質作當何以也下文常以儉得之常亦作當堯禪天下說苑禪作釋下文亦云舜釋天下斬山木而財之說苑財作裁同字削鋸脩之

迹流漆墨其上說苑作消銅鐵脩其刃猶漆墨之按此文削鋸是也淮南子本經訓云無所錯其剞劂削鋸髙誘注削兩刃句刃也讀綃頭之綃其下未詳說苑即出於此而傳寫互有誤仍各依本書墨染其外說苑無墨字染作漆縵帛爲茵說苑縵作繒蔣席頗緣藏本同今本頗作頟誤頗緣謂其緣邪裂之說苑無此一句有褥字連茵字讀當有誤仍各依本書三十三說苑作三十有二下文亦作五十有二四壁堊墀四當作白白壁與堊墀對文也說苑作四壁四帷亦未詳公乃召內史廖他書皆同韓詩外傳作內史王繆繆廖同字王蓋姓也僻陋而道遠道當依說苑作遼而後爲由余請期後當依說苑作厚乾道本藏本期作其譪說苑作期以疏其諫諫說苑作閒史記秦本紀亦作閒皆當讀閒爲諫乃使史廖史上當有內字以女樂二八說苑作三九韓詩外傳作二列史記與此同柰臣有圖國者何藏本臣作人是也然則公子開方

何如藏本則下有衛字是也乾道本如下有曰字衍秦之攻宜陽戰國策作秦韓戰於濁澤史記韓世家同在宣惠王十六年公仲朋朋策誤作明當依此訂他書又作馮秦得韓之都一藏本同今本一作而屬下誤當句絕策作今又得韓之名都一史記同上文皆作以一名都夫以實告我者策同姚校云告一作困今按告當作苦形近之誤史記作伐宜陽果拔策作秦果大怒興師與韓氏戰於岸門在十九年其拔宜陽在襄王之五年後此凡七年也不同與叔瞻侍於前叔瞻與左傳及本書喻老皆不合嗣子不善藏本今本嗣上有其字

卷第四

孤憤第十一

此所爲重人也王渭曰爲當作謂舊注未譌故人主愈弊弊讀爲蔽下文比周以弊主又是以弊主上皆同同乎好惡藏本同今本無乎字誤處世卑賤藏本今本世作勢與同好爭王渭曰好下當有惡字而又不得見又當作猶舊注未譌不僇

於吏誅藏本同今本僇作僇其不可借以美名者藏本同今本無不字誤乾
道本名作明譎夫越雖富兵強藏本今本雖下有國字智不類越類當作賴
下句同賴利也涉下不察其類者也句而誤而不智不類其國藏本同今本智作知
誤此及上句二智字皆讀爲知本書屢見其脩士不能以貨賂事人恃其
精潔而更不能以枉法爲治脩下當脫智之二字精潔當作精辨下文云則
脩智之士不事左右即謂貨賂不聽請謁即謂枉法文相承也下文又云則精辨之功息弁言精辨與弁
言脩潔同例舊注智士不重說似闕文也誤治亂之功亂當作辨舊注誤則人主
之明塞矣藏本同今本則作而與相異者也與當在相字下說難第
十二史記列傳有索隱曰然此篇亦與韓子微異煩省小不同今按各依本書者不悉著非
吾知之有以說之之難也當依史記不重之字按此文首三句三吾字皆吾說

者也與下文所說相對言在吾者之非難所以起下文在所說者之難也在吾者必先知之有以說然後
辯之能明吾意又然後敢橫佚而能盡三者相承舊注全誤史記正義所解亦未諦今正之此句之義與
下文云則非知之難也同**又非吾敢橫失而能盡之難也**失當依索隱引
此作佚史記作失桉失佚同字故史記以失爲佚劉伯莊說及正義讀失如字又於橫失斷句者非當十
二字爲一句下文云然後極騁智辨焉即此句之義也舊注亦誤**說行而有功則德**
忘德當依索隱引此作見史記作德亡索隱曰然見忘勝於德亡也**如此身危**此下當有
者字**論其所增**藏本同今本增作憎史記憎**米鹽博辯**史記作泛濫博文**則**
以爲多而交之史記作而久之正義云時乃永久人主疲倦今桉交久二文皆誤當作史
本書難言云捷敏辯給繁於文采則見以爲史**有欲矜以智能**藏本同今本欲作所誤
欲內相存之言內讀爲納舊注誤**自勇之斷**之當依史記作其**大意**

意史記作忠忠字非無所拂悟藏本今本悟作忤史記正義曰拂悟當爲咈忤古字假借耳

辭言無所繫縻藏本繫縻作擊摩是也索隱引此正作擊摩史記作擊排索隱曰亦別無有所擊射排擯此道所得親近不疑句有誤史記作此所以親近不疑而得盡辭也盡下當依索隱引此有之字史記作知盡之難也徐廣曰知一作得難一作辭然猶不能無役身以進加如此其汙也藏本無加字以進加史記作而涉世此非能仕之所恥也仕當依索隱引此作士史記作仕恥作設而周澤未渥未史記作既則明割利害割史記作計人閒往夜告彌子閒史記作閒柔可狎而騎也柔可史記作可擾柔擾同字

和氏第十三

奉而獻之厲王厲王未詳按此無可考當闕之耳新序云荆厲王武王共王亦不同未爲主之害也害字起藏本脫持帝王之璞未獻耳今本持作特按

新序云直白玉之璞未獻耳此貪國弱兵之道也貪當作貧絶滅百吏之祿秩絶滅當作纔滅纔裁同字此世所亂無霸王也今本所下有以字

姦劫弒臣第十四

人主所有術數以御之也所當作非二者不可以得安王渭曰句絶亦知方正之不道藏脫止不字桉此乃乾道本之第七八兩葉也藏本出於乾道本可知矣能無廢法行私能上當有我安二字是以臣得陳其忠而不弊藏本今本弊作蔽固有使人不得不愛我之道愛當作爲恃人之以愛我者危矣藏本以下有爲字桉當補爲字於我字上此承上句也耳必不固其勢藏本今本固作因民疾怨而衆過日聞當衍衆字而私姦者衆也私下當有告字智慮不足以避穽井之陷句有誤又妄有術之士藏本今本妄下有非

字而實於去千萬也藏本今本於作相聖人爲法國者必逆

於世國者當作者固者句絕固下屬藏本聖上有故字非也幾不亦難哉幾當在難

字下楚莊王之弟春申君按與楚世家春申君列傳皆不合猶可以而

害也句有誤然則有術數者之爲人也藏本今本人下有臣字夫

施貧困者王渭曰施下當有與字夫有施與貧困當衍有字則民不

外務當敵斬首不外當作外不夫嚴者藏本今本嚴下有刑字託於犀

車良馬之上犀字未詳則有直任布衣之士立爲卿相之

處句有誤故有忠者句有誤上不能說主使人之明法術

度數之理藏本今本人字在主字上豫讓乃自黔劓藏本黔作黜今按當作黥

諺曰厲憐王乾道本藏本提行今本連前誤戰國策以此至末可也皆作孫子爲書謝春申

君韓詩外傳同人無法術以御其臣人下當依策補主字外傳亦有廢正的
而立不義藏本的作適是也策外傳皆作適卓齒之用齊也藏本今本卓作
淖策外傳皆作淖今按卓淖同字乾道本未嘗誤改者非也古今人表淖齒顏師古曰字或作卓未
至於絞頸股也藏本今本股上有射字策外傳有下比於近世藏本同今
本近世作勢臣誤未至饑死擢筋也藏本同今本至下有於字饑作餓策作未至擢
筋而餓死也外傳無而字餘同必甚厲矣藏本甚下有於字是也策外傳有卷第
五　亡徵第十五　小民右仗者句有誤事車服器玩
好句絕器下當有脫字聽以爵以待參驗藏本同今本下以字作不緩心無
而成藏本今本無而作而無喜淫而不周於法淫淫辭也見本書存韓又呂氏
春秋審應覽有淫辭義同皆可證也別本於此淫下妄加刑字乃誤之甚者凡別本異同大率類此故略

不復載民信其相句有誤則羣臣易慮者藏本今本重羣臣易慮知有謂可四字爲一句出君在外而國置藏本今本國下有更字刑戮小民而逆其使民當作人逆當作近按此言近刑人也時以行雜公藏本同今本行作私誤按簡行而貴公者韓子之家法也變褊而心急藏本同今本變作偏誤按當作孿形相近輕疾而易動發六字爲一句心悁忿而不訾前後者心當作必簡本欲教藏本今本無欲字藏怨而弗發藏本今本怨作怒馬府之世藏本同今本世下有絀字按世下脫字未詳其所當作

三守第十六

使羣臣輻湊之變藏本同今本之變作用事然則羣臣直莫敢忠主憂國藏本今本無直字按直當作且則主言惡者主謂爲主首也與初見秦主謀義同三劫止塞則王矣藏本同今本止塞作者止

備內第十

七則身死見疏賤藏本今本無死字桉以下句例之此字當作疑下文又云而擅萬乘不疑相承也故桃左春秋曰藏本桃作挑桉皆未詳故日月暈圍於外戰國策趙四有此下四句暈圍作暉誤當依此訂偶參五之驗藏本叅作參今本作三士無幸賞句絕無踰行藏本同今本重賞字誤桉本書南面云雖有賢行不得踰功而先勞即此無踰行之意則姦邪無所容其私藏本今本私下有矣字今桉此與徭役多不相接私字下當有脫文今夫治之禁姦又明此藏本今本明下有於字偏借其權勢則上下易位矣以下此言人臣之不可借權勢也十一字乃舊注誤入正文乾道本以末也字作旁注是其迹之未盡泯者

南面第十八

在已任在臣矣當衍任下在字人主不能明法而以制大臣之威當衍而字以十二字爲一句無道得小人之信矣藏本今本人作

臣人主有誘於事者當以此句提行人臣易言事者句絕少索資逗以事誣主藏本同今本少作必誤如是者謂之誘誘下當有於事二字事有功者必賞當作事雖有功不賞必問其取舍以爲之責藏本同今本責作貧誤而以明其欲有爲之者藏本同今本之下有意字誤不知治者當以此句提行故雖拂於民心逗立其治藏本今本心作必桉拂於民心與上文適民心相對唯乾道本爲未誤是以愚贛窳憜之民藏本同今本贛作戇憜作惰桉贛或省字也乾道本愚作遇譌苦小費而忘大利也逗故夤虎受阿謗句而䡇小變而失長便逗桉䡇字有誤未詳所當作故鄒賈非載旅句狎習於亂而容於治逗故鄭人不能歸句絕桉此此皆未詳自上文說在商君云云以下句例全與本書內儲說七術六微外儲說

左右四篇之經相同必韓子此下尚有其說亦如四篇之說者而今佚之耳

飾邪第十九

劇辛之事史記趙世家悼襄王三年龐煖將攻燕禽其將劇辛即其事詳見燕世家鄒衍之事未詳趙代先得意於燕王渭曰當衍代字後意於齊藏本今本後下有得字按世家四年移攻齊取饒安即其事也國亂節高藏本同今本節作飾誤本書十過其行矜而意高非他時之節也即此節高之義始攻大梁句有誤兵至釐而六城拔矣至陽城秦拔鄴矣世家九年攻燕取貍陽城兵未罷秦攻鄴拔之又年表云秦拔我閼與鄴取九城即其事也龐援揄兵而南則鄣盡矣援讀爲煖史記燕趙世家漢書人表藝文志皆作煖援煖同字耳南者兵自燕返也救燕有有名藏本今本不重有字王渭曰上有讀爲又利削利當作地亂弱者亡四字爲一句下治強者王句同與吾戰而不勝藏本同今本吾作吳按吳吾二字他書亦有相亂者

身臣入宧於吳[臣字當衍]荆恃吳而不聽齊越伐吳而齊滅荆[二荆字皆當作邢]攻魏荆而韓滅鄭[藏本今本攻魏作魏攻王渭曰戰國策二作魏攻蔡而鄭亡蔡荆異同未詳孰是今按魏策四又云伐楡關而韓氏亡鄭皆即其事蔡入楚者也楡關詳見吳師道補正]主慢而聽秦[當補不字於聽秦上此與上諸不聽相承爲文也]魏恃齊荆爲用而小國愈亡[魏上當有脫文此複說上文邢鄭曹許之恃吳魏恃齊荆爲用也故曰而小國愈亡]荆爲攻魏而加兵許鄢齊攻任扈而削魏不足以存鄭[按以上皆有脫誤此荆攻魏削魏當爲不足以存許言之齊攻任扈當爲不足以存曹言之其不足以存鄭當言魏攻也]則國雖小[逗]富[句絶下文民雖寡逗強句絶國雖大逗兵句絶其句例同]弱者[二字逗]地非其地民非其民也[九字爲一句與上文民雖寡強相對自則國雖小至此今皆失其讀也]以主是過予

藏本今本以主作主以其友十過無寡人無與復戰矣十過無與字則
必將赦罪以相愛藏本今本重赦罪當魏之方明立辟逗從
憲令行之時當衍行字按下文當趙之方明國律逗從大軍之時句當燕之方明奉法逗審
官斷之時句其句例同又下文云故曰明法者強承此三句之三明字也及法慢三字爲一句
妄予二字爲一句用者弱三字爲一句則臣飾於智能藏本臣下有下
字是也則古者先貴如令矣藏本同今本先作必按此字有誤未詳明主
使民飾於道之故王渭曰於下當有法知二字按法句絕知下屬佚而則功
今本佚上更有故字則作有藏本有故字是也亂主使民飾將智藏本同今本將作於
必設詐託物以來親藏本同今本來作求則疾強諫有辭疾下當有
脫字若是禁藏本今本是下有者字按有者字是也四字爲一句屬上君之立法句絕

以爲是也四字爲一句今人臣多立其私智逗此與上君之立法句相對以法爲非者句絶與上以爲是也句對是邪以智過法立智以上當有誤字如是者禁句絶主之道也四字爲一句禁此字衍也主之道三字逗屬下自若是者禁至此今皆失其讀也富國而利臣富當作害爲法爲之藏本今本之下有也字

卷第六　解老第二十

無功則生於德藏本同今本於作有誤不得藏本今本得作德則在有德當衍在字虛者謂其意所無制也所無當作無所故曰上德無爲而無不爲也今德經不作以非唐傅奕校定本作不與此合皆無也字下二句同下懷上此下當有宜字衆敬貴宜藏本今本衆作賤今本無宜字誤藏本有下而踈者外宜同其疾趨卑拜而明之藏本同今本其作故故曰禮以情貌也當衍曰字按此及喻

老凡故曰之下例必引老子文其不然者即有誤也今皆正之君子以爲禮以爲其身藏本同今本上以字作之聖人之復恭敬盡手足之禮也不衰藏本同今本無上之字誤桉此以十四字爲一句故曰攘臂而仍之經典釋文仍作扔傳本及今德經皆作仍道有積而德有功德當作積故曰失道而後失德傳本及今德經皆無下失字下三句同其禮而不明藏本同今本禮下有樸字桉句有誤未詳故曰禮薄也句有誤人應則輕歡歡當作勸上文云時勸時衰故曰夫禮者忠信之薄也傳本及今德經皆無也字下道之華也同而亂之首乎今德經無乎字傳本作也牛鳴於門外藏本今本牛上有有字是以曰愚之首也句有誤當衍以曰二字而愚之首也今德經無也字傳本有與此合首皆作始所謂處其厚不處其薄者今德經下處字作居非傳本與

此合下不處其華同去貌徑絕去下當有禮字而取緣理好情實也當衍
好字全壽富之謂福藏本富下有貴字是也富貴至衣食美藏本至下
有則字是也則邪僻而動弃理藏本同今本則下有行字按依下文當補而天
下有倚頓陶朱卜祝之富藏本今本無天字卜祝未詳故曰人之
迷也今德經人作民無也字傳本人之迷也與此合其日故以久矣今德經無矣字
傳本有與此合故皆作固皆無以字公心不偏黨也藏本同今本公作立按當衍此字
雖義端不黨藏本同今本義作異誤按端正也而肯聽習問知王渭曰習
當作能見下文今按下文二能字或本皆作習而後人改之耳知如字而聖人強以其
禍敗適之王渭曰適讀爲謫而與天下之爲讎藏本同今本無之字按之
下當有人字是以行軌節而舉之也句有誤廉而不穢藏本穢作

劇今德經作害傳本作劇經典釋文云劇河上作害淮南子道應訓引亦作劇今桉藏本乃以他本老子改耳韓子自作穢上文云不以侮罷羞貪卽不穢之義 故曰治人事天莫如嗇 傳本及今德經如皆作若經典釋文作如同此 故曰夫謂嗇 傳本及今德經謂皆作惟 是以蚤服 今德經以作謂經典釋文服作復傳本是以早服與此合 故曰蚤服是謂重積德 今德經及傳本是謂皆作謂之 莫見其端 藏本今本端下有末字 唯夫能令人不見其事極 能上當有體道二字 則可以有國 今德經及傳本皆無則字 書之所謂柢也 今德經柢作蔕傳本作柢與此合經典釋文云柢亦作蔕今桉蔕字非此之用 木之所持生也 藏本同今本所下有以字桉依下文當補 故曰深其根固其柢長生久視之道也 傳本及今德經皆無兩其字也字首有是謂二字 凡法令更 藏本連上自工人數變業至若烹小鮮止通爲一條是也 故曰治

大國者傳本及今德經皆無者字則血氣治而舉動理則少禍害藏本今本重舉動理今按當重血氣治而舉動理七字夫內無痤疽癉痔之害痔當作疛說文云小腹病也小徐本云讀若紂詩小弁釋文云擣韓詩作疛集韻四十九宥疛擣云或從壽故曰以道莅天下傳本此下有者字與各本全異故曰非其鬼不神也傳本及今德經皆無也字下句同其神不傷也藏本傷下有人字是也傳本及今德經皆有鬼祟也疾人王渭曰也字衍鬼祟疾人四字作一句讀與下文民犯法令同又按人逐除之上刑戮民句例皆同故曰聖人亦不傷民傳本及今德經民皆作人按韓子自作民則德交歸焉傳本及今德經則皆作故其遇諸侯也外有禮義外字當衍入字爲一句而民不以馬遠淫通物藏本同今本淫通作通淫誤所積力唯田疇藏本下有積力於田疇五字今本於仍作唯却走馬

以糞也傅本糞作播與各本全異又傅本及今德經皆無也字按喻老無凡每條末也字矣字多非老子文人君無道藏本君下有者字乾道本重道字譌戎馬乏則將馬出將當作牸形近之誤鹽鐵論未通云當此之時卻走馬以糞其後師旅數發戎馬不足牸牝入陣故駒犢生於戰地即本於此也他書又作字史記平準書云而乘字牝者儐而不得聚會下文於將馬近臣誤同戎馬生於郊矣傅本及今德經皆無矣字喻老無則事經絕事經絕藏本二經字皆作輕按經當作徑上文云必緣理不徑絕也陸行不緣理爲徑周禮云禁徑踰者是也水行不緣理爲絕爾雅云正絕流曰亂是也藏本所改失之故曰禍莫大於可欲按禍當作罪與上文大罪也相承喻老不誤傅本及今德經皆作罪據經典釋文王弼老子無此句非是疾嬰内則痛禍薄外則痛禍薄外則苦痛雜於腸胃之閒苦痛雜於腸胃之閒藏本不重痛禍薄外按此疾嬰内則痛爲一句禍薄外則苦爲

一句苦痛雜於外內之閒爲一句多複衍外內誤作腸胃遂不得其讀今正之故曰咎莫憯於欲利今德經憯作大非傳本作憯與此合傳本及德經利皆作得按當作得上文云欲利猶欲得耳又云其欲得之憂不除也仍作得字可證矣喻老不誤故曰道理之者也句有誤按自上文道者萬物之所然也以下不見所解何文詳老子第十四章有云是謂道紀此當解彼也紀理也萬物各異理藏本今本重萬物各異理維斗得以成其威藏本同今本得下有之字按依上下文當補日月得藏本今本得下有之字以爲暗乎光昭昭藏本今本光上有其字唯夫與天與地之剖判也藏本今本無下與字具生藏本同今本具作俱誤謂常者而常無攸易無定理藏本者字在而常下是也謂常二字句絕屬上而常者三字逗屬下今本兩常下各有者字誤無定理非在於常所是以不可道也藏本無所字王渭曰常句絕強字之

曰道傅本第二十五章云故強字之曰道與此合今道經無故強二字非也故曰道之
可道非常道也傅本及今道經皆無之字也字故曰生之徒也十有
三者傅本及今德經皆無也字者字桉本書之例當作故曰生之徒十有三也至死也藏本
今本至下有其字故曰民之生生而動當於此句動皆之死地當於
此句之十有三傅本之作亦餘盡與此合今德經作人之生動之死地十有三非也桉上文云
凡民之生生而生者固動又云皆爲死死地也生生與死死相對所以解此文之生生也可見韓子自如
此則兕虎之爪角害之藏本同今本兕虎作風露則虛瘧疽之爪
角藏本今本無虛字凡兵革者乾道本藏本皆提行今本連誤無害人之心
藏本重無害人之心是也入山不恃備以救害山當作世故曰入軍不
備甲兵藏本備作被今德經作避傅本作被經典釋文云被皮彼反今桉藏本乃以他本老子改

耳韓子自作備兵無所害其刃藏本同今本害作容傅本及今德經皆作容故曰無死地焉今德經無焉字傳本有與此合務致其福藏本重務致其福是也故見必行之道藏本今本重見必行之道五字是以舉之曰之下當有脫文是以故曰以下當有脫文故能爲成事長傳本及今德經皆無爲字事皆作器經典釋文作器桉韓子自作事故曰慈於戰則勝傳本及今德經於皆作以傳本戰作陣與各本全異必且有天生天生也者傳本及今德經第六十七章皆云天將救之此解彼也當是韓子所引有不同今未詳書之所謂大道也者解第五十三章行於大道也所謂貌施也者皆作惟施是畏此未詳所謂徑大也者皆作而民好徑此未詳則田荒皆作田甚蕪經典釋文蕪音無則府倉虛皆作倉甚虛諸夫飾智故以至於傷國者十一字爲一句故曰資貨有餘

資貨下文作貨資傳本作貨財今德經作財貨非大姦作小盜隨藏本同今本作下有則字故服文采故下當有曰字而貨資藏本作資貨有餘者是之謂盜竽矣傳本及今德經皆無而者之矣四字竽皆作夸今按韓子自作竽以守宗廟不滅藏本今本重宗廟按此不當重之謂祭祀不絕傳本及今德經絕皆作輟經典釋文不輟張劣反按喻老作輟故曰脩之身今德經之下有於字非傳本無與此合下四句同按淮南子道應訓引此句亦無於字其德有餘傳本及今德經有作乃按當作乃涉上下文而誤故曰脩之邦今德經邦作國非傳本作邦與此合其德乃普傳本普作溥按普溥同字也以家觀家藏本下有以鄉觀鄉一句傳本及今德經皆有吾奚以知天下之然也今德經奚作何非傳本作奚與此合也皆作哉

韓非子識誤卷中

卷第七　喻老第二十一藏本與解老同卷非則曰靜曰當作日則以城與地爲罪藏本同今本無則字誤桉則讀爲即藏本并上句亦添則字非也霸其可也藏本今本霸下有王字故曰知足之爲足矣今德經無矣字傳本有與此合皆作知足之足常足此不以其邦爲收者邦讀爲封故曰善建不拔傳本及今德經不上皆有者字下句同子孫以其祭祀世世不輟傳本及今德經皆無以其世世四字故曰君子終日行今道經君子作聖人非傳本作君子與此合不離輜重也傳本及今道經皆無也字故曰輕則失臣臣當作本傳本作本經典釋文云本河上作臣桉上文云重爲輕根本根也河上非是故曰魚不可脫於深淵傳本及今道經皆無深字人臣乘其威藏本同今本人上有

而字桉依上句當補而觀之伐齊藏本今本觀作勸桉觀示也勸字非故曰將欲翕之傳本作翕與此合經典釋文歙河上本作噏故曰將欲取之傳本及今道經取皆作奪是謂微明是上當有故曰二字而重自卑謂損弱勝強也當作而重自卑損之謂弱勝強也損句絶傳本云柔之勝剛弱之勝強今道經云柔弱勝剛強傳本與此爲近之故曰圖難於其易也藏本於字上有乎字傳本有無也字今德經乎也皆無下句同故曰白圭之行堤也曰字當行扁鵲見蔡桓公史記列傳新序作齊桓侯桓侯又不應扁鵲藏本今本鵲下有出字湯熨之所及藏本同今本及下有也字桉依下二句當補故曰聖人蚤從事焉曰字當衍桉新序云故聖人早從事矣其明證也故曰其安易持也傳本及今德經無也字下句同而箕子怖怖當作怖下文及說林上同必旄象豹胎旄讀爲芼必不衣

短褐 藏本同今本短作裋誤按本書說林上亦作短王命論思有短褐之襲文選注云韋昭以短爲裋裋襦也短丁管切依此短褐自有所出不必改爲裋矣 爲吳王洗馬 洗他書又作先 文王見詈於王門 王當作玉戰國趙策云而武王羈於玉門又呂氏春秋云武王事之夙夜不懈亦不忘王門之辱高誘注文王得歸乃築靈臺作王門相女童武王以此爲恥而不忘也云云王亦當作玉高所說見淮南道應訓彼注玉門以玉飾門可證也武王不當有羈事策羈當即詈之譌耳 故曰守柔曰強 今德經曰作日傳本與此合 故曰聖人之不病也 今德經無之字傳本有與此合皆無也字 以其不病 傳本及今德經皆作以其病病按韓子自作不病 是以無病也 傳本作是以不吾病今德經作是以不病皆無也字 而不貴難得之貨 藏本同今本無而字傳本及今德經皆無而字 見徐馮於周 向絕讀依淮南子道應訓 塗馮曰 塗淮南子作徐此文上徐下塗未詳孰是 知者無常事 王渭曰知

當作時知者不藏書淮南子無不字復歸衆人之所過也傳本及今德經皆無歸字也字又傳本復上有以字與各本全異因乘以導之因隨物之容有誤未詳以象爲楮葉者象列子說符作玉豐殺莖柯豐列子作鋒此人遂以功功列子作巧而學一人智藏本同今本人下有之字棪依上文當補故曰恃萬物之自然傳本及今德經恃皆作以輔而不敢爲也今德經無也字傳本有與此合故曰不出於戶可以知天下今德經無可以二字傳本有與此合皆無於字淮南子道應訓引有以字無於字下句同可以知天道今德經知作見傳本作知與此合淮南子道應訓引作見學御於王子期期上當有於字下文及本書外儲說右下皆同上何以調於馬藏本同今本上作尚罷朝倒杖而策淮南子道應訓列子說符作罷朝而立倒杖策銳貫顊道應訓說符作錣上貫頤棪顊即頤

字之別體也玉藻鄭注頤或爲靈可借證矣將何爲忘哉爲道應訓說符作不故曰其出彌遠者傅本及今德經皆無者字其智彌少傅本少作尠與各本全異故曰不見而明傅本及今德經明皆作名三年不翅不飛不鳴史記楚世家新序無不翅餘亦各不同呂氏春秋重言不翅作不動將以觀長羽翼藏本今本無觀字舉兵誅齊敗之徐州事未詳史記年表威王七年圍齊於徐州楚世家同或此莊王謂威王也大音希聲傅本希作稀桉希稀同字也楚莊王欲伐越楊倞注引無莊字桉莊王與莊蹻不同時或此莊王亦謂威王也古今人表下有嚴蹻與威王相接杜子諫曰楊倞注引此杜作莊臣愚患之智如目也王渭曰患下有脫字莊蹻爲盜於境內藏本今本無蹊字桉蹊字當衍荀子議兵篇莊蹻起楚分爲三四楊倞注引此無蹊字史記西南夷列傳始楚威王時使將軍莊蹻將兵又云莊蹻者故楚莊王苗裔也索隱曰楚

莊王弟爲盜者當是據此耳呂氏春秋介立云莊蹻之暴郢也高誘注莊蹻楚成王之大盜成當作威又異用云跖與企足高誘注企足莊蹻也皆大盜人名蹻誤作蹊校者旁改遂致兩有**故曰自見**之謂明傳本及今道經之謂二字作者傳本末有也字下自勝之謂強同**是謂要妙**傳本是作此與各本全異

說林上第二十二藏本以此爲第七卷起非

孔子亦將視子猶蚤虱也藏本同今本下子字作之誤按孔子二字不當更有**爲臼里之盟**臼戰國韓策作九**彭喜**彭策作房按房當是旁之誤彭旁同字也**謂鄭君曰**鄭君策作韓王按此鄭即韓也韓策有謂鄭王曰章本書七術魏王謂鄭王曰又困梁鄭六微公叔因內齊軍於鄭皆可證也**晉人伐邢**此與左傳不同**其名實美**王渭曰實字衍

子胥出走燕策云張丑**而欲走越**左傳云奔吳**智伯索地於魏宣子**宣策作桓說苑權謀作宣**任章曰**說苑權謀作任增按魏策與此同古今人表中中有

任章宋使臧孫子宋衛策無孫字甚歡歡當從策作勸高誘注勸力也趙刻曰刻趙策作利君必許之藏本今本重許之策有而大歡歡當從策作勸鴟夷子皮事田成子墨子非儒云乃樹鴟夷子皮於田常之門即其事也說苑臣術篇陳成子謂鴟夷子皮乃相衛負以越公道藏本今本道下有而行二字桉不當有周不納客句絕問之曰客耶對曰周策無問之曰客四字耶作即非姚校一本同此者是謂摎留曰摎韓策作摎桉摎摎同字本書難一作摎其多力者樹其黨此樹上脫內字策有有內樹黨有策作或桉或有同字以驕主內此衍內字策無而康誥曰毋彝酒者者字當衍而聖人之智藏本今本而下有師字田駟東慢齊侯慢讀爲謾嚴遂不善周君句絕患之上當更有周君二字馮沮曰郎周策之馮且也沮且同字嚴遂相而韓傀貴於君

與本書六微及韓策不同居一月自問張譴曰居當作君月當作日文侯謂
堵師贊曰堵魏策作覩姚校云後語作堵乃逐藏本今本逐下有之字聖人見
微以知萌萌當作明將攻商蓋江徵君聲曰商蓋商奄也懼以失曰懼當
作懽陳軫貴於魏王魏策云田需桉田陳同字軫當依策作需巳血衂藏本今本
血下有而字而自知其益富知讀為智其御曰反見藏本同今本反作及
公孫友王渭曰友當作支慧子曰王渭曰慧惠同字卷第八說
林下第二十三藏本連前為卷非一人舉踶馬其一人乾道
本此下有舉踶馬其一人六字今本無桉有者衍也其一人子非失相也今本人下
有曰字而拙於任腫膝乾道本任下有在腫膝而不任拙於八字桉有者衍也鳥
有翢翢者李善詠懷詩注引此作周周桉翢周同字集韵又云翢弱羽者即此桓赫曰

桓赫未詳或桓當是杜也爲其不可復者也王渭曰不字當衍語必可與

太宰三坐乎三讀爲參高誘注戰國策曰參三人並也季子因說以貴主

而輕國主當作生呂氏春秋有貴生即其義宋君貴重其生輕賤其國則太宰長擅宋故參坐而

無惡於太宰矣以富之以涯今本無上以字得千溢焉今本溢作鎰誤人乃

弗殺卷首至此藏本脫非蟲有就者就當依顏氏家訓引此作螝云古今字詁此亦古之

虺字舊注當云或作虺藏本今本皆作蚘王渭曰洪興祖楚辭注引及柳子厚天對亦作螝也爭相

齕也藏本爭下有食字按顏氏家訓引有齕下無也字遂相殺藏本同今本殺作食誤顏

氏家訓殺下有也字是其貫將滿也遂去之故曰勿之矣按此也遂

去之故曰勿之八字衍涉下文而複誤耳是其貫將滿矣六字作一句讀周趧趧魏策作肖按又作

胥皆同字因以有齊魏矣有齊當作齊有策云以齊有魏也可證相達者相

收藏本今本上相字作先養秦醫雖善除藏本今本無養字桉未詳吳使沮衛壓融未詳左傳云蹶由餘多不同而將軍曰藏本同今本而作荆荅曰卜卜吉藏本今本此下有乎曰吉三字知伯將伐仇由戰國策作厹由注或作仇首史記樗里子傳作仇猶首者酋之誤本書說林上作仇由同此吳師道引此由作繇呂氏春秋權勳作夙繇高誘注或作仇酋夙厹之誤也當互正說文云臨淮有厹猶縣漢書地理志同赤章曼枝曰曼呂氏春秋作蔓卒以隨之藏本今本以作必呂氏春秋作必至於齊七月月當作日呂氏春秋云至衛七日不如起師與分吳藏本同今本與作以誤乃割露山之陰五百里說苑權謀云遂取東國雨十日夜星說苑指武云雨十日十夜晴桉星正字作姓說文雨而夜除星見也集韻有姓晴暒三文韓子索兵於魏王渭曰子字衍策無已乃知文侯以搆於己搆策作講桉搆講同字索

讒鼎呂氏春秋審己新序節士云岑鼎使樂正子春來呂氏春秋新序云柳下季

靖郭君曰將城薛藏本同今本無曰字齊策無新序雜事同將作欲乃輟不城薛策無不字新序作罷民弗城薛也以鍊金藏本鍊作諫按當作練練鍊同字也百鎰藏本鎰作溢是也則無逆者藏本今本逆作溺按所改誤也逆當作遂形近之誤十過云不可遂遂又云子其使遂之

觀行第二十四

故以有餘補不足藏本同今本無有字誤聖賢之樸淺深矣句有誤未詳

安危第二十五

二曰斲割於法之外藏本同今本斲作斷按此有誤未詳危人於所安藏本今本於作之故後世服令藏本同今本令作今誤則上不能安藏本同今本則作雖誤則下對無有則輕法藏本今本重無有按當重下對無有四字拂耳則子胥不失七字爲一句不權其力而有

田成而幸其身盡如比干此二句以其力與其身相對言人主當權其臣之力使不得爲田成不當責其臣之身使爲比干也或謂此有誤字非以無功御不樂生乾道本此下重以無功御不樂生七字藏本今本無故臣得奪主句絕殺天子也殺當作桀形近之誤桀字逗天子也句與上文故齊萬乘也句例同戰國策新序皆言宋康王剖傴之背史記云於是諸侯皆曰桀宋下文使傴以天性剖背是其證矣以詐僞是藏本今本僞下有爲字小得勝大藏本同今本大下有矣字誤失之近正不亡於遠者正字當衍而遺行藏本今本遺作道能立道於往名古藏本同今本無名字

守道第二十六

其備足以必完句法治世之臣句有誤中爲金石藏本今本中作守不赴谿而掇金藏本今本重赴谿而掇金五字巨盜貞平藏本同今本無平字按此不當有而不免於田成盜

跖之耳藏本同今本耳作禍誤按不字衍耳當作身形相近也與上句對可也藏本同今本可作何誤羿巧於失發藏本今本於下有不字乾道本發作廢譌邪人不壽藏本同今本壽作售誤按上文云惡之死如秋此其義也人臣垂拱金城之内藏本同今本拱下有於字按依上文當補非所以避曾史也藏本今本避作備按備字涉上句誤所以庸主藏本今本以下有使字恃怯之所能服藏本同今本怯下有士字誤按依上文當有弱字通賁育之情藏本同今本通下有於字誤惑於盜跖之貪王渭曰惑字有誤

用人第二十七

故莫爭訟訟字當衍此涉下句而誤以鼓語耳鼓當作教下文其教易知故言用承此以法教心此教字誤未詳所當作而行之一難知之藏本同今本無上之字下之字下有心字桉依上文當刪補故上君明而少怒藏本同今本君作居桉君字誤則私怨

立藏本同今本立作生桉立字譌見愶不能盡力藏本同今本見上有民字桉當脱燕字雖中小不巧藏本同今本小作而誤

功名第二十八

則務而自生王渭曰則下當有不字以尊主主御忠臣王渭曰當衍一主字故人有餘力易於應易字當衍而技有餘巧於事藏本同今本巧下有便字誤而日月之明藏本明作名王渭曰文選解嘲注引此作名名字是此皆以功名言對而守名藏本同今本名作功誤

大體第二十九

故致至安之世藏本同今本無致字操鈎藏本同今本鈎作鈞誤故天下少不可藏本同今本可作治誤則物不必載必讀爲畢

卷第九

內儲說上七術第三十

其說侏儒之夢見竈藏本同今本說下有在字桉依句例當補此字而江乞之說荊俗也藏本乞作乙是也成歡說歡

（作驩驩歡同字）下不用也（藏本今本無也字）勾踐知（藏本今本知下有之字）姦

則鹿散（四字爲一句）挾智而問（智讀爲知下二句同）故必南門（藏本同今本必下有審字誤）詳遺轄（說詳作佯詳佯同字）故陽山謾摎豎（陽山當倒詳後藏本今本摎作樛）臣之夢賤矣（賤當作踐本書難四作淺亦誤）一人不能擁

也（擁當作壅）其故也（藏本今本故下有何字）猶之人不免於亂也（藏本無人字今本無之人二字）一曰（按一曰者劉向敘録時所下校語也謂一見於晏子春秋其所曰者如此凡本書一曰皆同例）哀公問曰（王渭曰晏子春秋哀作昭）遇爲壇場大水

之上（藏本遇作乃今本無）誠不可利（藏本今本無可字）孺子何足見也

王固已數見於君矣（藏本同今本也下有豎牛曰三字）吾以爾請之

矣（藏本以上有爲字今本作已爲）不食而餓殺（藏本今本不上有因字）江乞（乞戰

國策作乙得庶無危乎藏本今本無庶字楚策云得無遂乎愛世姬楊倞注荀子王
制篇引此世作泄桉世泄同字以敵之如耳之字當衍龐恭與太子魏策恭作
葱姚校云孫作恭桉恭字是新序亦作恭下文有龐敬縣令也當是一人使吾治之無赦
藏本治作法王渭曰李善注文選王元長策秀才文引此作吾法無赦也何爲不治之王渭
曰李善注引此無之字人多溺藏本人上有故字是也子必嚴子之形藏本
同今本形作刑桉當作刑下文游吉不肯嚴形同故子產死故字當衍此上文所錯入也
霣霜不殺菽春秋經僖公卅三年菽作草桃李冬實藏本桃作梅桉春秋經云
李梅實選其客之有智能有者藏本今本無下有字有威足以服
之人藏本同今本無之字誤依下句此當衍人字而利足以勸之藏本同今本之
作人誤我得以斬其首藏本同今本得作能誤重輕罪者藏本同今本者

上有重罪二字壅離其水也離讀爲籬請徒行賞賞當依馮氏舒校改作罰成驩謂齊王曰楊倞注荀子解蔽篇引此成作戴云蓋爲唐鞅所逐奔之齊也今桉此非一人楊說附會失之也安不忍人王渭曰安下當有所字因爲襄王之后治病未詳宋衛策無此句餘亦多不同王曰王當從宋衛策作君君欲之藏本今本欲下有知字以人之善戰射也戰射當作射戰毀之足以殺人矣藏本今本毀作譽桉當作敬形近之誤上文云奚敬於此故曰藏本同今本曰作越誤王將復吾藏本同今本吾作吳其助甚此矣助當作勸皆爲孟賁說林下孟賁作賁諸公子謂鄭君曰藏本今本公上有鄭字乃令趙紹韓沓韓策云趙卓韓鼂三國至韓藏本今本國下有兵字秦策云三國攻秦入函谷此韓即函之譌又脫谷字耳下文亦當云三國入函谷王謂樓緩曰王上當依秦策有秦字王何不召公

子汜汜策作池三國也入韓則國必大舉矣策云三國入函谷咸陽必
危王必大悔王曰王當作之王曰爲我悔也爲我策作鈞吾必弛
易之矣易字當衍弛即易也不容複出謂以地易上黨舊注全誤立以間藏本同今本以
作有有乘輼車楊倞注荀子解蔽篇引此輼作輜謹爲我伺之楊倞注引伺作
司吾之吏之不事事也藏本同今本上之字作知桉依下文當作知商太
宰上文云戴驩宋太宰六微同說林下云宋太宰貴而主斷與此皆一人商宋也昭侯以察
左右之臣不割藏本臣作誠是也今本割作誠桉誠不句絶不否同字也割字當衍今本
所改誤甚韓昭使騎於縣藏本今本昭下有侯字固有令入藏本固作同今
本無入字桉句有誤其御史藏本今本史作吏下文同桉吏字誤也戰國韓策云安邑之御史死
陽山君相謂藏本同今本謂作衞桉謂當作韓陽山當作山陽戰國韓策有或謂山陽君曰

秦封君以山陽云云可爲證下文樛豎亦韓人本書說林上及難一皆云韓宣王謂樛留也今本輒改爲衞繆甚矣

淖齒聞齊王之惡己也藏本今本不重也字藏本齊下有文字

子之以此知左右之不誠信藏本作誠信不按此當作誠不舊注誤

因事關市以金與句絕關吏乃舍之五字爲一句

嗣公爲關吏曰楊倞注荀子王制篇引此爲作召吏作市

某時有客過而所王渭曰句絕

而汝因遣之楊注引因作回

關市乃大恐藏本同今本市作吏誤楊注引作市

此下今本有右傳二字誤乾道本藏本皆無後各卷同此說也非傳

卷第十　內儲說下六微第三十一

則內外爲用則人主壅藏本今本重內外爲用四字

是以人主久語以下當有故字主當作富見下文盧氏文弨鍾山札記云北齊書顏之推傳觀我生賦祇夜語之見忌久與夜兩通不知何者爲是

而左右鬻懷

刷藏本同今本作尉誤鍾山札記云觀我生賦寧懷刷之足恃考說文刷本作㕞云拭也蓋巾帨之屬可用以拭者其患在胥僮之權厲公藏本同今本權作諫按此有誤未詳而翟黃說黃作璜按黃璜同字大成牛牛當作午司馬喜殺爰騫而季辛藏本同今本此下有誅字按脫一字未詳爰袁同字也其市主之藏本今本市作尸按句有誤而不僖侯譙其次藏本今本無不字按依說當作昭是以子胥宣王言藏本今本無王字內美而虞虢亡藏本今本美下有人字廟攻藏本同今本此下有七字誤與故人久語藏本同今本與故作故與誤猶以成富按此下當有取重二字公慼易也四字爲一句燕人李季好好遠出藏本今本不重好字季突之藏本同今本之作至按句有誤一曰浴以蘭湯按此亦劉向校語本卷上文云矢一云屎下文共立一云公子赫皆同例與舊注相混而實非舊注也今

山海經晏子春秋皆多如此云者韓子當不止三條殆經後人刪去之耳使我無故句絕故與下文布韵得百來束布藏本今本無來字按此不當有宦公子於四隣四隣必重之二句荊王之言也上無曰字古書多此例而擅其制此下當有一曰二字

魯三桓公偪藏本同今本無公字按此不當有凡有孫藏本今本有下有季字

公叔相韓而有攻齊藏本今本攻作功按攻功皆當衍讀以有齊句絕使齊

韓約而攻魏藏本同今本魏作衛誤大成牛牛當從韓策作午古今人表中中有大成午趙世家成侯三年大戊午爲相徐廣曰戊一作成魏將也藏本同今本魏作衛誤二

君相當藏本同今本君作軍誤按依此上文宋石石當作君也白圭相魏王藏本今本無王字

齊中大夫有夷射者與左傳不同足下無意賜之

餘隷乎藏本同今本隷作瀝王使人問濟陽君濟陽君曰藏本同今

本不重濟陽君按此當衍鄭袖因教之曰王王字下藏本脫王悖然怒曰令本悖作勃誤按悖勃同字後又多作佛不已知也戰國策云妾知也犀首與張壽爲怨陳需新入按張壽張旇也陳需田需也大致與戰國楚策所云張旇果令人要靳尚刺之爲一事傳之不同也左右因微令夜燒芻廐廐當依上文作廥而不善濟陽君今本無而字誤也濟陽君有少庶子按有當作之有燒倉廥穽者穽當作窌堂下得財無微有疾臣者乎今本無財字按句有誤而不能成也不當作乃公子朝本書難三朝作宰史記周本記云威公卒子惠公代立乃封其少子於鞏以奉王號東周惠公即其事索隱云名班與此不同於是乃起宿營之甲左傳云宮甲韓廆說林上及韓策作傀廆傀同字相韓哀侯此即世家之烈侯世本謂之武侯戰國策及此謂之哀侯各不同事在三年與世家之哀侯非一人也

令之諫紂鍾山札記云此讀諫爲閒梨且謂景公按上文作黎下文作犂犂是也今本皆作黎非史記孔子世家作犂鉏遺哀公按世家定公十四年以驕榮其意王渭曰榮當作熒下文以榮其意同楚王謂干象曰史記甘茂列傳作范蜎徐廣曰一作蠉索隱云戰國策一作蝝字今楚策作環王使邵滑之越徐廣曰滑一作消策無邵字令亡之秦亡當依策作忘下向同不如相共立策云公孫赫下文云共立一云公子赫史記云向壽不同也謂叔向曰王渭曰困學紀聞謂此時叔向死已久而殺之藏本脫止此將欲襲鄶鄶他書又作檜會盡與姓名盡與說苑權謀作書其而理之理當作埋鄭令褢疵乾道本藏本此條在秦侏儒後當譌倒也

卷第十一　外儲說左上第三十一

如有若之應密子也藏本同今本密作宓按說作宓宓密同字明君聖主之以獨知也藏本

（同今本君作在誤）故李（李當作季季梁也）惠（惠施）宋（宋鈃）墨（墨翟）論有深閎
大（藏本同今本有下有迂字桉句脫一字）故畏（未詳或當作魏魏牟也形近誤）震（未詳或當
作處）瞻（瞻何莊子讓王釋文云瞻子賢人也淮南作詹）車（未詳或當作陳陳駢也形近誤）狀皆
鬼魅也（狀皆當作皆狀）言而拂難堅确（言而當作行有）故務（務光）卞（卞隨）
鮑（鮑焦）介（介之推）墨翟（此二字有誤或當作申徒狄也）挾夫相爲（藏本同今本挾
夫作夫挾誤）故父子或怨譟（譟當依說作譙）皆播吾之跡（藏本今本播作
潘他書又作番）得車厄也（藏本同今本厄作軛桉說作軛）衛人佐弋（藏本今本弋下
有也字）卜子妻（卜當依說作乙）寫敝袴也（藏本同今本寫作爲誤）而世意
小者（藏本今本意下有之字）而下蓄之於君（藏本同今本下作不）晉國之
辭仕記者（藏本記作託今本作托慕按說作託慕）二君又何禮之當亡

藏本今本重禮之則周主上之法周當作害緩之以鄭簡宋襄藏本緩作緩今本作子產皆誤而以躬親句絕位下走睡臥藏本今本走上有且爲下三字今本位作莅皆誤按此位字有誤未詳所當作與去捹弊微服藏本同今去作夫按說不見此事故明主信藏本今本主下有表字按非也此當有尊字患在尊厲王尊字當衍上文所錯入也與李悝讒兩和也今本此下有右經二字乾道本藏本無下卷同按此當有其言多而不辨而字當衍則恐人懷其文忘其此下當有用字三年而成句絕蜚一日而敗五字爲一句下同今以觀無用之器也藏本今本無今字一曰好微巧王渭曰日下當脫燕王二字選注有人主欲觀之藏本同今本句上有客曰二字臣削者也藏本臣下有爲字必以削之藏本今本重削字客爲棘削之削當作刺之下當有母猴何以四字

王曰吾欲觀見之藏本同今本無王曰二字誤見字當衍見說藏本同今本見作兒按兒是也兒說見呂氏春秋君守淮南人間訓則羿蒙藏本同今本羿下有逢字按依上文當補辨有問不應之以度句絕而說其辯逗說讀為悅不度以功句絕譽其行逗而不入關句絕藏本同今本不度下有之字譽上有而字無而不入關四字皆誤上文云不以儀的為關此其說也其一人曰馬總意林此下多我與堯同年其一人曰九字宋人屈穀七命注引此穀作轂餘亦多不同則不可剖以盛物剖字當衍而任重如堅石此任重二字涉下節而行如堅當作堅如則不可以剖而以斟下以字當衍虞慶為屋虞卿也慶卿同字呂氏春秋别類云高陽應高誘注或作雕虞慶曰不然夫濡塗重藏本同今本虞慶曰不然五字在此宜畢下誤椽燥則直椽任輕塗藏本直下有以直二字今本重直字范且曰范雎

也且睢同字且張弓不然藏本同今本且張弓作范且曰誤然而士窮乎范且虞慶者十一字爲一句乾道本以下皆誤以范且提行爲虛辭逗其無用而勝句絶實事逗其無易而窮也以上今失其讀不得施其技巧不上當有工匠二字調布而求易錢者調當作請易錢當作錢易易去聲下同耨者熟耘也熟上當有且字耘當作云此與下文錢布且易云也句對不知者改作耘字誤甚庸客致力而疾耘耕句絶者此字衍盡巧而正畦陌畦時者藏本同今本下畦作疇桉時非此之用句當衍二字未詳文公伐宋公當作王宋當作崇見說苑指武築如皇之臺未詳請無以此爲稽也藏本今本稽作規誤爲博句絶箭長八尺四字爲一句面目黧者藏本今本黧下有黑字今臣有與在後中七字爲一句有讀爲又攜撅而置之藏本同今

本攜作擕王渭曰魏書古弼傳引此作蹇歷今按此同字耳字書無攜字鄭縣人乙子藏本同今本乙作卜誤此猶言某乙也姦劫殺臣云春申君之正妻子曰甲亦猶言某甲用人云罪生甲禍歸乙亦可證夫曰象吾袴藏本今本吾下有故字按此不當有鄭縣人乙子妻按此條不見於上書對曰藏本今本無書字曰難之曰當作日人質切燕相白王大說王字當重今世舉學者藏本今本無舉字王登藏本同今本上有四字按此當補王當作壬呂氏春秋知度作任王任同字非晉臣之意臣當作國意當作章知度云非晉國之故而隨文學者之半藏本同今本者下有邑字按依上文當補國之鍾矣藏本同今本鍾作鍾誤按上文亦云鍾皆未詳按八說云死傷者軍之乘或此與彼同其君見好巖穴之士見好當依下文作好顯以見窮閭隘巷之士以見中山策作而朝戰士怠於行者藏本同今本行下有陣字五素不

一紫藏本今本不下有得字寡人好服紫貴甚藏本今本重紫字君欲
何不試勿衣紫也藏本同今本無欲字按欲下有脱文今欲欲民無衣
紫者藏本今本上欲字作王按當衍王以自解紫衣而朝藏本同今本以作請
按以上有脱文寡人之之下當有罪字句絶事不一事上當有脱字未詳戰於涿
谷上與三傳不同右司馬購強未詳趨駕煩且之乘王渭曰晏子春
秋煩且作繁駔按此同字也而騶子韓之巧藏本今本韓下有樞字長纓出
以示先民藏本同今本作乃斷纓出以示民按句有誤法度甚易行也王渭
曰甚下當有不字一日藏本同今本日作曰按以下在韓策也亡其用子之謁
按韓策云又亡其行子之術而廢子之謁乎云云此有脱文曰信名信名句有誤今
返而御藏本同今本今作令誤會天疾風魏策云天雨餘多不同曾子之

妻之市之妻二字當衍聽父母之教令藏本同今本令作今下屬有相與訟者藏本同今本無自此至末按皆複出七術不當有也

卷第十二

外儲說左第三十三藏本同今本左下有下字

趼危坐子皐藏本同今本坐作生按依說當作逃而履屩說屩作蹻即臣將爲失少室周失當作夫在爲字上如字讀之則鉅不費金錢說無錢字此當衍舊注未譌屛不用壁藏本今本壁上有玉字按說無舊注亦未譌此所添誤而出入之容變藏本同今本變作變按句有誤未詳而簡以爲枳棘藏本今本下有主字武子之用杖藏本今本此下有子產忠諫子國譙怒注云云按此藏本所添未必是也弃子皐從出門從當作後說苑至公云子皐走郭門郭門閉則翟黃也藏本今本則下有徒字按依注當有昭卯按即孟卯也顯學云魏任孟卯之辨難三云孰與曩之孟嘗芒卯魏襄王養之以

五乘絕句將軍此二字當衍涉下而誤耳舊注全譌猶羸勝而履蹻羸勝當作羸縢形相近也舊注全譌主之所以使臣騎乘者騎當作驂君知能謀天下君當作若知即智字以管仲能藏本仲下有之字是也舉兵攻用兖而拔之藏本同今本用兖二字作原桉句有誤渾軒或云即渾罕軒罕同字也吾不可叛也藏本今本吾上有特字故君子曰蘷有一之藏本同今本之作足桉之當作而足二字呂氏春秋察傳作故曰蘷一足晉文公藏本同今本與下條文王伐崇倒上有一曰二字履係解藏本同今本係作繫誤文王伐崇呂氏春秋不苟云武王至殷郊君與處桉君上當有上字今王先君之臣藏本同今本王作皆孔子御坐於魯哀公自此至寧使民諂上不見於上文必爲殷藏本此下有禍字今本有患字人人不以其賢爲其主藏本同桉下人字當作臣今本不作欲誤儒

者以爲害故不弋藏本同今本害下有義字詎者藏本詎作鉅按上文作鉅王渭曰困學紀聞引作距豹自曰藏本今本自下有請字按此自當作白危子曰危上當有刖字君無聽左右之謂請藏本今本無謂字按謂當作謁韓宣子王渭曰子字誤桓公問置吏此條上文未見於管仲句絕夷吾不如弦商新序商作甯呂氏春秋勿躬作章管子云賓須無臣不如甯武武當作戚呂氏春秋作遬臣不如公子城父呂氏春秋作王子城父孟獻伯藏本同今本上有五字相魯按魯當作晉晉無衣帛之妾按晉字當衍此上文所錯入也一曰孟獻伯拜上卿王渭曰晉卿無孟氏此或即晉語叔向賀韓宣子憂貧事而致誤門有御此下當有車字子無二馬二輿上二字當作秣是故循車馬王渭曰循當作脩以成節藏本今本節下有儉字誤按節上當有私字刑伯子可刑當作邢子

黨於師人武立如不勝衣王渭曰有脫今按新序雜事四云子黨於子之師也對曰臣敢言趙武之爲人也立若不勝衣云云解狐舉邢伯柳藏本同今本上有一日不提行曰道日暮藏本同今本道下有遠字而獨於主藏本今本獨下有忠字暮而後門閉閉字當衍烏封人跪而食之上文云綺烏皆未詳能使藏本同今本能下有之字

卷第十三　外儲說右上第三十四

皆合勢之易也而道行之難合當作舍形近誤此舍與道勢與行皆相對行去聲讀之難一日釋庸主之所易道堯舜之所難又難二云不出乎莫不然之數而道乎百無一之行句例同又用人云釋三易之數而行一難知之心五蠹云舍必不亡之術而道必滅之事句例皆同以遇勢桉遇當作遏故而駕鹿而當作不說在蓄焉說焉作烏與唐易之言弋也易下說有鞠字患在國年之請變藏本同今本年作羊說作羊

甘戊之道穴閒也藏本今本戊作茂按戊當作戊戊茂同字也古今人表作甘戊知貴不能王渭曰未詳則其除之王渭曰其字衍師曠侍坐藏本坐下更有始坐二字是也巳與二弟爭藏本同今本爭下有民字巳讀爲以公子夏逃楚公子尾走晉按與左傳不同未詳故周秦之民按秦當作齊周遍也謂遍齊國之人謳乎其巳乎苞乎其往歸田成子乎與史記田成子世家不同而必德厚以與天下齊行天字當衍又見本書難三以爭名藏本名作民是也難三作民車而下走者也車字當衍今本車上有舍字者非是而師曠不知藏本今本無不知二字有漸而以至矣藏本同今本無以字誤狂矞論衡非韓矞作譎華士楊倞荀子宥坐篇注引此士作仕又所以教於國也藏本今本又下有非字誤雖臧獲不許託足於其軫也藏本今本無許字於

作以旋時季羽未詳鄭長者聞之田子方藏本同今本之下有曰字按田當作曰問弋於唐易子古今人表中上唐易子即此上文云鞠或其名也故曰

然則爲天下何以爲此廩藏本同今本故作王下爲字作異左右引

王之說之曰先告客句有誤齊威王夫人死齊策無威字楚策云楚王后死未立后也謂昭魚曰云云不同以勸之王置之藏本今本無上之字與之

閒有所言六字爲一句言秦策作立道穴閒之藏本同今本道作通誤策穴誤作而當依此訂曰以告甘茂藏本同今本無曰字策無於是樗里疾也道穴

聽之矣藏本同今本也作巳誤於是日也境內盡知之日當作月故

可以爲天下主主當作王與上文明聰韵懸幟甚高著然不售文選應休璉與滿炳書注引無著字然下有而字韓詩外傳云置表甚長問其所知問長者

楊倩藏本同今本無下閭字梭當作閭選注引此作閭韓詩外傳云閭里人說苑晏子春秋同而欲以明萬乘之主也王渭曰選注明作輔今梭明字是韓詩外傳七云欲白萬乘之主白明也荀子外傳多言白其義皆同故桓公問管仲治國藏本今本仲下有曰字則君不安據而有之梭不當作所晏子春秋云則爲人主所案據腹而有之說苑云則爲人主所察據腹而有之案安同字察即案形近譌又梭依二書此而上當脫腹字而擅禁禦藏本今本無禦字而闇主之情藏本今本情下有矣字誤桓公問管仲曰藏本今本桓上有一曰二字梭有者是也則人主危據而有之梭危當作安說見上安據連文失其讀者改之耳而誅殺緜於羽山之郊梭依下句當衍殺字而下尚校也說苑至公云而下陵上也廷理曰說苑云少師慶疑智足以信言家事信字當衍而疑之言藏本今本之下有所字衞君自請薄

媪曰藏本重薄媪曰衛君之疑藏本同今本之下有愛字按依下文當補其聲反清徵者反當作及不可謂教謂當作爲其妻請其兄而索藏本今本索下有入字使之衣歸衣當作夜東其畝與左傳不同呂氏春秋簡選亦云東衛之畝攻陽陽當卽陽繁勝虢未詳南圍鄭反之陴王渭曰呂氏春秋簡選反鄭之陴高誘注反覆覆鄭之陴而取之反遂城衛雍之義城當作成非如是如當作知下同則安欲治其藏本同今本其下有國字按句有誤而誅亂臣者藏本同今本重亂臣按當重下屬是以解左髀說右髀者藏本同今本以作猶誤按此當重以解左髀說右髀七字

韓非子識誤卷下

卷第十四乾道印本第二葉缺以影鈔本補外儲說右第三十五藏本同今本右下有下字非仁下也藏本今本非上有而字今本仁下作不仁誤而忠君也藏本同今本而下有非字桉依上文而當作非人主鑒於上也藏本上作士桉此當作下故恐同衣於族衣於當作於衣舊注未譌救火者吏操壺走火則一人之用也操鞭使人則役萬夫此廿二字舊注誤入正文牽馬推車則不能進代御執轡持筴則馬咸鷩矣此十九字舊注誤入正文是以說在是以與說在例不複出此當衍其一也而駙馬敗者馬當作駕成竅擳下擳當依李善注琴賦引作撅亦故也藏本今本亦下有共字按亦即共之誤其始發也伏溝中藏本今本也下有彘字察手吻

文未詳孿不能正也正當作止吾適勢句絕與民相收若是句絕
吾適不愛不字當衍而民因不爲我用也因當作固此以適勢適愛相對
藏本今本勢上適字作釋非今發五苑之蔬草者藏本同今本草作果桉下文云
不如棄棗蔬而治互異未詳公儀休相魯藏本同今本儀休作孫儀誤韓詩外傳三有
此不必能自給致我魚自當作日三子之相燕當提行乾道本多連
寫之條既所易明今不悉著外事屬仲藏本今本屬下有管字而聽其所使
之王渭曰之字衍戰國策無其亡何也藏本同今本亡作任誤潘壽謂燕王
曰燕策作鹿毛壽燕世家同正義曰一作厝毛甘陵縣本名厝索隱曰春秋後語亦作厝毛壽又引此
於燕王因舉國而屬之藏本同今本於下有是字誤桉此當依策衍於字屬下補
子字潘壽闞者藏本同今本闞作隱太子之人盡懷印爲藏本同今本爲

作璽誤按爲下當有吏字人主之所以自淺娋者藏本同今本淺娋作羽翼按此未詳奪號之資號藏本作號今本作虢按此未詳皆效之子之遂重藏本重子之是也策有不與同族者共家不上當有居字左右以菟與虎而輟藏本同今本下有觀之二字按此舊注云輟而觀之誤其字入正文也眄然環其眼王渭曰眄當作盼引其綱不一一攝萬目而後得當重一一攝萬目字五得有子父乘車過者藏本同今本得作時誤按得上有脫文請造父助我推車推車二字當衍而馬轡驚矣藏本同今本驚作鶩令身使佚藏本今本身使作使身田嬰令官具押券斗石參升之計下文無斗參作升石按此未詳罷食句絕後復坐後字當衍則身雖絕力至死藏本同今本至作致誤以告管仲曰藏本同今本重管仲下令於民曰藏本

同今本曰作也誤後則利錣藏本今本則下有有字按依上文當補筴此字衍進
則引之藏本今本無進字按此誤刪　卷第十五子目衍難三第三十八當刪
難一第三十六　偷多獸後不必無獸藏本同今本偷下有
取字無不字此非君所知也君當作若有因問小大緩急而對
也藏本同今本問作因誤按有當作在十字爲一句拔拂今日之死不及按拔
拂同字或當衍其一也請詐其敵也藏本同今本請作謂乃躬藉處苦藏本
今本藉作耕按藉借同字今耕漁不爭王渭曰今當作令譽之曰楯之堅
藏本今本曰下有吾字按依難勢此無吾字舜有盡壽有盡上有盡二字當衍四字爲
一句天下過無以已者有盡逐無已以已當作已以已字句絕以下屬者
字當衍處勢而驕下者藏本同今本驕作令按此當作矯外儲說右云榜檠矯直爲

君主惟人肉未嘗藏本主下有味君主三字今本有味君二字夫人惟情莫不愛其子藏本今本無惟字閒開方事君藏本今本無閒字蟲出尸尸當作戸下同所以豎刁易牙者藏本今本以下有去字且臣盡死力以與藏本同今本與下有君市二字按依下文當補卑賤不待尊貴而進論藏本同今本無論字按進字當衍上文云舅犯有二功而後論和氏云然猶兩足斬而寶乃論此論字之義賞罰不弊於後弊讀爲蔽高赫爲賞首赫他書又作赦寡人國家危藏本同今本無家字誤仲尼聞之曰王渭曰此困學紀聞所謂事在孔子後孔鮒已辨其妄者也曰竈生龜藏本同今本曰作穴龜作鼃按此當依趙策作臼竈生鼃說苑權謀同太元經窮上九亦云臼竈生鼃蓋本於彼也是襄子罰也藏本今本子下有失字左右請除之除當作涂夫爲人臣者君有過則諫諫不

聽則輕爵祿以待之此人臣之禮義也今師曠非平公之過舉琴而親其體雖嚴父不加於子而師曠行之於君此大逆之術也（此當衍乃舊注之錯入者耳）不可明也（藏本同今本明作行誤下句同）不可謂兩明（謂字當衍）此爲兩過（藏本同今本爲作謂誤）故伊尹以中國爲亂（句絕下句同）道爲宰于湯（于當作于下句同）道虜于穆公（藏本今本道下有爲字）將欲憂齊國（藏本欲作與今本欲與兩有皆誤）是隱也（藏本同今本也下有宜刑二字按依下文當補舊注未譌）若罪人不可救（藏本今本人下有則字）若非罪人則勸之以殉（藏本同今本則作而按當作不可二字與上文不可救句相對）而郄子且後至也（藏本同今本無子字誤）是子言分謗也（藏本同今本子作何按句有誤）胥略曰（未詳）管仲以

賤爲不可以治國 王渭曰國當作貴 昔魏兩用樓翟而亡西河 樓翟樓鼻翟強也事見魏策舊注誤甚 而手死乎東廟 王渭曰手當作身見下文 主有術 藏本同今本主下有誠字誤 則爭爭事而外市 爭字不當重 一則專制 一下當有用字

難二第三十七

請徙子家豫章之圃 與左傳不同 踴貴 左傳云踊 景公造然 造讀爲蹵 猶且不止 藏本且作北今本且北兩有皆誤 則是桓公行義 行當作遺 而亦遺義之耻於君子矣 藏本同今本遺下有宿字誤亦下當有生字 昔者文王侵孟 孟當作盂尚書大傳曰二年伐邗盂邘同字 克莒 藏本同今本克作堯誤 舉酆 酆他書又作豐 不識臣之力也 識下當有君之力也四字也讀爲邪新序四作乎 賓須無善削縫隰朋善純緣 新序互易 且蹇叔處干 藏本同今本干作于下同按此

未詳而干亡秦而秦霸藏本同今本秦上有處字按依上文當有此有君與無臣也臣當作君而亡歸藏本亡作忘是也文公舅犯霸藏本同今本公下有以字按依上文當有無道賢而巳矣藏本今本道作逆誤必度量準之藏本今本必下有以字以事遇於法則行以字當衍上文錯入此且桓公管仲又不難藏本同今本公下有得字按依下文當補夫不奪子而行天下者藏本同今本不下有難字誤且爲湯武藏本同今本重湯武按依下文當重管仲非周公旦以明矣藏本同今本旦下有亦字誤而作葬藏本同今本作作不誤按當作後語言辯句絕聽之說說讀爲悅下同言非聽者也所謂不度於義藏本今本也下有則辯非說者也六字按此不當有不以和私欲害人事藏本今本無和字無術之害也藏本今本害作言犀楯犀櫓

呂氏春秋貴直論又居於犀蔽屏櫓之下立於矢石之所及及上當有不字無弊者藏本今本無上有士字文公授之按授當作受圍衛取鄴呂氏春秋鄴作曹按鄴未詳亦有君不能士耳藏本今本無士字簡子未可以速去脅櫓也藏本今本脅作楯孝子之所愛親也王渭曰所下當有以字是以百族之子於上藏本同今本子下有愛字誤人輕敵矣人上當有夫字失人不北矣藏本同今本無失字按失當作夫數百不一失藏本同今本失作人按此當衍而道乎百無失人之失人二字當作一本之下重有行字今行人未知衆之道也藏本今本衆上有用字卷第十六　難三第三十八　吾聞龐襴氏之子不孝襴氏論衡非韓作撊是按氏是同字襴當依論衡作撊字書無襴字史記酷吏列傳云濟南瞷氏漢書音義曰音小兒癇病也即此

姓龐當是其里也舉善以觀民藏本今本觀作勸論衡作勸按此以觀爲是觀示也子服厲伯入見龐糲氏子藏本今本見下有問字皆君之所未嘗聞之當依論衡作子此宜賞譽之所力也藏本今本力作及且此亡王之俗王當作主又使攻之惠竇惠竇當依左傳作渭濱除君之惡恐不堪藏本今本惡下有惟字不忠之臣以藏本同今本以字在不字上按此當乙則有燕操未詳是臣讎而明不能燭藏本同今本讎下有君字死君後生臣不愧而復爲貞藏本同今本復作後按復後互誤生下當更有生字桓公不能對藏本對作射是也夫處世藏本世作勢是也而悖不去國藏本同今本悖作徒按悖當作恃遂以東州反州讀爲周見本書六徵雖處大臣藏本同今本大臣作耄老按句有誤而不敢隅君藏本同今本隅作偶按隅當作

愚而誠說之悅近而來遠藏本今本無誠字法敗而亂藏本今本而下有政字不紹葉公之明句有誤而使與不行惠以爭民藏本同今本不作天下二字按不字當作下形近誤今本添天字誤甚此謂圖難於其所易也藏本今本難下有者字賞者不得君得當作德民知誅罰之皆起於身也罰當作賞故疾功利於業藏本同今本疾作習誤太上下智有之智讀爲知按此老子第十七章文燕子噲藏本同今本子作王誤賢子之而非孫卿孫卿荀卿也其事未詳臣相進也按臣當作功不自賢賢上當脫選字功自徇也藏本同今本重功字誤自作相無術使智空二字之侈藏本智下不空一字今本使智空二之侈作以享厚樂誤按句有誤當云無術以知富之侈知作智者同字也然故忠臣盡忠於方公藏本今本無方字按句有誤知下之

謂也知下明也下當有脫文此知下明則云云哀公之無患也下文知下明則云云景公之無患也所脫爲葉公之無患也因知下明則復出而誤漏之耳則禁於微則姦無積藏本同今本重禁於微按此當更有則見精沐見精沐王渭曰精沐二字疑過東匠之閭論衡東作東閭作宮則手絞其夫者也論衡絞作殺異日論衡異作翼恃毒聰明勞智慮藏本今本毒作盡按此以毒與勞對文智不足以徧知物故則因物以治物藏本同今本無則字猶無奈寡人何也策下有今以無能之如耳魏齊帥弱韓魏以攻秦其無奈寡人何亦明矣中期推琴史記魏世家云中旗憑琴索隱云按戰國策作推琴春秋後語中旗伏琴而韓子作推瑟說苑作伏瑟文各不同按索隱引此作瑟是也推當作馮馮伏同字難二云師曠伏琴而笑之強與弱藏本今本強上有則字其畏有水人之患乎畏字當有誤未詳說之無說證

藏本今本無下説字非行情也藏本同今本行作得誤

難四第三十九

孫子必亡亡臣而不後君藏本今本不重亡字按當依左傳云孫子必亡爲臣而君衍不後二字諸侯伐之伐當作代代之代爲君也下文盡同孫子君於衛句絶不察句絶孫子雖有是二也臣以亡藏本同今本無臣字誤按臣當爲巨巨詎同字其所以亡其失所以得君也藏本同今本無亡其二字誤亡句絶下七字爲一句而天下謂藏本同今本謂作離湯身易名未詳武身受詈見喻老趙咺走山咺當作宣左傳宣子未出山而復是其事也田外僕藏本同今本田下有氏字誤此當有成字即田成子去齊走而之燕負傳隨鴟夷子皮事也見說林上而犇齊句景公禮之藏本今本重齊字誤不使景公加誅於拙虎誅下當有脱文本云不使景公加誅於齊之巧臣而使加誅於拙虎下文云未知齊之巧臣其證也

鄭去疾予弟與左傳不同鄭世家亦云堅者靈公庶弟而去疾之兄也而立子亶也左傳桓十七年亶作亹公子圉曰左傳圉作達則臣罪輕舉以行計臣藏本同今本臣下有懼字按臣罪當作罪臣此下當重有罪臣輕舉以行計七字故靈臺之飲與左傳不同故知所惡藏本同今本故下有曰字按當有舉字大誅小罪也者藏本今本誅下有報字獄之患句絕故非在所以誅也以當爲已鄭子都殺伯咺而食鼎起禍未詳而公父之不誅也藏本同今本公父作子公誤齊故胡之所以滅也藏本今本無故字國語昔齊騶馬繻以胡公入於貝水即其事君行之臣四字爲一句衞靈之時藏本靈下有公字是也七術有臣之夢淺矣見七術吾聞人主者聞下當有見字七術有遂去雍鉏趙策作雍疽鄭子都賢慶建而壅焉未詳而使賢

者煬主已（藏本同今本無已字誤桉依下文當衍主字）則賢矣（藏本今本賢作必危二字桉依下文是也）晉靈侯說參無恤（未詳）之非正士也（藏本不更有之字是也）非賢而賢用之（藏本同今本無下賢字誤）與愛而用之同（句絕）賢誠賢而舉之（六字爲一句）與用所愛異（句絕）狀（此字衍）故楚莊舉叔孫而霸（王渭曰叔孫當作孫叔）衛奚距然哉（距讀爲遽）則侏儒之未可見也（王渭曰可字當衍）是加知之也（之字當衍）日不加知（藏本同今本日作曰誤）

卷第十七

難勢第四十

而勢位足以缶賢者也（藏本同今本缶作任桉句有誤）雖然夫擇賢（擇當作釋）以治天下也其勢（藏本同今本無以也其勢四字誤）何以異桀之勢也亂天下者也（藏本今本無上也字桉當作以）非能必使賢者用已

已字當有誤未詳下句同飛入邑擇人而食之藏本今本飛上有將字按之字當衍爲炮烙以傷民性句當有脫字高臺一也深池二也炮烙三也下文云四行其一未見桀紂得乘四行者藏本乘作成今本四作肆皆誤按乘當作兼下文云未始行一其證也而成暴風亂之事者也藏本同今本無風字按句有誤本末有位也末當作未則拙相去遠矣藏本今本則下有巧字言人之所設也藏本今本更有三十二字按此不當有夫聖舜生而在上位藏本今本聖作堯非也此聖下有脫文謂人之所得此下有脫文以不可禁之勢藏本同今本勢下有與無不禁之道誤按當云以不可禁之賢與無不禁之勢則亦然矣藏本今本亦下有不字誤按亦即不之誤必苦莢亭歷藏本同今本莢作菜兩末之議也句有誤客議未及此論也句有誤

問辯第四十一

主有

令（藏本今本主下有上字）堅白無厚之詞章（無厚見莊子天下）問田第四十二

令陽城義渠（令當作今）而措於毛伯（毛當作屯外儲說右云屯二甲義同）公孫亶回（文心雕龍書記引此云孫亶回無公字者省耳）明先生之言矣（藏本今本明上有臣字）然所以廢先王之教（王渭曰王當作生下同）知明而不見民萌之資夫利身者（當作知明夫身而不見民萌之資利者乾道本利作科謡）

定法第四十三

前後相勃（藏本同今本勃作悖誤）七十年而不至於霸王者（七十有誤或當作十七句絕）殉韓魏成其汝南之封（藏本同今本成作城誤上文乃城其陶邑之封亦當作成）法不勤飾於官（不當作雖）申子未盡於法也（當云申子未盡於術商君未盡於法也脫去六字）申子言不踰官雖知言（藏本今本知下有弗字今本不上有治字）

按依下文當有又見難三弗亦作不謂之守職也可藏本今本也可作可也是不謂過也藏本同今本無不字按句有誤是屋不成而乾道本下空十八字藥也藏本今本藥上有病不已夫匠者手巧也而醫者齊十三字今治官者智中空四字藏本今本有能也二字今斬首者今本此下有勇力之所加也以七字藏本亦無勇力之所加而治者智能之官藏本今本無者字此未詳

說疑第四十四疑讀爲擬

罰不辜民藏本今本辜下有之字非所謂明也明字當衍而不失其人方在於人者也藏本同今本人方作當乃誤按在當作任形近誤有扈氏有失度讙兜氏有孤男三苗有成駒皆未詳桀有侯侈按墨子所染云夏桀染於干辛推哆又明鬼云推哆大戲主别兕虎古今人表下中有推侈即此侯侈又吕氏春秋簡選云移大犧淮南子主術訓云推移大犧侈哆移皆同字耳善禪

其主以集精微句有誤未詳續牙此七友在第三晉伯陽晉字當衍此七友在第四秦顛頡衛僑如皆未詳狐不稽莊子大宗師狐不偕釋文司馬云古賢人也重明未詳董不識此七友在第五棲齊策云舜有七友姚校云雄陶方回續牙伯陽東不訾秦不虛靈甫古今人表上下有雒陶續身柏陽東不訾秦不虛顏師古曰雒陶以下皆舜之友也身或作耳虛或作宇並見尸子上中有方回其靈甫人表未見也此續牙即續身伯陽即柏陽董不識即東不訾其餘或皆彼之駁異耳有萃辱之名藏本同今本萃作卑有如此藏本今本有下有民字楚申胥未詳待之以其身雖死家破藏本同今本待作從其身雖作威雖身桉句有誤晉僑如衛子南勁鄭太宰欣皆未詳下文云太宰欣取鄭周單荼未詳下文云單氏之取周親下以謀上藏本同今本親作侵誤趙襄襄當作衰而以其身爲壑谷鬴洧之卑鬴洧未詳而

身不難受鍪谷鬴洧之卑（句有誤）若夫周滑之（藏本同今本之
作伯桉依下文此周威王所用也今無可考）鄭王孫申（依下文此鄭子陽所用也）越種
干（下文未見）吳王孫頟（頟國語作雒頟雒同字也他書又作駱）晉陽成泄（依下
文智伯所用也）此十二人者（桉上文但有十一人當有脫文）陳靈（藏本今本靈下有公
字）以其害國傷民敗法類也（藏本同今本法下有圯字誤）或在圖
圄緤絏纏索之中（藏本今本緤作縲纏當作縲）然明主（藏本然下有後字今
本有而字皆誤）以其能爲可以明法（藏本今本無爲字桉能字逗）無數以
度其臣者（藏本同今本無上有夫字誤）虛相與爵祿（桉相字當衍）曰與
我者（藏本今本曰作且桉曰字是）外假爲諸侯之寵使（句絕）使諸侯
淫說其主（藏本同今本侯下有而字誤桉句有誤）古之所謂聖君明王

句絕君者藏本同今本無君字按君上當有脫字非長幼弱按幼弱二字當衍其一也及以次序也上也字當作世九字爲一句貪得人之意也人字當衍度其行三字爲一句易牙之取衛未詳外擄巷族上文作援未詳孰是外以諸侯之懽驕易其國藏本同今本懽驕作懽嬌按所改是也隱敦適藏本同今本敦適作正道未詳其臣弑其君藏本同今本無下其字若夫轉身法易位全衆傳國藏本同今本無身字作傳按句有誤未詳傅爲人主者藏本同今本主作臣按依上下文當作臣明君之所疑也疑讀爲擬下文同又本篇二字互見不敢北面談立句有誤不誣敢情以談說藏本同今本誣敢作敢誣按所改未是敢字有誤耳

詭使第四十五

世謂高藏本今本謂下有之字謂之重藏本今本謂上有世字世謂之烈士句絕世謂之

勇夫句絕用心怯言時謂之窶藏本今本怯言時作壹者則挍此乾道本誤涉下文之字而未經改正者末一字當作則字上二字未詳藏本以意作壹者恐非韓子元文吏聽吏從教者藏本同今本無上吏字少欲寬惠行德藏本同今本無少欲二字挍欲下當有脫文謂之疾句絕險躁佻反覆句當脫一字險躁連讀下文云而險躁讒諛者任言大本稱藏本同今本本作不挍句有誤滅其近藏本同今本近作迹今有私行義者尊行字當衍恭儉聽上藏本同今本儉下有也不二字誤上字下當有也字城池之所以廣者池當作地今死之孤藏本同今本死下有士字誤播骨乎平原野者藏本同今本原下有曠字誤挍平字當衍涉乎字形近耳無宅容身死田畝今本重身字藏本畝作敏今本作奪挍句有誤所善剬下也所下當有以字剬制同字而戰介之士戰當作耿而閒官之士尊顯

藏本同今本官作居夫卑名位者名下當有危字有二心無私學無字當衍二心私學上下文凡五見上世之所以立廉耻者藏本同今本無世字賞賜之所以爲重也藏本同今本無之字誤大臣官人與下先謀比周雖不法行威利在下藏本同今本無與下先謀雖五字桉句有誤未詳嚴居窗路藏本同今本路作處誤又從而尊之五字爲一句上下文及此凡四見以名上有脫文當本重尊之二字而脫耳以非法措於上藏本同今本措作令桉句有誤

卷第十八

六反第四十六

畏死難藏本同今本死下有遠字桉句有誤未詳所當作語曲牟知桉牟字有誤未詳所當作暴慠之民也本書亡徵有暴慠即此未知孰是必爲之句絶愛弃髮之費藏本同今本重愛字誤夫彈痤者自此至末皆當連各本多提行皆非是慮其後便王渭曰句

絶此不熟於論恩藏本同今本恩作思誤故明不受也藏本同今本明下有主字桉此當有則官法句絶法依下文當作治則民用句絶官官治當作民用官治四字則不可以霸王矣不字當衍外儲說右云君通於不仁臣通於不忠則可以王矣此其證也積愛而令窮藏本同今本積上有父母二字誤故母厚愛處句有誤當脫一字父薄愛教笞五字爲一句令家人之治產也藏本同今本令作令誤而弃仁人之相憐也桉人字當衍此仁與法相對也皆曰輕此亂亡之術也藏本同今本輕下有刑字桉依下文當有凡賞罰之心者藏本同今本心作必誤則所惠之禁也急惠當作惡其欲治又不甚也藏本也下更有其欲治又不甚也七字今本有其欲治又不甚也者八字皆誤是故決賢不肖愚知之美藏本同今本知作智美作分桉句有誤所揆也者

藏本今本所上有治字奚疑於重刑名藏本同今本無名字按依下文不當有又勸一國四字爲一句故人順之順讀爲愼而下恐上恐當作怨凡人之取重賞罰王渭曰賞當作刑而後厚愛之藏本同今本無後字按後當作復此雖財用足藏本同今本雖作則誤按雖當作唯上懦則肆於爲非藏本同今本懦下有治字按下文作上治懦不能足使爲君天子藏本今本無君字而桀未必爲天子爲足也藏本同今本必下有以字誤援之以鼎俎俎字當衍下句同身不任者藏本同今本無者字按依上句不當有八

說第四十七

而爲所然藏本今本爲下有其字賤德義貴句絕下必坐上句絕決誠以參句絕聽無門戶藏本同下必坐上決誠以今本作法術倒言而詭使按德義當作得議形近之誤七術說云夫不使賤議貴下必坐上云云又經云觀聽

不參則誠不聞聽有門戶則主壅塞即此文之證下必坐上者商君之告坐也今本不能讀輒加改易謬甚矣

賢者然後行之藏本同今本後下有能字不可以爲法句絕華角未詳

雖不可以爲耕戰之士藏本同今本雖下有賢字按依上文當補故人主之察之下當有所字

智士盡其辯焉藏本同今本士下有能字誤能士能盡其行焉藏本同今本無下能字按此衍

不適有方鐵銛適讀爲敵有方未詳舊注全誤

不逮日中奏百奏讀爲湊荀子議兵篇日中而趨百里即其義干城距衡衝藏本同今本無衝字按衝即衡字複衍耳齊策云百尺之衝折之衽席之上即其義

不若堙穴伏橐王渭曰荀子強國篇注引橐作橐按橐字是見墨子

而推車者推當作椎下盡同淮南子曰古之所爲不可更則推車至今無蟬匰鹽鐵論非鞅云推車之蟬攫負子之教也亦當作推又鹽鐵論遵道散不足世務皆言椎車則作推字不誤可證也

而道推仁厚藏本

同今本無推字按此不當有非聖人之治也藏本同今本非下有也字誤聖人
不行推政也藏本同今本也作難誤法有立藏本同今本無有字按此不當有
權其難而事成藏本今本成下有則立之三字而功多則爲之藏本同今
本無則字誤天下有也藏本同今本有上有無字按此當有而務無易之事
藏本同今本易作益誤貨賂不行藏本同今本行下有者字誤計得於外無
死虜之禍藏本同今本於作則暴者暴當作義下文暴人在位故曰仁暴者皆同不
爲能活餓者也藏本同今本爲能作能爲誤下文亦當云不爲能富民者也知道
虛聖以說民藏本同今本無知字聖作惠皆誤法省而民訟簡簡當作萌
在訟字上萌氓也民萌訟與弟子辯相對訟猶辯也明主之法必詳盡事藏本同今
本無盡字按此不當有明主慮愚者之所易藏本同今本慮作操誤以責

智者之所難（以當作不）故智慮力勞不用（當作故智不勞力不用）貴者爵尊而官大也（藏本今本貴下有臣字）官爵受功（句有誤）

八經第四十八（此篇多不可通）

智力不用（藏本同今本力作術誤）然後一行其法（句絶）禁誅於私家（禁誅連文也姦劫弒臣云以禁誅於己也外儲說右云夫不處勢以禁誅擅愛之臣皆可證）不害功罪賞罰必知之（藏本同今本功作公按句有誤未詳）不中則在過（藏本同今本在作有）中君盡人力（藏本今本人下有之字）不斷則事留（句絶）自取一（三字逗下文聽法云使君自取一以避罪即此句之義）則毋道墮壑之累（藏本今本則上有聽字無道字按句有誤）諷定而怒（藏本同今本而下有不字按句有誤未詳）是以言陳之曰（藏本同今本曰作由按曰當作日）結能者功見而謀成敗成敗有徵（藏本同今本不重成

敗按謀下當有脫文事智猶不親智當作至則君神則下盡藏本同今本重君神按句有誤以爲同者劫藏本同今本以下有異字誤權籍不失籍讀爲藉下同結誅親暱重帑藏本無結字今本結誅作誅其皆誤按帑讀爲孥下同則姦充塞矣藏本同今本充作究忍不制則下上藏本下上作上下今本作下失皆誤而名實當則徑之而上當更有誅字徑者謂顯誅也下文乃隱誅之生者不誅也害事者實不當也死者誅之也傷名者名不當也則行飲食者以飲食行其誅也不然者不行飲食也而與其讎者以所誅與其讎也故曰此謂除陰姦也醫曰詭詭曰易藏本不重詭字今本醫作緊按句有誤未詳易功而賞藏本同今本功作均誤王渭曰易當作見生於內則治自此下皆未詳也其故國治而敵亂藏本同今本其作是按句有誤即亂之道藏本重之字今本作亡之按句有誤行參必拆藏本拆作折是也下同折之

徵足以知多寡藏本同今本徵作微按句有誤誅毋謁而罪同藏本同今本毋謁作罰誤重官以懼遠使藏本今本官作言設諫以綱獨爲王渭曰諫讀爲間深一以敬衆心藏本今本敬作警知避罪以止威藏本今本知下有罪字王渭曰按句有誤陰使時循以省衰藏本同今本衰作衷誤是以喜見則德償償當作瀆相誨以和句有誤百人然乎句有誤知不足以治職則放官收官收當作收官放字當衍即收之誤耳王渭曰句絕說大而誇則窮端故姦得而怒無故而不當爲誣誣而罪臣以上皆有誤衆諫以效智故藏本同今本無故字誤今符言於後以知謾誠語藏本同今本無語字按句有誤未詳故奉重無前則徵多藏本同今本重奉重無前四字按句有誤任事也無重也藏本同今本作者按依

下文當作者然則民無榮於賞之內王渭曰句有誤脫而務賕紋之政紋字有誤未詳所當作下同不聽則謗主主當作生信賞罰以盡民能藏本同今本無民字桉不當有此之謂有國之道也下脫題上事未詳

卷第十九　五蠹第四十九

不法常可藏本同今本可作行誤堯之王天下也有藏本同今本無有字桉當云堯之有天下也李斯列傳可證股無肢肢當作胈非疏骨肉愛過也藏本同今本過下有客字桉疏下當有客字爭土橐藏本同今本爭上有重字桉未詳古者大王大當作文鐵銛藏本同今本銛作距誤桉當作短皆先王兼愛天下藏本同今本皆下有稱字桉句有誤則視民如父母句有誤子必不亂也藏本同今本子下有未字王渭曰當有而仁義者一人藏本同今本而下有爲字誤桉一人

仲尼誠易以服人（藏本今本誠上有勢字桉句有誤）而勝務行仁義也（藏本今本無勝字桉字有誤）而以勢之凡民（藏本今本勢作世誤桉勢上當脫服字）而終不動其脛毛不改（下有脫文）盜跖不掇（李斯列傳引掇作搏）必害手則不掇百溢（藏本同今本手則作則手誤）法莫如一而故（藏本同今本故作固誤）知友辱隨仇者（藏本同今本友下有被字誤）謂之賢（藏本今本謂上有則字誤）賢能之行（藏本今本行下有成而兵弱而地荒矣人主說賢能之行十五字）而忘兵弱地弱之禍（藏本今本下弱字作荒）而功公利滅矣（藏本今本無功字）而諸先王（王當作生）以文學（藏本同今本學下有取字桉依下文當有）故行仁義者非所譽（王渭曰句絕）譽之則害功（王渭曰爲一句下文非所用句絕用之屬下同此例）文學者（藏本同今本文上有工字桉句有誤未詳）而人

主兼也舉匹夫之行藏本今本無也字自環者謂之私背私謂之公說文云厶姦衺也韓非曰蒼頡作字自營爲厶又云公平分也从八从厶八猶背也韓非曰背厶爲公爲有政如此有字當衍而於游學者曰衆藏本今本無於字若夫賢良貞信之行者良字當衍上文云且世之所謂賢者貞信之行也不欺之士者藏本同今本不上有貴字亦無不欺之術也案不下當有可字而不責其功藏本同今本功下有焉字案依上句當有而國貧藏本今本國下有愈字民耕者衆藏本同今本民作言案依下文當作言伐禁無用藏本同今本伐作必案句有誤無先王之語王當作生此與下文吏對則有仇讎之忠藏本同今本忠作患誤從者合衆強以攻一弱也強弱當互易舉則圖而委藏本舉則作則舉今本委下有地字案句有誤而交大未必不有疏

藏本同今本無有字誤王渭曰交當作敵則以外權士官於内藏本同今本士作市誤上文云而卑其士官也國利未立四字爲一句人主之於其聽說也於其臣句有誤内政之有也藏本同今本有作脩誤朞年而舉句絶衞離魏爲衞五字爲一句而其境内之治藏本同今本而下有嚴字按句有誤智困於内而政亂於外内外當互易上文云而事智於外民之政計藏本同今本政作故按句有誤皆就安利如避危窮如讀爲而而完解舍解廨同字也而名卑以寡趣本務而趨末作按此皆有誤而致尊過耕戰之士藏本同今本致尊過作不貴誤其言古者古當作談上文云言談者爲勢於外其患御者藏本同今本患作近誤聚弗靡之財藏本同今本弗作沸誤而侔農夫之利牟侔同字也

顯學第五十　有

仲良氏之儒藏本良作梁按良梁同字也有孫氏之儒孫孫卿也難三云燕子噲賢子之而非孫卿不可復生藏本同今本不上更有孔墨二字按當有雜反行藏本同今本反下有之字按當有世以爲儉世下當有主字宋榮子之議荀子正論篇云子宋子曰見侮之不辱使人不鬬又天論解蔽皆云宋子漢書藝文志宋子十八篇在小說家云孫卿道宋子其言黃老意行無常議藏本同今本議作儀誤夫上所以陳良田大澤藏本今本澤作宅立節參民藏本今本民作明且夫人主於聽學也藏本今本主下有之字今本於聽作聽於皆誤與處而智不充其辯藏本同今本處下有久字區治不能以必劒區他書又作歐磐不生粟磐下當有石字夫禍知磐石象人按禍知當作知禍此以知禍與下句不知禍相對也夫嚴家無悍虜李斯列傳引悍作格用人不得非藏本同今本得下有爲字

一國可使齊 五字爲一句 爲治者用衆而舍寡 藏本同今本者作也誤 謂之不能然則是諭也夫諭性也 王渭曰此皆有誤 以仁教人 藏本同今本仁下有義字按依下文當有 故善毛嗇西施之美 藏本嗇作廧是也今本作嬙誤按左傳昭三年釋文云嬙廧本又作嬙哀元年妃嬙本又作廧嬙在說文新附 使若千秋萬秋千歲萬歲之聲 藏本下秋字與上歲字互易是也今本二秋字皆作歲誤戰國策云犀首跪行爲儀千秋之祝 括耳 藏本括作栝按當作聒 儒釋辭曰 藏本今本釋作飾今本儒下有者字按句有誤 不道仁義者 者字當衍 而以爲貪 藏本同今本以下有上字 竟內必知介而無私解 藏本同今本必知介而無私解作教戰陣闞士卒誤按境內必知者八說云此其臣有姦者必知又云而務必知之術也是其義介當作分分而無私者制分云宜務分刑賞爲急又云亡者其制刑賞不分也云云是其義解字上下當有脫文

夫求聖通之此下至末乾道本缺藏本復有士者爲民知之不足師用昔禹決江濬河而民聚瓦石子產開畝樹桑鄭人謗訾禹利天下子產存鄭人皆以受謗夫民智之不足用亦明矣故舉士而求賢智爲政而期適民皆亂之端未可與爲治也今本同未詳所出也

卷第二十

忠孝第五十一

有曲於父藏本同今本無於字誤豈得利焉哉藏本同今本焉哉作哉焉誤雖衆獨行王渭曰雖當作離四字爲一句數出於無用者藏本數作教桉依上文是也不可以恬淡之人藏本同今本無之人二字桉此不當有誹謗其君者也藏本同今本誹上有是字桉依上文當補知謂不孝藏本謂下有之字是也今本謂作其誤天下此賢之藏本今本無此字不足以禁藏本同今本不上有罰字桉依上文當補此二者藏本同今本二作三天下太平士藏本今本士上有之字桉平當作上見下文天下太平之士平當作下

見下文不可以爲刑禁也爲字當衍諸侯言從者曰侯字當衍是以三王不務離合句絶而止五霸不待從橫句絶止字當衍即五之形近而複誤耳察治內以裁外而已矣九字爲一句人主第五十二

左右太威也藏本同今本威作慼誤當使虎豹失其爪牙藏本同今本當作而誤賢用能之士進藏本今本無用字以主之明塞矣藏本同今本以作而人二字按以當作而而蔽愚不肖之患也藏本同今本蔽下有於字

飭令第五十三按此篇皆商子靳令文

行法曲斷曲當作由以賞戰三字爲一句見商子厚祿以周術藏本今本周作用按句有誤行都之過藏本同今本作國無姦民物多者衆藏本同今本者作末按依商子是也則震不怠震當作農見商子此謂以成智謀以威勇戰按成

（讀爲盛威當作成亦讀爲盛商子靳令作盛去強作成）則治見者省言有塞（見字當衍有當作者商子作則治省言寡）必當（桉當當作富見商子）其能勝其害（王渭曰此以下皆當依本書用人改正桉用人云人臣皆宜其能勝其官）而道壞餘力於心（道壞用人云莫懷）莫負乘宮之責於君（乘宮用人云兼官）使明者不相干（用人云明君使事不相干）故莫爭（句絕）言此謂易攻（此五字皆涉上文而衍）上不愛民民死賞（藏本同今本死上有不字桉此當有）利出一空者（空讀爲孔）輕者不至至（藏本同今本不重至字桉此不當有）

心度第五十四

喜其亂（藏本同今本無其字誤）王之者也（藏本今本者作本桉當作自）不治則亂而賞刑不行於天下者（天字當衍王渭曰亂字當更有賞字衍）必塞（塞字有誤未誤）而難致而力者（藏本今本無下而字桉當作其）與世世

宜藏本今本與世作治與與世知維之以刑藏本同今本無世知二字誤按知讀爲智下當有而字能治衆而禁不變者削治衆二字誤未詳所當作故聖人之治民治藏本同今本下治字作也按此字衍而禁與能變藏本同今本能作治誤能越力於地者越當作趨下句能起力起亦當作趨強不塞者王句有誤故王道在所聞藏本同今本聞作開按當作閉下文云能閉外塞私而治立者削治當作始敵適於不亂之術藏本今本無敵字按當云道於不可亂之術

制分第五十五　夫凡國博君尊者夫當作大而可以至乎令行禁止於天下者也天字當衍分爵制祿則法必嚴藏本今本制祿作祿制情莫不出其死力藏本同今本情上有人字誤上賞好惡藏本今本賞作掌有持以異爲分異字當衍是何其法通

乎人情（藏本同今本何下有也字）然則去微姦之柰何（藏本今本之下有道字按非也此當衍之字）其務令之相規（規讀爲闚與下文互見）其情者也（句有誤）理不得相闚（理當作里）姦不容細（句絶）私告任坐使然也（七字爲一句）不用譽則毋適（藏本同今本則無適作而得人之情誤按適敵同字）也雖知（藏本今本雖作難）過刑之於言者（刑當作形）則刑賞安得不容其二（藏本二作貳是也上文云刑賞惑乎貳）實故有所至（藏本同今本實故作故實按句有誤）刑賞之不分白也（不分當作分不）

韓非子識誤跋

韓子各本之誤近又得其二事外儲說左下兩云孟獻伯孟皆當作盂盂者晉邑杜預云太原盂縣者是也獻伯晉卿盂其食邑以配諡而稱之猶言隨武子之比矣說疑云楚申胥申胥當作葆申葆申者楚文王之臣極言文王茹黃狗宛路矰丹姬事而變更之下文所謂疾爭強諫以勝其君者也見呂氏春秋高誘注曰葆太葆官名申又載說苑葆作保古今人表同葆保同字也時已刊成補識於後己卯孟陬廣圻又書

傳古樓景印

四部要籍選刊·子部

清吴鼒刻本

韓非子

一

浙江大學出版社

傳古樓據上海圖書館藏清嘉慶二十三年吴鼒刻本影印原書框高一八〇毫米寬一二九毫米

出版説明

《韓非子》二十卷，據上海圖書館藏清嘉慶二十三年吴鼒刻本影印。

韓非，生於公元前二八〇年前後，卒於公元前二三三年。他是戰國時韓之宗室，或推測其是韓釐王或桓惠王之子。韓非爲人口吃，不善言談，但善於著書。他曾與李斯一起師事荀卿，令李斯自歎弗如。當時韓國國勢日衰，韓非多次上書進諫而未被韩王採用，故作《孤憤》《五蠹》《内外儲》《説林》《説難》等篇，凡十餘萬言。這些文章流傳到秦國，秦王讀而悦之，感歎道：『嗟乎，寡人得見此人與之游，死不恨矣。』李斯曰：『此韓非之所著書也。』於是秦人攻韓，韓王被迫派韓非出使秦國，但其赴秦後並未得到秦王的信用，反而因爲李斯、姚賈的讒害而被下獄治罪。他在獄中無從辯解，只能服下李斯派人送來的毒藥自盡。秦王後悔，使人赦之，卻已來不及。韓非的學説是戰國時期最重要的理論建樹之一，而其經歷卻是典型的天才被政治鬥爭扼殺的悲劇，故司馬遷云：『申子、韓子皆著書傳於後世，學者多有。余獨悲韓子爲《説難》而不能自脱耳。』他的生平具載於《史記・韓非列傳》，陳千鈞《韓非新傳》、馬世年《〈韓非子〉的成書及其文學研究》第一章也就相關問題提出了新的見解。

韓非之學，源自道家，而以法家見稱。司馬遷已指出：『老子所貴道，虛無，因應變化於無爲，故著書辭稱微妙難識。莊子散道德，放論，要亦歸之自然。申子卑卑，施之於名實。韓子引繩墨，切事情，明是非，其極慘礉少恩，皆原於道德之意，而老子深遠矣。』關於刑名法術之辨，吕誠之《經子解題》的詮説尤爲精要：

> 刑名法術，世每連稱，不加分別，其實非也。刑名之刑，本當作形，形者，謂事物之實狀，名則就事物之實狀，加以稱謂之謂也。凡言理者，名實相應則是，名實不相應則非。言治者，名實相應則治，不相應則亂。就通常之言論，察其名實是否相應，以求知識之精確，是爲名家之學。操是術以用諸政治，以綜覈名實，則法家之學也。故形名二字，實爲名法家所共審，而名法二字，亦可連稱。法術二字，自廣義言之，法蓋可以該術，故治是學者，但稱法家。若分

別言之，則仍各有其義。法者，所以治民；術者，所以治治民之人。言法者宗商君，言術者祖申子。見本書（《韓非子》）《定法篇》。法家之學，世多以刻薄訾之，其實當東周之世，競爭既烈，求存其國，固不得不以嚴肅之法，整齊其民。且後世政治，放任既久，君主之威權不能逮下，民俗亦日益澆漓。故往往法令滋章，則奸詐益甚，國家愈多所興作，官吏亦愈可借以虐民。在古代國小民寡、風氣醇樸之時，固不如是。天下無政治則已，既有政治，即不能無治人者與治於人者之分。然同是人也，治於人者固須治，豈得謂治人者即皆自善而無待於治。今世界各國，莫不以治人者別成一階級爲患。其所謂利，上不與國合，下不與民同。行政官吏然，民選立法之議會亦未嘗不然。世界之紛擾，由於治於人者之蠢愚者，固不能免。出於治人者之狡詐昏愚、嗜利無恥者，殆有甚焉。術家之言，固猶不可不深長思也。韓非謂言法者宗商君，言術者祖申子。今《申子》書已不傳。世所傳《商君書》雖未必僞，然偏激太甚，而精義顧少，遠不逮《管》《韓》二書。道法二家，關係最切。原本道德之論，《管子》最精；發揮法術之義，《韓非》尤切。二書實名法家之大宗也。

《漢書·藝文志》云『《韓子》五十五篇』，根據周勛初《韓非子札記》的考證，應是劉子政編成。《史記·韓非列傳》張守節《正義》引阮孝緒《七略》〔二〕曰『《韓子》二十卷』，後《隋書·經籍志》云『《韓子》二十卷目一卷』，至宋人陳伯玉撰《直齋書録解題》，其卷十云：『《韓子》二十卷，《漢志》五十五篇，今同。所謂《孤憤》《説難》之屬皆在焉。』因知此書五十五篇二十卷的規模一直延續下來，没有明顯變化。

《韓非子》宋槧今無存者，但追溯傳世諸種版本的源頭，可以推見宋代至少存在兩種刻本：一是五十五篇本，有『乾道改元中元日黄三八郎印』的字樣，即所謂乾道本，一是五十三篇本，與前者相較，缺少《姦劫弑臣》與《説林下》的篇名及部分文字，故被稱爲『缺刻本』（這個名稱很奇怪，但研究《韓非子》的論文多如此稱呼，也只好從俗）。

張覺《宋刻本〈韓非子〉流傳考述》曾根據各自的衍生版本推考宋乾道本與缺刻本的異同，最終歸納爲五點：（一）後者無目録。（二）前者每卷前後稱『韓非子卷第幾』，卷前有子目；後者稱『韓非子卷之幾』，卷前無子目。（三）後者脱文較多，從《和氏》篇『未爲主之害也』的『害』字一直到《姦劫弑臣》篇的『亦知方正之不』均脱去，且缺《姦劫弑臣》之篇名，故二者連成一篇。《説林下》自篇首起脱去『伯樂教二人相踶馬』至『三蝨食彘……人乃弗殺』

共十六條，《内儲説下六微》篇自『王甚喜人之掩口也』之『甚』字至『乃誅萇弘而殺之』共二十八條，皆脱去。（四）前者《喻老》篇在卷七，《説林下》的正文在卷八；後者《喻老》篇在卷六，《説林下》的正文在卷七。（五）前者《顯學》篇『夫求聖通知』下脱去七十七字，後者完整。

考察乾道本系統在清代的流傳，有兩個版本至關重要。一是清人李書年所藏乾道本原書，一是錢氏述古堂影宋鈔本（以乾道本爲底本）。前者缺第十四卷第二葉而後者不缺，後者缺第十卷第七葉而前者不缺，彼此間文字亦有出入，故雖然同屬乾道本系統，後者卻並非依據前者鈔成。

李書年儘管藏有宋槧，但其初並不了解此本的價值，在京師做官時，曾打算以三十金的價格售與孫淵如。淵如『未之買，并爲言此書之可寶』，於是李氏方有『子孫世守』之志（事載《蕘圃藏書題識》卷四）。顧千里《思適齋書跋》卷三『韓非子二十卷』條云：『庚申（一八〇〇）九月，聞孫淵如觀察云，曾見宋本於京師，屬畢君以恬校出一部。擬從借觀焉。』當即指此本。後張古餘以校書之名向李書年借得宋本并影鈔一部，其間經過或頗曲折，故黄蕘圃云『古餘之借，難之又難』。宋槧原書已佚，而張鈔現藏上海圖書館。

《思適齋書跋》云：『黄三八郎宋槧在署蘇州府知府張古餘先生處，述古堂本闕一葉，今補全。癸亥（一八〇三）正月又記。』《韓非子識誤序》云：『歲在乙丑（一八〇五），客於揚州。太守陽城張古餘先生許宋槧本，太守所借也。』在這段時間里，顧千里用乾道本、影宋鈔本與《道藏》本反復校勘，其《韓非子識誤》當於乙丑年初步撰成（據李慶師《顧千里校書考》説）。影鈔、校勘之後，宋槧原書仍奉還於書年。

嘉慶辛未（一八一一），吴鼒（字山尊）禮謁書年於塗次，求借乾道本，被以書在里中的理由婉拒。六年後，丙子（一八一六）六月，李氏才專門派人將該本送至時在揚州的山尊手中。吴氏『迺屬好手影鈔一本，以原本還先生』。徐子晉《前塵夢影録》卷下云：『翰屏以書法擅名。當時刻書之家均延其寫樣。如……張古餘、吴山尊諸君所刻影宋本秘籍，皆爲翰屏手書。』則所謂好手當指許翰屏。次年（一八一七）五月，吴氏攜帶影鈔本至江寧，孫淵如勸其付梓，至戊寅（一八一八）五月刻成。雖然刻本牌記題曰『全椒吴氏四世學士祠堂藏板』，而校刊之責實由千里任之，故山尊在卷端自序中稱『不敢鷃披隼翼，鹿蒙虎皮』，仍特別對顧氏之功予以表彰。

吴山尊覆刻《韓非子》，既以宋乾道本的影鈔本爲底本，復經顧千里校勘并合刊《識誤》，其寫樣工許翰屏、刻工劉覲宸與劉仲高亦皆一時之選，〔三〕故此覆刻本無論是文本之精還是形式之美均遠遠勝過當時通行的其他刻本，在宋槧原書已經亡佚而同屬乾道本系統的述古堂影宋鈔本尚未印行的這段時間里，被公認爲研讀《韓非子》的最佳版本，至有『第一善本』之名（王欣夫先生《蛾術軒篋存善本書録》未編年稿卷四語）。以吴刻本爲底本輾轉翻刻重印者，後世屢見不鮮，如道光乙巳（一八四五）揚州汪氏刻『韓晏合編』本、日本弘化二年（一八四五）修道館刻本、光緒元年（一八七五）浙江書局《二十二子》本、光緒二十三年（一八九七）新化三味書屋刻本乃至中華書局排印的《四部備要》本，由此也可見吴刻影響之深遠。

關於吴刻本，有三點需加注意。一、雖然覆刻乾道本與顧撰《識誤》合刊一書，且《識誤》置於卷末，但《識誤》之成書實在覆刻乾道本以前，並非爲配合覆刻而作，故其未能一一標明正文中對乾道本的校改固然遺憾，卻不能以此苛責古人（參見李慶師《顧千里校書考》）。二、儘管張古餘影鈔本、吴山尊覆刻本同源於李書年藏宋乾道本，二者文字卻多有差異，周勛初《〈韓非子〉版本知見録》取這兩種本子與述古堂影宋鈔本校勘，證明張鈔更近於宋刻之真，而吴刻則多有改動，故後者雖夙稱影刻，其實與黎蒓齋的《古逸叢書》一樣，仍應歸於校正覆刻本的範疇，不可視同宋槧。三、後世翻刻吴本者甚衆，但學者引用這些翻刻本時往往没其來歷，徑稱爲乾道本，如王先慎《韓非子集解》、梁啟雄《韓子淺解》、陳奇猷《韓非子新校注》皆有此弊，故所校常與吴刻本不合，遑論乾道，今天參考這些前人校記，應覆核底本，不可盲目信從。

吴刻本雖然時代晚近，流傳似仍較狹。《文禄堂訪書記》載方柳橋手跋《道藏》本《韓非子》云：『余向所藏《韓非子》爲明趙用賢刊本、明刊迂評本及《十子全書》本。後獲日本弘化重刊顧澗濱所藏宋乾道本，卷末附《識誤》三卷，惜非吴山尊原刻，每以爲歉。』柳橋是晚清著名藏書家，這段跋文落款爲道光十八年（一八三八）八月，去吴刻成書不過二十年，已有難得之歎。前人引文時，往往以各類翻刻本代表吴刻本乃至乾道本，也可從側面印證吴刻本印數較少的推測。此次傳古樓影印的底本是獨山莫善徵舊藏，刻印精美，紙墨俱佳，行於坊肆後，學界同仁或可藉以避免重蹈用翻刻本代表吴刻本的覆轍。

《韓非子》的邏輯嚴密，文風峻峭，兼具强大的説服力與獨特的文學美感（儘管他鄙視一切屬於藝術、美感範圍的東西），所以各種先秦文學史都不得不爲其設立專章，承認其在文學領域的突出地位，但其宗旨是揭露人性的弱點與政治的弊端，進而利用這些負面因素實現對社會各階層的嚴厲控制，故其論述愈動人，其意境則愈恐怖，至有不寒而慄之感。筆者將吴刻《韓非子》列入《四部要籍選刊》擬目時，已有前輩不以爲然，認爲其書太殘酷無情，徒壞人心，還是不印爲好。當時我未理解其意，後來才想起關注、研究《韓非子》的學者，無論是古人還是今人，確實都不乏刻薄偏狹的言行。顧千里校《韓非子》極勤，從嘉慶丁巳（一七九七）到戊寅（一八一八），先後用馮己蒼校張鼎文本、惠松崖過録馮校並自校之趙用賢本、述古堂影宋鈔本、宋乾道本及《道藏》本參互比勘，又主持吴本校刊之役，是集前人大成，有功韓學匪淺（詳見李慶師《顧千里校書考》）。而歷數其生平之交游合作，往往以反目告終。段懋堂、黄蕘圃自不必贅言，即使是支持其刻成此書，又力避掠美的吴山尊，也『以事隙末』，所以尊顧如欣夫先生者，同樣不滿於千里之『忮刻』，云：『我儕於顧氏當服其學問之淵博，而深戒其度量之偏窄。』（《蛾術軒篋存善本書録》未編年稿卷四語）至於今人有以研究《韓非子》卓然成家者，其批評前人疏誤，命題之狠厲，措辭之激烈，亦近年業界所罕見。這也許是一定程度上的巧合，但研究古人之學問，勿傳承古人之戾氣，確實是讀此書者尤應注意的。《韓非子》揭示的階級社會是如此真實而不美好，設計的方法又極冷峻而高效，這讓我想起了羅曼羅蘭《米開朗基羅傳》中的話：『世界上只有一種英雄主義，便是注視世界的真面目——並且愛它。』或許這才是認識本書的正確態度。郢書燕説，此之謂乎，一笑。

二〇一八年三月十五日　蔣鵬翔撰於湖南大學嶽麓書院

〔一〕按阮孝緒所著乃《七録》，非《七略》。

〔二〕吴刻本目録後刻『江寧劉文奎子覲宸、仲高鐫』，而周勛初《〈韓非子〉版本知見録》稱吴刻本的刻工是劉文奎、文楷兄弟，與書中題名不合，未知何據。

全書目録

第一册

吴鼒序……一
韓非子序……七
韓非子目録……九

卷一

初見秦第一……一五
存韓第二……二〇
難言第三……二六
愛臣第四……二八
主道第五……二九

卷二

有度第六……三三
二柄第七……三九
揚權第八……四三
八姦第九……五〇

卷三

十過第十……五七

卷四

孤憤第十一……七三
説難第十二……七九
和氏第十三……八四
姦劫弑臣第十四……八七

卷五
亡徵第十五……九九
三守第十六……一〇三
備内第十七……一〇四
南面第十八……一〇七
飾邪第十九……一一〇
卷六
解老第二十……一一九
卷七
喻老第二十一……一三九
説林上第二十二……一四七
卷八
説林下第二十三……一五九
觀行第二十四……一六八
安危第二十五……一七〇
守道第二十六……一七二
用人第二十七……一七五
功名第二十八……一七八
大體第二十九……一八〇
卷九
内儲説上七術第三十……一八三
卷十
内儲説下六微第三十一……二〇五
卷十一
外儲説左上第三十二……二二三
卷十二
外儲説左下第三十三……二四五

第二册

卷十三

外儲説右上第三十四……二六一

卷十四

外儲説右下第三十五……二八一

卷十五

難一第三十六……二九七

難二第三十七……三〇九

卷十六

難三第三十八……三一九

難四第三十九……三二九

卷十七

難勢第四十……三三七

問辯第四十一……三四一

問田第四十二……三四三

定法第四十三……三四四

説疑第四十四……三四七

詭使第四十五……三五五

卷十八

六反第四十六……三六一

八説第四十七……三六八

八經第四十八……三七五

卷十九

五蠹第四十九……三八三

顯學第五十……三九六

卷二十

忠孝第五十一……四〇三

人主第五十二……四〇七

飭令第五十三……四一〇
心度第五十四……四一一
制分第五十五……四一三

韓非子識誤序　顧廣圻……四一七
韓非子識誤卷上……四一九
韓非子識誤卷中……四五七
韓非子識誤卷下……四九五
韓非子識誤跋　顧廣圻……五三七

本册目録

第一册

吴鼒序……一
韓非子序……七
韓非子目録……九
卷一
初見秦第一……一五
存韓第二……二〇
難言第三……二六
愛臣第四……二八
主道第五……二九
卷二
有度第六……三三
二柄第七……三九
揚權第八……四三
八姦第九……五〇
卷三
十過第十……五七
卷四
孤憤第十一……七三
説難第十二……七九
和氏第十三……八四
姦劫弑臣第十四……八七

卷五

亡徵第十五……九九
三守第十六……一〇三
備内第十七……一〇四
南面第十八……一〇七
飾邪第十九……一一〇

卷六

解老第二十……一一九

卷七

喻老第二十一……一三九
説林上第二十二……一四七

卷八

説林下第二十三……一五九
觀行第二十四……一六八
安危第二十五……一七〇
守道第二十六……一七二
用人第二十七……一七五
功名第二十八……一七八
大體第二十九……一八〇

卷九

内儲説上七術第三十……一八三

卷十

内儲説下六微第三十一……二〇五

卷十一

外儲説左上第三十二……二二三

卷十二

外儲説左下第三十三……二四五

乾道本韓非子廿卷

嘉慶二十三年重刊

全椒吳氏四世
學士祠堂藏板

翰林前輩夏邑李書年先生好
藏古書精鮮而宋乾道刻本韓
非子尤其善者嘉慶辛未先生方
爲吾省布政使察賑鳳潁鼒以後
進禮謁於塗次承借是書先生辭
以在里中又六年丙子六月余在揚州

先生督漕淮上專使送是册来迺屬好手影鈔一本以原本還先生明年丁丑五月攜至江寧孫淵如前輩慫恿付梓又明年戊寅五月刻成而淵如已歸道山可痛也是本爲明趙文毅刻本所自出却有以他本改易

屬元和顧君千里實為余校刊千里十四年前已見此冊揆摘標舉具道此轍之所以善宋轍誠至寶淂千里而益顯矣千里別有識誤三卷出以贈余附刻書後以歸之千里

昔鼒為朱文正師恭跋

御製文及代擬　進御文屢邀
兩朝褒賞文正曾呂　奏聞
今上退謂其子錫經必以稾還鼎聽
入私集且與鼎書曰一不可掠人之美
一不欲亂我之真也鼎老且病然尚思
假年居業以期有以自立不敢鷃拔

隼翼共鹿蒙虎皮也是年月陽在乙〻巳朏舊史氏吳鼒序

楚欲置相於秦戰國策作楚王問於范環史記索隱戰國策一作蝝史記甘茂列傳作問於范蜎徐廣義一作蠉韓非作問於干象然宋槧一卷中前作于後作干查姓氏急就篇注楚有干象深寧叟精博定不誤也同日又記

韓非子序

韓非者韓之諸公子也喜刑名法術之學而歸其本於黄老其爲人吃口不能道説善著書與李斯俱事荀卿李斯自以爲不如非見韓之削弱數以書干韓王韓王不能用於是韓非病治國不務求人任賢反舉浮淫之蠹而加之功實之上以爲儒者用文亂法而俠者以武犯禁寬則寵名譽之人急則用介胄之士所用非所養所養非所用廉直不容於邪枉之臣觀往者得失之變故作孤憤五蠹内外儲説難五十五篇十

餘萬言人或傳其書至秦秦王見孤憤五蠹之書曰嗟乎寡人得見此人與游死不恨矣李斯曰此韓非之所著書秦因急攻韓韓始不用及急乃遣韓非使秦秦王悅之未任用李斯害之秦王曰非韓之諸公子也今欲并諸侯非終爲韓不爲秦此人情也今王不用久留而歸之此自遺患也不如過法誅之秦王以爲然下吏治非李斯使人遺藥令早自殺韓非欲自陳不見秦王後悔使人赦之非已死矣

乾道改元中元日黄三八郎印

韓非子目録

第一卷
初見秦第一　存韓第二
難言第三　愛臣第四
主道第五
第二卷
有度第六　二柄第七
揚權第八　八姦第九
第三卷
十過第十
第四卷
孤憤第十一　説難第十二
和氏第十三　姦劫弑臣第十四

第五卷
亡徵第十五　三守第十六
備内第十七　南面第十八
飾邪第十九
第六卷
解老第二十
第七卷
喻老第二十一　説林上第二十二
第八卷
説林下第二十三　觀行第二十四
安危第二十五　守道第二十六
用人第二十七　功名第二十八
大體第二十九

第九卷
內儲說上七術第三十
第十卷
內儲說下六微第三十一
第十一卷
外儲說左上第三十二
第十二卷
外儲說左第三十三
第十三卷
外儲說右上第三十四
第十四卷
外儲說右第三十五
第十五卷

難一第三十六
難二第三十七
第十六卷
難三第三十八
難四第三十九
第十七卷
難勢第四十
問辯第四十一
問田第四十二
定法第四十三
說疑第四十四
詭使第四十五
第十八卷

六反第四十六
八説第四十七
八經第四十八
第十九卷
五蠹第四十九
顯學第五十
第二十卷
忠孝第五十一
人主第五十二
飾令第五十三
心度第五十四
制分第五十五

韓非子目録

江寧劉文奎子觀宸 仲高鐫

韓非子卷第一

初見秦第一　存韓第二
難言第三　愛臣第四
主道第五

初見秦第一

臣聞不知而言不智知而不言不忠爲人臣不忠當死言而不當亦當死雖然臣願悉言所聞唯大王裁其罪臣聞天下陰燕陽魏（燕北故曰陰魏南故曰陽）連荆固齊收韓而成從將西面以與秦強爲難臣竊笑之世有三亡而天下得之（知三亡者得天下）其此之謂乎臣聞之曰以亂攻治者亡以邪攻正者亡今天下之府庫不盈囷倉空虛悉其士民張軍數十百萬其頓首戴羽爲將軍斷死於前不至千人皆以言死白刃在前斧鑕在後而却走不能死也非其士民不能死也上不能故也言賞則不與言罰則不行賞罰

不信故士民不死也今秦出號令而行賞罰有功無功相事也出其父母懷衽之中生未嘗見寇耳聞戰頓足徒裼犯白刃蹈鑪炭斷死於前者皆是也夫斷死與斷生者不同而民爲之者是貴奮死也夫一人奮死可以對十十可以對百百可以對千千可以對萬萬可以尅天下矣今秦地折長補短方數千里名師數十百萬秦之號令賞罰地形利害天下莫若也以此與天下天下不足兼而有也是故秦戰未嘗不尅攻未嘗不取所當未嘗不破開地數千里此其大功也然而兵甲頓士民病蓄積索田疇荒囷倉虛四鄰諸侯不服霸王之名不成此無異故其謀臣皆不盡其忠也臣敢言之往者齊南破荆東破宋西服秦北破燕中使韓魏土地廣而兵强戰尅攻取詔令天下齊之清濟濁河足以爲限長城巨防足以爲塞齊五戰之國也謂五破國也一戰不尅而無齊爲樂毅破齊於濟西由此觀之夫戰者萬乘之存亡也

且聞之曰削迹無遺根無與禍鄰禍乃不存言禍敗之迹削去本根則無禍敗言秦宜以齊爲戒秦與荆人戰大破荆襲郢取洞庭五湖江南荆王君臣亡走東服於陳當此時也隨荆以兵則荆可舉荆可舉則民足貪也地足利也東以弱齊燕中以凌三晉然則是一舉而霸王之名可成也四鄰諸侯可朝也而謀臣不爲引軍而退復與荆人爲和令荆人得收亡國聚散民立社稷主置宗廟令率天下西面以與秦爲難此固以失霸王之道一矣天下又比周而軍華下大王以詔破之兵至梁郭下圍梁數旬則梁可拔拔梁則魏可舉舉魏則荆趙之意絶荆趙之意絶則趙危趙危而荆狐疑東以弱齊燕中以凌三晉然則是一舉而霸王之名可成也四鄰諸侯可朝也而謀臣不爲引軍而退復與魏氏爲和令魏氏反收亡國聚散民立社稷主置宗廟令此固以失霸王之道二矣前者穰侯之治秦也用一國之兵而欲以成兩國之功穰侯營私邑謀

秦故非諷云兩國是故兵終身暴露於外士民疲病於內霸王之名不成此固以失霸王之道三矣趙氏中央之國也雜民所居也趙居邯鄲燕之南齊之西魏之北韓之東故曰東中央兼四國人故曰雜其民輕而難用也號令不治賞罰不信地形不便下不能盡其民力彼固亡國之形也而不憂民萌悉其士民軍於長平之下以爭韓上黨大王以詔破之拔武安當是時也趙氏上下不相親也貴賤不相信也然則邯鄲不守拔邯鄲筦山東可閒引軍而去西攻脩武踰華絳上黨代四十六縣上黨七十縣不用一領甲不苦一士民此皆秦有也以代上黨不戰而畢爲秦矣東陽河外不戰而畢反爲齊矣中山呼沲以北不戰而畢爲燕矣然則是趙舉趙舉則韓亡韓亡則荊魏不能獨立荊魏不能獨立則是一舉而壞韓蠹魏拔荊東以弱齊強燕決白馬之口以沃魏氏是一舉而三晉亡從者敗也大王垂拱以須之天下編隨而服矣霸王之名可

成而謀臣不爲引軍而退復與趙氏爲和夫以大王之明秦兵之強弃霸王之業地曾不可得乃取欺於亡國是謀臣之拙也且夫趙當亡而不亡秦當霸而不霸天下固以量秦之謀臣一矣乃復悉士卒以攻邯鄲不能拔也弃甲兵弩戰竦而天下固已量秦力二矣軍乃引而復并於孚下大王又并軍而至與戰不能尅之也又不能反運罷而去天下固量秦力三矣内者量吾謀臣外者極吾兵力由是觀之臣以爲天下之從幾不能矣言諸侯知秦兵頓民疲則從益堅固日不難矣内者吾甲兵頓士民病蓄積索田疇荒囷倉虛外者天下皆比意甚固願大王有以慮之也且臣聞之曰戰戰栗栗日愼一日苟愼其道天下可有何以知其然也昔者紂爲天子將率天下甲兵百萬左飲於淇溪右飲於洹谿淇水竭而洹水不流以與周武王爲難武王將素甲三千戰一日而破紂之國禽其身據其地而有其民天下莫傷知伯率三國

之衆以攻趙襄主於晉陽決水而灌之三月城且拔矣襄主鑽龜筮占兆以視利害何國可降乃使其臣張孟談於是乃潛於行而出知伯之約得兩國之衆以攻知伯禽其身以復襄主之初今秦地折長補短方數千里名師數十百萬秦國之號令賞罰地形利害天下莫如也此與天下何兼有也臣昧死願望見大王言所以破天下之從舉趙亡韓臣荆魏親齊燕以成霸王之名朝四鄰諸侯之道大王誠聽其說一舉而天下之從不破趙不舉韓不亡荆魏不臣齊燕不親霸王之名不成四鄰諸侯不朝大王斬臣以徇國以爲王謀不忠者也

存韓第二

韓事秦三十餘年出則爲扞蔽入則爲蓆薦（出貢以供若蓆薦居久）秦特出銳師取韓地而隨之怨懸於天下功歸於強秦且夫韓入貢職與郡縣無異也今日臣竊聞貴臣之計舉兵將伐韓夫趙氏聚

士卒養從欲贅天下之兵（贅綴連也）明秦不弱則諸侯必滅宗廟欲西面行其意非一日之計也今釋趙之患而攘内臣之韓則天下明趙氏之計矣（韓爲内臣秦猶滅之則天下從趙攻秦計爲得矣）夫韓小國也而以應天下四擊主辱臣苦上下相與同憂久矣脩守備戒強敵有畜積築城池以守固今伐韓未可一年而滅拔一城而退則權輕於天下天下摧我兵矣韓叛則魏應之趙據齊以爲原（若山原然）如此則以韓魏資趙假齊以固其從而以與爭強趙之福而秦之禍也夫進而擊趙不能取退而攻韓弗能拔則陷鋭之卒懃於野戰負任之旅罷於内攻（勞餉者）則合羣苦弱以敵而共二萬乘非所以亡趙之心也均如貴人之計（均同也謂同其計而用之）則秦必爲天下兵質矣（既進退不能則同於爲質者）陛下雖以金石相弊（弊盡也盡以召士）則兼天下之日未也今賤臣之愚計使人使荆重幣用事之臣明趙之所以欺秦者與魏質以安其心從韓而伐趙趙雖與齊

爲一不足患也二國事畢齊趙則轉可以移書定也是我一舉二國有亡形則荆魏又必自服矣故曰兵者凶器也不可不審用也以秦與趙敵衡加以齊今又背韓而未有以堅荆魏之心夫一戰而不勝則禍搆矣計者所以定事也不可不察也韓秦强弱在今年耳且趙與諸侯陰謀久矣夫一動而弱於諸侯危事也爲計而使諸侯有意伐之心至殆也見二踈非所以强於諸侯也臣竊願陛下之幸熟圖之攻伐而使從者閒焉不可悔也詔以韓客之所上書書言韓子之未可舉下臣斯甚以爲不然秦之有韓若人之有腹心之病也虛處則㤄然㤄妨心腹虛也而病爲妨喻秦虛心待韓韓終爲妨㤄音艾若居濕地著而不去以極走則發矣謂疾得令卒然而走必發矣喻秦雖加恩於韓有急韓之不臣之心必見矣夫韓雖臣於秦未嘗不爲秦病今若有卒報之事韓不可信也秦與趙爲難荆蘇使齊未知何如以臣觀之則齊趙之交未必以荆蘇絶也若不絶是悉趙而應二

萬乘也夫韓不服秦之義而服於強也今專於齊趙則韓必爲腹心之病而發矣韓與荆有謀諸侯應之則秦必復見崤塞之患非之來也未必不以其能存韓也爲重於韓也辯說屬辭飾非詐謀以釣利於秦而以韓利闚陛下（闚陛下之意因隙而入說以求韓利）夫秦韓之交親則非重矣（見重於二國）此自便之計也臣視非之言文其淫說靡辯才甚臣恐陛下淫非之辯而聽其盜心因不詳察事情今以臣愚議秦發兵而未名所伐則韓之用事者以事秦爲計矣（疑伐已也）臣斯請往見韓王使來入見大王見因内其身而勿遣稍召其社稷之臣以與韓人爲市則韓可深割也因令象武發東郡之卒闚兵於境上而未名所之則齊人懼而從蘇之計是我兵未出而勁韓以威擒強齊以義從矣聞於諸侯也趙氏破膽荆人狐疑必有忠計荆人不動魏不足患也則諸侯可蠶食而盡趙氏可得與敵矣願陛下幸察愚臣之計無忽秦遂遣

斯使韓也李斯往詔韓王未得見因上書曰昔秦韓勠力一意以不相侵天下莫敢犯如此者數世矣前時五諸侯嘗相與共伐韓秦發兵以救之韓居中國地不能滿千里而所以得與諸侯班位於天下君臣相保者以世世相教事秦之力也先時五諸侯共伐秦韓反與諸侯先爲鴈行以嚮秦軍於關下矣諸侯兵困力極無柰何諸侯兵罷杜倉相秦起兵發將以報天下之怨而失攻荆荆令尹患之曰夫韓以秦爲不義而與秦兄弟共苦天下已又背秦先爲鴈行以攻關韓則居中國展轉不可知天下共割韓上地十城以謝秦解其兵夫韓嘗一背秦而國迫地侵兵弱至今所以然者聽姦人之浮說不權事實故雖殺戮姦臣不能使韓復強今趙欲聚兵士卒以秦爲事使人來借道言欲伐秦其勢必先韓而後秦且臣聞之脣亡則齒寒夫秦韓不得無同憂其形可見魏欲發兵以攻韓秦使人將使者於韓

今秦王使臣斯來而不得見恐左右襲曩姦臣之計使韓復有亡地之患臣斯不見請歸報秦韓之交必絶矣斯之來使以奉秦王之歡心願效便計豈陛下所以逆賤臣者邪臣斯願得一見前進道愚計退就葅戮願陛下有意焉今殺臣於韓則大王不足以強若不聽臣之計則禍必搆矣秦發兵不留行而韓之社稷憂矣臣斯暴身於韓之市則雖欲察賤臣愚忠之計不可得已邊鄙殘國固守鼓鐸之聲於耳而乃用臣斯之計晚矣且夫韓之兵於天下可知也今又背強秦夫弃城而敗軍則反掖之寇反掖者謂麾下反以禽君掖也必襲城矣城盡則聚散則無軍矣城固守則秦必興兵而圍王一都道不通則難必謀其勢不救左右計之者不用願陛下孰圖之若臣斯之所言有不應事實者願大王幸使得畢辭於前乃就吏誅不晚也秦王飲食不甘遊觀不樂意專在圖趙使臣斯來言願得身因急與陛下有計也今使臣

不通則韓之信未可知也夫秦必釋趙之患而移兵於韓願陛下幸復察圖之而賜臣報決

難言第三

臣非非難言也所以難言者言順比滑澤洋洋纚纚然則見以爲華而不實言順於慎比於班洋洋美纚纚有編次也敦祗恭厚鯁固慎完則見以爲掘而不倫多言繁稱連類比物則見以爲虛而無用揔微說約徑省而不飾則見以爲劌而不辯激急親近探知人情則見以爲譖而不讓閎大廣博妙遠不測則見以爲夸而無用家計小談以具數言則見以爲陋言而近世辭不悖逆則見以爲貪生而諛上言而遠俗詭躁人間則見以爲誕捷敏辯給繁於文采則見以爲史殊釋文學以質信言則見以爲鄙時稱詩書道法往古則見以爲誦誦說舊事此臣非之所以難言而重患也故度量雖正未必聽也義理雖全未必用也大王若以此不信則小者

以為毀訾誹謗大者患禍災害死亡及其身故子胥善謀而吳戮之仲尼善說而匡圍之管夷吾實賢而魯囚之故此三大夫豈不賢哉而三君不明也上古有湯至聖也伊尹至智也夫至智說至聖然且七十說而不受身執鼎俎為庖宰昵近習親而湯乃僅知其賢而用之故曰以至智說至聖未必至而見受伊尹說湯是也以智說愚必不聽文王說紂是也故文王說紂囚之翼侯炙鬼侯腊比干剖心梅伯醢夷吾束縛而曹羈奔陳伯里子道乞傅說轉鬻（轉次而傭故曰鬻）孫子臏腳於魏吳起收泣於岸門痛西河之為秦卒枝解於楚公叔痤言國器反為悖公孫鞅奔秦關龍逢斬萇弘分胣（喋裂也勑氏反）尹子穽於棘（投之於穽棘中）司馬子期死而浮於江田明辜射（非罪為辜射而殺之）宓子賤西門豹不鬬而死人手董安于死而陳於市宰予不免於田常范雎折脅於魏此十數人者皆世之仁賢忠良有道術之士也不幸而遇悖亂闇惑

之主而死然則雖賢聖不能逃死亡避戮辱者何也則愚者難說也故君子不少也且至言忤於耳而倒於心非賢聖莫能聽願大王熟察之也

愛臣第四

愛臣太親必危其身（威權上逼故危其身）人臣太貴必易主位主妾無等必危嫡子（主謂室主）兄弟不服必危社稷（君之兄弟不相從服）臣聞千乘之君無備必有百乘之臣在其側以徙其民而傾其國萬乘之君無備必有千乘之家在其側以徙其威而傾其國是以姦臣蕃息主道衰亡是故諸侯之博大天子之害也羣臣之太富君主之敗也將相之管主而隆國家此君人者所外也（君當疎外斥遠之）萬物莫如身之至貴也此四美者不求諸外不請於人議之而得之矣故曰人主不能用其富則終於外也（既不能用富臣則竊之）此君人者之所識也昔者紂之亡周之卑皆從諸侯之博大也（殷諸侯文王周諸侯）

秦襄王晉之分也趙魏韓也齊之奪也陳恒弑簡公也皆以羣臣之太富也夫燕宋之所以弑其君者皆以類也故上比之殷周中比之燕宋莫不從此術也是故明君之蓄其臣也盡之以法臣雖有貴賤同以法也質之以備謂薄其賞賜也臣貧則易制故不赦死不宥刑赦死宥刑是謂威淫淫散也社稷將危國家偏威君威散臣威故曰偏威是故大臣之祿雖大不得藉威城市市衆所聚恐其乘衆而生心也黨與雖衆不得臣士卒故人臣處國無私朝謂臣自私朝居軍無私交其府庫不得私貸於家不欲令其樹福也此明君之所以禁其邪是故不得四從四鄰之國爲私交不載奇兵非傳非遽載奇兵革罪死不赦此明君之所以備不虞者也

主道第五

道者萬物之始物從道生故曰始是非之紀也是非因道彰故曰紀是以明君守始以知萬物之源得其始其源亦知也治紀以知善敗之端得其紀其端可知也故虛靜以待令令名自命也令事自定也虛則知實之情靜則知

動者正有言者自爲名有事者自爲形形名參同君乃無事焉歸之其情故曰君無見其所欲君見其所欲臣自將雕琢（臣因欲雕琢以稱之）君無見其意君見其意臣將自表異（君見其意臣因其意以稱之）故曰去好去惡臣乃見素去舊去智臣乃自備（好惡不形臣無所效則戒而自備）故有智而不以慮使萬物知其處有行而不以賢觀臣下之所因有勇而不以怒使羣臣盡其武是故去智而有明（去君智則臣智自明也）去賢而有功（去君賢則臣事自功）去勇而有強（去君勇則臣武自強）羣臣守職百官有常因能而使之是謂習常故曰寂乎其無位而處漻乎莫得其所明君無爲於上羣臣竦懼乎下明君之道使智者盡其慮而君因以斷事故君不窮於智（用臣智故智不窮）賢者勑其材君因而任之故君不窮於能有功則君有其賢有過則臣任其罪故君子不窮於名是故不賢而爲賢者師（君雖不賢爲賢臣之師）不智而爲上智者正（爲臣之正）臣有其勞君有其成功（君取臣勞以爲巳功）此之謂賢主之

經也經常法也道在不可見君道必使臣不可見也用在不可知虛靜無事以闇見疵見而不見聞而不聞知而不知知其言以往勿變勿更以參合閱焉官有一人勿令通言則萬物皆盡各令守職勿使相通情既相猜則自靜矣函掩其跡匿其端下不能原去其智絕其能下不能意保吾所以往而稽同之謹執其柄而固握之絕其能望破其意毋使人欲之執柄固則人意望絕也不謹其閉不固其門虎乃將存權柄不固則簒國之虎因而存矣不慎其事不掩其情賊乃將生弑其主代其所人莫不與故謂之虎處其主之側爲姦臣聞其主之忒故謂之賊散其黨收其餘閉其門奪其輔國乃無虎大不可量深不可測同合刑名審驗法式擅爲者誅國乃無賊是故人主有五壅臣閉其主曰壅臣制財利曰壅臣擅行令曰壅臣得行義曰壅臣得樹人曰壅臣閉其主則主失位臣制財利則主失德臣擅行令則主失制臣得

行義則主失明臣得樹人則主失黨此人主之所以獨擅也非人臣之所以得操也人主之道靜退以爲寶不自操事而知拙與巧不自計慮而知福與咎是以不言善應不約而善增言已應則執其契事已增則操其符符契之所合賞罰之所生也故羣臣陳其言君以其言授其事事以責其功功當其事事當其言則賞功不當其事事不當其言則誅明君之道臣不陳言而不當是故明君之行賞也曖乎如時雨百姓利其澤其行罰也畏乎如雷霆神聖不能解也故明君無偷賞無赦罰賞偷則功臣墮其業赦罰則姦臣易爲非是故誠有功則雖疏賤必賞誠有過則雖近愛必誅近愛必誅則疏賤者不怠而近愛者不驕也

韓非子卷第一

韓非子卷第二

有度第六　二柄第七
揚權第八　八姦第九

有度第七

國無常強無常弱奉法者強則國強強爲不曲法從私奉法者弱則國弱荊莊王并國二十六開地三千里莊王之氓社稷也而荊以亡荊全之時與荊亡之時民及社稷未改易而全亡遂殊者則由奉法有強弱故也齊桓公并國三十啓地三千里桓公之氓社稷也而齊以亡燕襄王以河爲境以薊爲國襲涿方城方城涿之邑也殘齊平中山中山國名有燕者重無燕者輕謂鄰國得燕爲黨者則重反是者則輕也襄王之氓社稷也而燕以亡魏安釐王攻趙救燕取地河東河東故南燕國所在時魏救燕燕人得之故以河東故國與魏也攻盡陶魏之地陶定陶也加兵於齊私平陸之都言魏加兵於齊平陸以爲私都也攻韓拔管管故管叔所都勝於淇下睢陽之事荊軍老而走魏與楚相持於

雎陽而楚師遁師久爲老蔡召陵之事荆軍破兵四布於天下兵魏之兵也威行
於冠帶之國安釐死而魏以亡故有荆莊齊桓公則荆齊可以
霸有燕襄魏安釐則燕魏可以強今皆亡國者其羣臣官吏
皆務所以亂而不務所以治也其國亂弱矣又皆釋國法而私
其外外謂臣之事也則是負薪而救火也亂弱甚矣故當今之時能去
私曲就公法者民安而國治能去私行行公法者則兵強而敵
弱故審得失有法度之制者加以羣臣之上則主不可欺以詐
僞謂得守法度之臣授之以政位加羣臣之上故不可欺以詐僞審得失有權衡之稱者以聽
遠事則主不可欺以天下之輕重權衡所以稱輕重也臣既妙於輕重使之聽遠故不可欺
以輕重也今若以譽進能則臣離上而下比周能由譽進所以比周於下求其虛譽若
以黨舉官則民務交而不求用於法官由黨舉所以務交求其親援故官之失能
者其國亂以譽爲賞以毀爲罰也則好賞惡罰之人釋公行行
私術比周以相爲也忘主外交以進其與與謂黨與也則其下所以

爲上者薄矣交衆與多外内朋黨雖有大過其蔽多矣朋黨既多遞相隱蔽雖有大過無從而知也故忠臣危死於非罪姦邪之臣安利於無功邪臣朋黨則忠臣横以非罪而見陷邪臣輒以無功而獲利也忠臣之所以危死而不以其罪則良伏矣臣傷其類故良臣伏也姦邪之臣安利不以功則姦臣進矣同氣相求故姦臣進也此亡之本也若是則羣臣廢法而行私重輕公法矣私重謂朋黨私相重也數至能人之門此其所以私重也不壹至主之廷百慮私家之便不壹圖主之國屬數雖多非所尊君也君之徒屬之數雖多皆行私重故非尊君百官雖具非所以任國也百官雖備皆慮私家之便故非任國任謂當其事也然則主有人主之名而實託於羣臣之家也威權下移故也故臣曰亡國之廷無人焉無憂國之人也臣韓非自謂也廷無人者非朝廷之衰也家務相益不務厚國大臣務相尊而不務尊君小臣奉禄養交不以官爲事此其所以然者由主之不上斷於法而信下爲之也故明主使法擇人不自舉也使法量功不自度也擇人量功之法布在方冊謂成國之舊制能

者不可弊敗者不可飾譽者不能進非者弗能退以法量功故能不可弊敗不可飾也以法飾人故譽不能進非不能退也則君臣之間明辯而易治明辯謂善惡不相掩故主讎法則可也讎謂校定可否賢者之爲人臣北面委質無有二心朝廷不敢辭賤軍旅不敢辭難朝廷辭賤則下有缺上之心軍旅辭難則事有偷存之志順上之爲從主之法虛心以待令而無是非也故有口不以私言爲君言也有目不以私視爲君視也而上盡制之爲人臣者譬之若手上以脩頭下以脩足清暖寒熱不得不救入寒則救之以暖熱則救之以清凡此皆用手入故曰不得不救入也鏌鋣傅體不敢弗搏利刃近體手必搏之無私賢哲之臣無私事能之士賢哲之臣事能之士皆以公用之故民不越鄉而交無百里之感既任臣以公則政平國理人無異望無外心故不越鄉而交所以無百里之感貴賤不相踰愚智提衡而立愚智各得其所故提衡而立治之至也今夫輕爵祿易去亡以擇其主臣不謂廉易亡擇主心貪者耳如此之臣不可謂廉也詐說逆法倍主強諫臣不謂忠逆法強諫凌主者耳如此之臣不可謂忠行惠施利收下爲名臣不謂仁行惠收下作福者耳

如此之臣不可謂仁離俗隱居而以作非上臣不謂義隱居非上揚主之惡如此之臣不可謂義外使諸侯内耗其國伺其危嶮之陂以恐其主曰交非我不親怨非我不解而主乃信之以國聽之卑主之名以顯其身毀國之厚以利其家臣不謂智伺危以怨主毀國以利家姦雄者耳如此之臣不可謂智也此數物者險世之說也而先王之法所簡也險世所說邀取一時之利先王所簡必令百代常行先王之法曰臣毋或作威毋或作利從王之指無或作惡從王之路古者世治之民奉公法廢私術專意一行具以待任治世之人所具意行不用之於私唯以待君之任耳夫爲之人主而身察百官則日不足力不給言當用法而察之且上用目則下飾觀上用耳則下飾聲飾聲則耳聽不知其僞也上用慮則下繁辭繁辭則慮惑於說也先王以三者爲不足故舍己能而因法數審賞罰先王之所守要因法數審賞罰用此察之則百官不得混其眞僞斯術也先三所守之要故法省而不侵獨制四海之内聰智不得用其詐險躁不得關其佞姦邪無所依遠在千里外不敢

易其辭勢在郎中不敢蔽善飾非〔郎近侍之官也〕朝廷羣下直湊單微不敢相踰越〔雖單微直湊亦令得其職分而豪强不敢踰〕故治不足而日有餘上之任勢使然也〔立治之功日尚有餘而功教既已平羣臣既已穆則上之任用之勢不遄法教使之然也〕夫人臣之侵其主也如地形焉即漸以往〔如地形之見耕漸就削滅也〕使人主失端東西易面而不自知〔既以漸來故雖至於失端易面而主尚不能自知〕故先王立司南以端朝夕〔司南即指南車也以喻國之正法〕故明主使其羣臣不遊意於法之外不爲惠於法之内〔不令遊意法外爲惠法内皆所以防其侵也〕動無非法法所以凌過遊外私也〔既使羣臣動皆以法其或凌過遊外即皆私也〕嚴刑所以遂令懲下也〔所以嚴刑者欲以遂令且懲下也遂通也〕威不貸錯制不共門〔威當主錯故不貸臣令錯制當主裁故不共臣同門錯置也〕威制共則衆邪彰矣〔威制共臣則制邪顯用矣〕法不信則君行危矣〔法不信則後不可行故君危也〕刑不斷則邪不勝矣故曰巧匠目意中繩然必先以規矩爲度〔匠之目意雖復中繩而不可用當其規矩爲其度〕上智捷舉中事必以先王之法爲比〔君智雖敏而中事不可用當以先王之法爲其比利也〕故繩直而枉木斲

準夷而高科削科等也削高等令就下也權衡縣而重益輕減重益輕權衡乃平斗石設而多益少減多益少斗石乃滿故以法治國舉措而已矣舉法而措之治自平法不阿貴繩不撓曲法之所加智者弗能辭勇者弗敢爭刑過不避大臣賞善不遺匹夫故矯上之失詰下之邪治亂決繆絀羨齊非絀其健羨齊其爲非絀音黜一民之軌莫如法屬官威民屬官欲令官之屬巳退淫殆止詐僞莫如刑刑重則不敢以貴易賤不敢以貴勢慢易於賤也法審則上尊而不侵上尊而不侵則主強而守要故先王貴之而傳之傳之於後人主釋法用私則上下不別矣

二柄第七

明主之所導制其臣者二柄而已矣導引也言道所以引喻其臣而制斷之也二柄者刑德也何謂刑德曰殺戮之謂刑慶賞之謂德爲人臣者畏誅罰而利慶賞故人主自用其刑德則羣臣畏其威而歸其利矣故世之姦臣則不然所惡則能得之其主而罪之姦臣所惡則巧詐媚

惑其主得其威而罪也所愛則能得之其主而賞之姦臣所愛亦以巧詐媚惑其主得之恩而賞之今人主非使賞罰之威利出於己也聽其臣而行其賞罰則一國之人皆畏其臣而易其君臣用罰則民畏臣而輕君歸其臣而去其君矣臣用賞則民歸臣而去其君此人主失刑德之患也夫虎之所以能服狗者爪牙也使虎釋其爪牙而使狗用之則虎反服狗矣人主者以刑德制臣者也今君人者釋其刑德而使臣用之則君反制於臣矣反爲臣所制也故田常上請爵祿而行之羣臣請君爵祿而與羣臣所以樹私德於衆官下大斗斛而施於百姓於下而用大斗斛以施百姓所以樹私恩於衆庶也此簡公失德而田常用之也故簡公見弒子罕謂宋君曰夫慶賞賜予者民之所喜也君自行之殺戮刑罰者民之所惡也臣請當之於是宋君失刑而子罕用之故宋君見劫田常徒用德謂不兼刑也而簡公弒子罕徒用刑謂不兼德也而宋君劫故今世爲人臣者兼刑德而用之則是世主之危甚於簡公宋君也故劫殺擁蔽之主非失刑

德而使臣用之而不危亡者則未嘗有也

人主將欲禁姦則審合刑名者言異事也言名也事則也言事則相考則合不可知也爲人臣者陳而言君以其言授之事專以其事責其功功當其事事當其言則賞功不當其事事不當其言則罰故羣臣其言大而功小者則罰非罰小功也罰功不當名也羣臣其言小而功大者亦罰非不說於大功也以爲不當名也害甚於有大功故罰不當名之害甚於大功功大震主亦所以爲罰昔者韓昭侯醉而寢典冠者見君之寒也故加衣於君之上覺寢而說寢寤而覺問左右曰誰加衣者左右對曰典冠君因兼罪典衣與典冠其罪典衣以爲失其事也其罪典冠以爲越其職也非不惡寒也以爲侵官之害甚於寒故明主之畜臣臣不得越官而有功不得陳言而不當越官則死不當則罪守業其官所言者貞也守業以當官守官以當言如此者貞也則羣臣不得朋黨相爲矣

人主有二患任賢則臣將乘於賢以刼其君賢者必多才術故能乘賢以刼君也妄舉則事沮不勝妄舉謂不擇賢則其事必沮而不勝沮毀敗也故人主好賢則羣臣飾行以要君欲則是羣臣之情不效飾行則僞外故其內情不效效顯也羣臣之情不效則人主無以異其臣矣莫不飾行故眞僞不分也故越王好勇而民多輕死楚靈王好細腰而國中多餓人齊桓公妬外而好內故豎刁自宮以治內桓公好味易牙蒸其子首而進之燕子噲好賢故子之明不受國子之燕之臣也以噲好賢故陳禪讓之事令噲不受國以讓己因以篡之故君子見惡則羣臣匿端匿其端避所惡也君見好則羣臣誣能誣其能欲見用人主欲見則羣臣之情態得其資矣羣臣之情態皆欲求利君見其好惡則知利其所存故得以爲資故子之託於賢以奪其君者也豎刁易牙因君之欲以侵其君者也其卒子噲以亂死子噲燕王名也桓公蟲流出尸而不葬此其故何也人君以情借臣之患也謂見好惡之情則臣得以爲利此以情借臣求利者也患所以生人臣之情非必能愛其君也爲重利之故也今人主不掩其情不

匿其端而使人臣有緣以侵其主緣其好惡之情得以侵主則羣臣爲子之田常不難矣故曰去好惡羣臣見素君無好惡則臣無因爲僞其誠素自見羣臣見素則大君不蔽矣

揚權第八

揚權謂舉之使明也權謂量事設謀也

天有大命人有大命晝夜四時之候天之大命君臣上下之節人之大命也夫香美脆味厚酒肥肉甘口而疾形曼理皓齒說情而捐精香肥所以甘口也用之失中則病形皓曼所以悅情也耽之過度則捐精賢才所以助理也用之失宜則危君也故去泰甚去泰身乃無害權不欲見素無爲也事在四方要在中央四方謂臣民中央謂主居聖人執要四方來效虛而待之彼自以之以用也君但虛心以待之彼則各自用其能也四海既藏道陰見陽四海則四方也藏謂不見也其能如此則君當道守臣之陰以見君子之陽陰陽接則君臣通也左右既立開門而當左右爲左輔右弼也君臣既通輔弼之臣斯立如此則類相後同聲相應四方賢才畢來矣君但開門而當之無所遮擁也當受也勿變勿易與二俱行賢才既來莫敢變易俱令輔弼二臣俱行職事行之不已既行職事有功而可此皆俱賢之臣不須有所除去無不隨化而成是謂履理也君能履理故有成功夫物者有所宜材者有所施各處其宜故上下

無爲使雞司夜令狸執鼠皆用其能上乃無事上有所長事乃不方 所長謂任材用物皆得其宜故事不一方而成 矜而好能下之所欺 居上者矜好其能則下各飾其能以欺之 辯惠好生下因其材 居上好生辯惠則下因其材以入其諛佞材則辯惠也 上下易用國故不治 上代下任下操上權則國不治 用一道以名爲首 一謂道可以常行古今莫二者唯其正名乎故曰以名爲首 名正物定名倚物徙故聖人執一以靜使名自命令事自定 既使名命事故事自定也 不見其采下故素正 采故皆事也上不見事則下事既素且正 因而任之使自事之 因其事而任之彼則自舉其事 因而予之彼將自舉之 因具事以與之彼則自舉之 正與處之使皆自定之上以名舉之 凡事皆使彼自定任上者從而以名舉之則刑名審矣 不知其名復脩其形 形事也循事以求名則其名可知也 形名參同用其所生 所生爲形名所從而出者形名既以參同故有此人而用之 二者誠信下乃貢情 二者爲形名也參同則用其人是謂誠信也貢謂陳見也 謹脩所事待命於天 君人者能謹脩其事天必有符應之命以命之 毋失其要乃爲聖人聖人之道去智與巧智巧不去難以爲常 夫智巧在必背道而行詐故須去之 民人用

之其身多殃主上用之其國危亡因天之道反形之理督參鞠之終則有始 既去智巧上因天之道下則反形之理二者督巧考參驗鞠盡之其事既終還從其始也 虛以靜後未嘗用己 常當虛靜以後人未嘗用己而先唱 凡上之患必同其端 端謂所陳事之首也臣之陳事不擇可否每皆同之則是偏聽而致患也 信而勿同萬民一從 其陳事者且當信之無遂與同然後擇其善者以之施教則萬民齊一而隨從 夫道者引大而無形德者覈理而普至至於羣生斟酌用之萬物皆盛而不與其寧 道德不與物寧而物自寧 道者下周於事因稽而命與時生死 言當因道以考汝報而汝也死生猶廢興也謂其教命時可廢則廢時可興則興也 參名異事通一同情 參考異事之名必令通一而又同情 故曰道不同於萬物 故能生於萬物 德不同陰陽 故能成於陰陽 衡不同於輕重 故能知其輕重 繩不同於出入 故能正於出入 和不同於燥濕 故能均於燥濕 君子不同羣於臣 故能制於羣臣 凡此六者道之出也 此六者皆自道生故曰道之出也 道無雙故曰一是故明君貴獨道之容 道以獨爲容 君臣不同道下以名禱 下當陳其名言以禱於君 君操其名臣效其形形名參同上下和調也

凡聽之道以其所出反以爲之入凡聽言之道或有未審必出言以難之彼必反求其理以大於此也故審名以定位明分以辯類審察其名則事位自定明識其分則物類自辯聽言之道溶若甚醉溶閑漫之貌凡聽言者欲闇以招明愚以求智故閑然若甚醉者則言者自盡而數奏也脣乎齒乎吾不爲始乎齒乎脣乎愈惛惛乎脣齒可以發言語也吾不爲始則彼自爲始吾愈惛惛彼愈昭昭彼自離之吾因以知之是非輻湊上不與構離謂分析其所言彼既分析吾遂知之所陳之言或是或非如輻之湊皆發自下情上不與之爲構也構結也虛靜無爲道之情也參伍比物事之形也參之以比物伍之以合虛根幹不華則動泄不失矣參三也伍五也謂所陳之事或三之以比物之情或五之以合虛之數常令根幹堅植不有移華如此則動之散皆無所失泄也動之溶之無爲而改之凡所舉動溶然閑暇雖有所改無爲而爲也喜之則多事惡之則生怨謂臣所陳言君若喜之彼必自媚益爲其事若乃惡之彼必生怨而遂止故去喜去惡虛心以爲道舍去喜惡以虛其心則道來止故爲道舍上不與共之民乃寵之謂下之爲事上不與共得則臣得自專其事必成故得受其榮寵也上不與義之使獨爲之上固閉內扃從室視庭參咫尺已具皆之其處以賞者

賞以刑者刑閉内扃講閉心以察臣也由内以觀外若從室而視庭也八尺曰咫尺寸者所以度長短既閉心以叅驗之咫尺以度量之二者以具則大小長短皆之其所不相犯錯如此則可賞則賞可刑則刑無乖謬矣因其所爲各以自成善惡必及孰敢不信所爲善惡既各自成善必及賞惡必及刑刑賞不差誰敢不信規矩既設三隅乃列賞罰規矩既已說於一事二事則人知他事皆然故曰三隅乃列也主上不神下將有因神者隱而莫測其所由者也既不神故可測則可因故曰下將有因也其事不當下考其常主事不當則下以常理考之所以較其非若天若地是謂累解天地高厚不可測者也君用意如天地則上因下考之累可解也若地若天孰疏孰親天無私覆地無私載故無疏無親也能象天地是謂聖人象天地之高厚而無私也欲治其内置而勿親内謂君之機密也故令機事不失所置之臣勿私親之欲治其外官置一人不使自恣安得移并外謂百官之政也欲令官政不失則每官置一人馬夫兩雄必爭官有二人適足以增其猜競故一人則專而不恣豈有移易并兼之事大臣之門唯恐多人臣門多人威權在之故也凡治之極下不能得神隱不惻故下不能得之治道無踰此者故曰治之極也周合刑名民乃守職去此更求是謂大惑刑名不差則其守職此治之至要者也去至要而不用非惑而何也猾民愈憝衆姦邪蕩側亦既

大惑故姦衆而邪蒲故曰毋富人而貸焉毋貴人而逼焉君之富臣更從臣貸君之貴臣更令臣逼此倒置之徒不識理道者也毋專信一人而失其都國焉專信一人則勢力聚焉故失其都腓大於股難以趣走臣重於君難以爲理主失其神虎隨其後失神謂君可測知如臣能爲虎隨後以伺其隙主上不知虎將爲狗主既不知臣之爲虎則臣匿威藏用外若狗然所以陰謀其事主不蚤止狗益無已臣既以虎爲狗君不知而止之如此則同事相求皆爲狗益其朋黨無有巳時也虎成其羣以弑其母母則君也既朋黨相益即是虎成羣也虎既成群母必見弑爲主而無臣奚國之有臣皆爲虎故曰無臣也臣無則國亡故曰奚國之有主施其法大虎將怯主施其刑大虎自寧主既施刑虎則懼而履道故得安寧也法刑狗信虎化爲人復反其真謂君君臣臣也欲爲其國必伐其聚聚衆爲朋黨交結伐之者所以離散其朋黨也不伐其聚彼將聚衆欲爲其地必適其賜地亦國也欲治其國必令賜與適宜不適其賜亂人求益彼求我予假仇人斧亂人求益而與之則是以斧假仇人也假之不可彼將用之以伐我以斧與仇則是假與不可仇既得斧斤我之見伐不亦宜哉黃帝有言曰上下一日百戰夫上位可寶上利可貪居下者常有羨欲之心欲靜則不能欲取則不得二者交戰

〔一日有百也〕下匿其私用試其上上操度量以割其下〔下既有羨之心常匿私以試上故上必當操度量以割斷其下也〕故度量之立主之寶也〔度量可以割斷下故爲主之寶也〕黨與之具臣之寶也〔黨與具可以奪君位故爲臣寶〕臣之所不弑其君者黨與不具也故上失扶寸下得尋常〔四指爲扶上於度量少有所失下之得利已數倍多矣〕有國之君不大其都〔大其都臣將據以叛國〕有道之臣不貴其家〔大夫稱家將凌貴其家臣己〕有道之君不貴其臣〔貴其臣臣將貴勢過己〕貴之富之備將代之〔臣貴富備必既將代君也〕備危恐殆急置太子禍乃無從起〔太子者君之副貳國之重鎮今欲備其危殆必速置之則禍端自息矣〕內索出圍必身自執其度量〔臣人四面謀君常在圍今自內欲求出圍但身執度量則可矣〕厚者虧之薄者靡之〔厚謂臣黨與衆勢位高也位如此必虧之使薄也〕虧靡有量毋使民比周同欺其上虧之若月〔若明之漸虧也亦取其既盛必衰天之道也〕靡之若熱〔若鑚火之取熱不得中急〕簡令謹誅必盡其罰〔盡刑罰之理也〕毋弛而弓一棲兩雄〔弓以射不當棲之雄喻刑法罰不當立人官也〕一棲兩雄其鬬㘖㘖〔爭鬬貌〕豺狼在牢其羊不繁〔豺狼喻吏之貪殘者〕一家二貴事乃無功〔二貴爭出

命服役者不知誰從故事無功也夫妻持政子無適從夫唱婦隨者禮之正也今夫妻爭持其政故子不知所從也爲人君者數披其木毋使木枝扶疏木喻臣也披爲落其枝也數落木枝者喻數削黜臣之威勢也木枝扶疏將塞公閭謂臣威權覆王充塞公閭私門將實公庭將虛主將壅圍圍圍也數披其木無使木枝外拒拒謂枝之旁生者也木枝外拒將逼主處數披其木毋使枝大本小枝大本小將不勝春風不勝春風枝將害心春風所以發生萬物者也喻君恩賞所以榮益於下者也枝本大矣春風又發其榮以增其重則披枝而害心喻臣本實矣君又加之恩賞以增其威重則臣將二而危君矣公子既衆宗室憂唫宗室謂太宗適子家也庶子旣衆勢凌適子故憂唫也止之之道數披其木毋使枝茂木數披黨與乃離掘其根本木乃不神填其洶淵毋使水清淵者水之停積水清鑒之者必衆喻雖族和附之者必多也探其懷奪之威探其懷謂淵其心知其所欲爲主上用之若電若雷威不下分則君命神而可畏故若雷電也

八姦第九

凡人臣之所道成姦者有八術道引也言姦臣或誘引君之左右或誘引君之百姓以成其姦邪其

術有八也一曰在同牀何謂同牀曰貴夫人愛孺子便僻好色便僻得嬖美好之色此人主之所惑也託於燕處之虞乘醉飽之時而求其所欲此必聽之術也乘因也夫人孺子等由因君醉飽之時進以燕娛之具以求其所欲事無不聽爲人臣者內事之以金玉使惑其主此之謂同牀以金玉之寶內事貴夫人愛孺子等使之惑主主惑則姦謀可成也二曰在旁何謂在旁曰優笑侏儒左右近習優笑者謂俳優能啁笑者侏儒短人也此人主未命而唯唯未使而諾諾先意承旨觀貌察色以先主心者也此皆俱進俱退皆應皆對謂君所欲進則左右近習俱共進之所欲退則俱共退之命之則皆問之則皆對一辭同軌以移主心者也爲人臣者內事比以金玉玩好外爲之行不法使之化其主此之謂在旁主姦臣既以金玉內事近習之臣外又爲行非法漸化其主主既習非則其位可得而奪也三曰父兄何謂父兄曰側室公子人主之所親愛也大臣廷吏人主之所與度計也此皆盡力畢議人主之所必聽也爲人臣者事畢公子側室以音聲子女收大臣廷吏以辭言處約言事事成則進爵益祿

以勸其心使犯其主此之謂父兄收謂收攝其心也謂臣欲收大臣之心辭言爲作聲譽又更處置邀共言事於君其事既成大臣心益爵祿用此以勸其心使之犯忤其主主犯則君臣有隙姦臣可以施謀也四曰養殃何謂養殃曰人主樂美宮室臺池好飾子女狗馬以娛其心此人主之殃也爲人臣者盡民力以美宮室臺池重賦歛以飾子女狗馬以娛其主而亂其心從其所欲而樹私利其閒此謂養殃五曰民萌何謂民萌曰爲人臣者散公財以說民人行小惠以取百姓使朝廷市井皆勸譽己以塞其主臣行其惠則主澤不下流故曰塞其主而成其所欲此之謂民萌六曰流行何謂流行曰人主者固壅其言談希於聽論議易移以辯說君門隔於九重賢俊希得與振故言談論議希也爲人臣者求諸侯之辯士養國中之能說者使之以語其私爲巧文之言流行之辭謂其言巧便聽者似若流通而可行示之以利勢懼之以患害施屬虛辭以壞其主設施綴屬浮虛之辭此之謂流行七曰威強何謂威強曰君人者以羣臣百姓爲威強者也羣臣

百姓之所善則君善之非羣臣百姓之所善則君不善之爲人臣者聚帶劍之客養必死之士以彰其威明爲己者必利不爲己者必死以恐其羣臣百姓而行其私此之謂威強八曰四方何謂四方曰君臣者國小則事大國兵弱則畏強兵大國之所索小國必聽強兵之所加弱兵必服爲人臣者重賦斂盡府庫虛其國以事大國而用其威求誘其君甚者舉兵以聚邊境而制斂於內薄者數內大使以震其君使之恐懼此之謂四方凡此八者人臣之所以道成姦世主所以壅劫失其所有也不可不察焉明君之於內也娛其色而不行其謁不使私請（所以防初姦之同牀也）其於左右也使其身必責其言不使益辭（所以防二姦之在旁也）其於父兄大臣也聽其言也必使以罰任於後（當則任之不當則罰之）不令妄舉（防三姦之父兄）其於觀樂玩好也必令之有所出（謂知其所從來）不使擅進不使擅退羣臣虞其意（防四姦之養殃也虞度也必不令度君意擅有所進退也）其於德

施也縱禁財發墳倉（積粟於倉若墳然）利於民者必出於君不使人臣私其德（防五姦之民萌也）其於說議也稱譽者所善毀疵者所惡必實其能察其過（考實其能察詳其過）不使羣臣相爲語（防六姦之流行）其勇力之士也軍旅之功無踰賞邑鬭之勇無赦罪（邑鬭勇者謂恃力與邑人私鬭）不使羣臣行私財（防七姦之威強也不使行私財於勇士）其於諸侯之求索也法則聽之不法則距之（防八姦之四方）

所謂亡君者非莫有其國也而有之者皆非己有也（亡君雖有國非己有之令臣執制而有之）令臣以外爲制於内則是君人者亡也（臣自外制内而君不擅舉手如此者君必亡也）聽大國爲救亡也而亡亟於不聽（聽大國則誅求無猒每事皆聽其傾國猶不足有所不從則有辭而見伐故聽從之亡急於不聽也）故不聽羣臣知不聽則不外諸侯（臣之外交以君之聽己欲有所搆結今君既不聽則交之外心息矣）諸侯之不聽則不受之臣誣其君矣（諸侯知我不聽用其臣不受彼臣之浮言以罔誣其君也）

明主之爲官職爵祿也所以進賢材勸有功也故曰賢材者處

厚禄任大官功大者有尊爵受重賞官賢者量其能賦禄者稱其功是以賢者不誣能以事其主有功者樂進其業故事成功立今則不然不課賢不肖論有功勞用諸侯之重諸侯以勢位之重也有所委屬而君用之聽左右之謁父兄大臣上請爵禄於上而下賣之以收財利及以樹私黨故財利多者買官以爲貴有左右之交者請謁以成重功勞之臣不論官職之遷失謬是以吏偷官而外交弃事而財親是以賢者懈怠而不勸有功者隳而簡其業此亡國之風也隳毁也或本爲墮也

韓非子卷第二

韓非子卷第三

十過第十

十過一曰行小忠則大忠之賊也二曰顧小利則大利之殘也三曰行僻自用無禮諸侯則亡身之至也四曰不務聽治而好五音則窮身之事也五曰貪愎喜利則滅國殺身之本也六曰耽於女樂不顧國政則亡國之禍也七曰離内遠遊而忽於諫士則危身之道也八曰過而不聽於忠臣而獨行其意則滅高名爲人笑之始也九曰内不量力外恃諸侯則削國之患也十曰國小無禮不用諫臣則絶世之勢也

奚謂小忠昔者楚共王與晉厲公戰於鄢陵楚師敗而共王傷其目酣戰之時司馬子反渴而求飲豎穀陽操觴酒而進之子反曰嘻退酒也子反受而飲之子反之爲人也嗜酒而甘之弗能絶於口而醉戰既罷共王欲復戰令人召司馬子反司馬子反辭以心疾共王駕

而自往入其幄中聞酒臭而還曰今日之戰不穀親傷所恃者司馬也而司馬又醉如此是亡楚國之社稷而不言吾衆也不穀無復戰矣於是還師而去斬司馬子反以爲大戮故豎穀陽之進酒不以讎子反也其心忠愛之而適足以殺之故曰行小忠則大忠之賊也

奚謂顧小利昔者晉獻公欲假道於虞以伐虢荀息曰君其以垂棘之璧與屈產之乘賂虞公求假道焉必假我道君曰垂棘之璧吾先君之寶也屈產之乘寡人之駿馬也若受吾幣不假之道將柰何荀息曰彼不假我道必不敢受我幣若受我幣而假我道則是寶猶取之內府而藏之外府也馬猶取之內廄而著之外廄也君勿憂君曰諾乃使荀息以垂棘之璧與屈產之乘賂虞公而求假道焉虞公貪利其璧與馬而欲許之宮之奇諫曰不可許夫虞之有虢也如車之有輔輔依車車亦依輔虞

虢之勢正是也若假之道則虢朝亡而虞夕從之矣不可願勿許虞公弗聽遂假之道荀息伐虢之還反處三年興兵伐虞又尅之荀息牽馬操璧而報獻公獻公說曰璧則猶是也雖然馬齒亦益長矣故虞公之兵殆而地削者何也愛小利而不慮其害故曰顧小利則大利之殘也

奚謂行僻昔者楚靈王爲申之命宋太子後至執而囚之狎徐君（輕侮之也）拘齊慶封中射士（中射士官有上中下）諫曰合諸侯不可無禮此存亡之機也昔者桀爲有戎之會而有緡叛之紂爲黎丘之蒐而戎狄叛之（有戎有緡皆國名）由無禮也君其圖之君不聽遂行其意居未期年靈王南遊羣臣從而刧之靈王餓而死乾溪之上故曰行僻自用無禮諸侯則亡身之至也

奚謂好音昔者衛靈公將之晉至濮水之上稅車而放馬設舍以宿夜分而聞鼓新聲者而說之使人問左右盡報弗聞乃召

師涓而告之曰有鼓新聲者使人問左右盡報弗聞其狀似鬼神子爲聽而寫之師涓曰諾因靜坐撫琴而寫之師涓明日報曰臣得之矣而未習也請復一宿習之靈公曰諾因復留宿明日而習之遂去之晉晉平公觴之於施夷之臺酒酣靈公起公曰有新聲願請以示平公曰善乃召師涓令坐師曠之旁援琴鼓之未終師曠撫止之曰此亡國之聲不可遂也平公曰此道奚出師曠曰此師延之所作與紂爲靡靡之樂也及武王伐紂師延東走至於濮水而自投故聞此聲者必於濮水之上先聞此聲者其國必削不可遂平公曰寡人所好者音也子其使遂之師涓鼓究之平公問師涓曰此所謂何聲也師曠曰此所謂清商也公曰清商固最悲乎師曠曰不如清徵公曰清徵可得而聞乎師曠曰不可古之聽清徵者皆有德義之君也今吾君德薄不足以聽平公曰寡人之所好者音也願試聽之師曠不得

已援琴而鼓一奏之有玄鶴二八道道從也南方來集於郎門之垝垝棟端也再奏之而列三奏之延頸而鳴舒翼而舞音中宮商之聲聲聞于天平公大說坐者皆喜平公提觴而起爲師曠壽反而問曰音莫悲於清徵乎師曠曰不如清角平公曰清角可得而聞乎師曠曰不可昔者黃帝合鬼神於泰山之上駕象車而六蛟龍畢方神名也並鎋蒲末切蚩尤居前風伯進埽雨師灑道虎狼在前鬼神在後騰蛇伏地鳳皇覆上大合鬼神作爲清角今主君德薄不足聽之聽之將恐有敗平公曰寡人老矣所好者音也願遂聽之師曠不得已而鼓之一奏而有玄雲從西北方起再奏之大風至大雨隨之裂帷幕破俎豆隳廊瓦坐者散走平公恐懼伏于廊室之間晉國大旱赤地三年平公之身遂癃病故曰不務聽治而好五音不已則窮身之事也

奚謂貪愎昔者智伯瑤知伯名率趙韓魏而伐范中行滅之反歸

休兵數年因令人請地於韓韓康子欲勿與段規諫曰不可不與也夫知伯之爲人也好利而驁愎彼來請地而弗與則移兵於韓必矣君其與之與之彼狃（狃習也得地於韓將生心他求也）又將請地他國他國且有不聽不聽則知伯必加之兵如是韓可以免於患而待其事之變康子曰諾因令使者致萬家之縣一於知伯知伯說又令人請地於魏宣子欲勿與趙葭諫曰彼請地於韓韓與之今請地於魏魏弗與則是魏內自強而外怒知伯也如弗予其措兵於魏必矣宣子諾因令人致萬家之縣一於知伯知伯又令人之趙請蔡皐狼之地趙襄子弗與知伯因陰約韓魏將以伐趙襄子召張孟談而告之曰夫知伯之爲人也陽規而陰疏三使韓魏而寡人不與焉（三使陰以相約知有異志也）其措兵於寡人必矣今吾安居而可張孟談曰夫董閼于簡主之才臣也其治晋陽而尹鐸循之（尹鐸安于之屬大夫）其餘教猶存君其定居晋陽而

已矣君曰諾乃召延陵生令將軍車騎先至晉陽君因從之君至而行其城郭及五官之藏城郭不治倉無積粟府無儲錢庫無甲兵邑無守具襄子懼乃召張孟談曰寡人行城郭及五官之藏皆不備具吾將何以應敵張孟談曰臣聞聖人之治藏於臣不藏於府庫務脩其教不治城郭君其出令令民自遺三年之食有餘粟者入之倉遺三年之用有餘錢者入之府遺有奇人者使治城郭之繕（奇餘也謂閑人奇音羈）君夕出令明日倉不容粟府無積錢庫不受甲兵居五日而城郭已治守備已具君召張孟談而問之曰吾城郭已治守備已具錢粟已足甲兵有餘吾柰無箭何張孟談曰臣聞董子之治晉陽也公宮之垣皆以荻蒿楛楚牆之有楛高至于丈君發而用之於是發而試之其堅則雖菌簬之勁弗能過也君曰吾箭已足矣柰無金何張孟談曰臣聞董子治晉陽也公宮令舍之堂皆以鍊銅爲柱質君發而

用之於是發而用之有餘金矣號令已定守備已具三國之兵果至至則乘晉陽之城遂戰三月弗能拔因軍而圍之決晉陽之水以灌之圍晉陽三年城中巢居而處懸釜而炊財食將盡士大夫羸病襄子謂張孟談曰粮食匱財力盡士大夫羸病吾恐不能守矣欲以城下何國之可下張孟談曰臣聞之亡弗能存危弗能安則無爲貴智矣君失此計者臣請試潛行而出見韓魏之君張孟談見韓魏之君曰臣聞脣亡齒寒今知伯率二君而伐趙趙將亡矣趙亡則二君爲之次二君曰我知其然也雖然知伯之爲人也麤中而少親我謀而覺則其禍必至矣爲之柰何張孟談曰謀出二君之口而入臣之耳人莫之知也二君因與張孟談約三軍之反與之期日夜遣孟談入晉陽以報二君之反襄子迎孟談而再拜之且恐且喜二君以約遣張孟談因朝知伯而出遇智過於轅門之外智過怪其色因入見知

伯曰二君貌將有變君曰何如其行矜而意高非他時之節也君不如先之君曰吾與二主約謹矣破趙而三分其地寡人所以親之必不侵欺兵之著於晉陽三年今旦暮將拔之而嚮其利何乃將有他心必不然子釋勿憂勿出於口明旦二主又朝而出復見智過於轅門智過入見曰君以臣之言告二主乎君曰何以知之曰今日二主朝而出見臣而其色動而視屬臣此必有變君不如殺之君曰子置勿復言智過曰不可必殺之若不能殺遂親之君曰親之柰何智過曰魏宣子之謀臣曰趙葭韓康子之謀臣曰段規此皆能移其君之計君與其二君約破趙國因封二子者各萬家之縣一如是則二主之心可以無變矣知伯曰破趙而三分其地又封二子者各萬家之縣一則吾所得者少不可智過見其言之不聽也出因更其族爲輔氏至於期日之夜趙氏殺其守堤之吏而決其水灌知伯軍知伯軍

救水而亂韓魏翼而擊之襄子將卒犯其前大敗知伯之軍而擒知伯知伯身死軍破國分爲三爲天下笑故曰貪愎好利則滅國殺身之本也

奚謂耽於女樂昔者戎王使由余聘於秦穆公問之曰寡人嘗聞道而未得目見之也願聞古之明主得國失國何常以由余對曰臣嘗得聞之矣常以儉得之以奢失之穆公曰寡人不辱而問道於子子以儉對寡人何也由余對曰臣聞昔者堯有天下飯於土簋飲於土鉶其地南至交趾北至幽都東西至日月之所出入者莫不賓服堯禪天下虞舜受之作爲食器斬山木而財之削鋸脩之迹磨其斧迹流漆墨其上流布也輸之於宮以爲食器諸侯以爲益侈國之不服者十三舜禪天下而傳之於禹禹作爲祭器墨染其外而朱畫其内縵帛爲茵蔣席蔣草名頗緣觴酌有采而樽俎有飾此彌侈矣而國之不服者三十三夏后氏

没殷人受之作爲大路而建九旒食器雕琢觴酌刻鏤四壁堊墀茵席雕文此彌侈矣而國之不服者五十三君子皆知文章矣而欲服者彌少臣故曰儉其道也由余出公乃召内史廖而告之曰寡人聞鄰國有聖人敵國之憂也今由余聖人也寡人患之吾將柰何内史廖曰臣聞戎王之居僻陋而道遠未聞中國之聲君其遺之女樂以亂其政而後爲由余請其以疏其諫彼君臣有閒而後可圖也君曰諾乃使史廖以女樂二八遺戎王因爲由余請期戎王許諾見其女樂而説之設酒張飲日以聽樂終歲不遷牛馬半死由余歸因諫戎王戎王弗聽由余遂去之秦秦穆公迎而拜之上卿問其兵勢與其地形既以得之舉兵而伐之兼國十二開地千里故曰耽於女樂不顧國政亡國之禍也

奚謂離内遠遊昔者田成子遊於海而樂之號令諸大夫曰言

歸者死顔涿聚曰君遊海而樂之柰臣有圖國者何君雖樂之將安得田成子曰寡人布令曰言歸者死今子犯寡人之令援戈將擊之顔涿聚曰昔桀殺關龍逄而紂殺王子比干今君雖殺臣之身以三之可也臣言爲國非爲身也延頸而前曰君擊之矣君乃釋戈趣駕而歸至三日而聞國人有謀不内田成子者矣田成子所以遂有齊國者顔涿聚之力也故曰離内遠遊則危身之道也

奚謂過而不聽於忠臣昔者齊桓公九合諸侯一匡天下爲五伯長管仲佐之管仲老不能用事休居於家桓公從而問之曰仲父家居有病即不幸而不起此病政安遷之管仲曰臣老矣不可問也雖然臣聞之知臣莫若君知子莫若父君其試以心決之君曰鮑叔牙何如管仲曰不可鮑叔牙爲人剛愎而上悍剛則犯民以暴愎則不得民心悍則下不爲用其心不懼非霸者之

佐也公曰然則豎刁何如管仲曰不可夫人之情莫不愛其身公妬而好內豎刁自獖（虧勢也）以爲治內其身不愛又安能愛君曰然則公子開方何如曰管仲曰不可齊衛之間不過十日之行開方爲事君欲適君之故十五年不歸見其父母此非人情也其父母之不親也又能親君乎公曰然則易牙何如管仲曰不可夫易牙爲君主味君之所未嘗食唯人肉耳易牙蒸其子首而進之君所知也人之情莫不愛其子今蒸其子以爲膳於君其子弗愛又安能愛君乎公曰然則孰可管仲曰隰朋可其爲人也堅中而廉外少欲而多信夫堅中則足以爲表廉外則可以大任少欲則能臨其衆多信則能親鄰國此霸者之佐也君其用之君曰諾居一年餘管仲死君遂不用隰朋而與豎刁刁蒞事三年桓公南遊堂阜豎刁率易牙衛公子開方及大臣爲亂桓公渴餒而死南門之寢公守之室身死三月不收蟲出于戶

故桓公之兵横行天下爲五伯長卒見弒於其臣而滅高名爲天下笑者何也不用管仲之過也故曰過而不聽於忠臣獨行其意則滅其高名爲人笑之始也

奚謂内不量力昔者秦之攻宜陽韓氏急公仲朋謂韓君曰與國不可恃也豈如因張儀爲和於秦哉因賂以名都而南與伐楚是患解於秦而害交於楚也（秦害交於楚也）公曰善乃警（警飭戒也）公仲之行將西和秦楚王聞之懼召陳軫而告之曰韓朋將西和秦今將柰何陳軫曰秦得韓之都一驅其練甲秦韓爲一以南鄉楚此秦王之所以廟祠而求也其爲楚害必矣王其趣發信臣多其車重其幣以奉韓曰不穀之國雖小卒已悉起願大國之信意於秦也（信申也）因願大國令使者入境視楚之起卒也韓使人之楚楚王因發車騎陳之下路謂韓使者曰報韓君言弊邑之兵今將入境矣使者還報韓君韓君大悦止公仲公仲曰不

可夫以實告我者秦也以名救我者楚也聽楚之虛言而輕誣強秦之實禍則危國之本也韓君弗聽公仲怒而歸十日不朝宜陽益急韓君令使者趣卒於楚冠蓋相望而卒無至者宜陽果拔爲諸侯笑故曰内不量力外恃諸侯者則國削之患也

奚謂國小無禮昔者晉公子重耳出亡過於曹曹君袒裼而觀之釐負羈與叔瞻侍於前叔瞻謂曹君曰臣觀晉公子非常人也君遇之無禮彼若有時反國而起兵即恐爲曹傷君不如殺之曹君弗聽釐負羈歸而不樂其妻問之曰公從外來而有不樂之色何也負羈曰吾聞之有福不及禍來連我君有福未必及己其禍之至當連我也今日吾君召晉公子其遇之無禮我與在前吾是以不樂其妻曰吾觀晉公子萬乘之主也其左右從者萬乘之相也今窮而出亡過於曹曹遇之無禮此若反國必誅無禮則曹其首也子奚不先自貳焉負羈曰諾盛黃金於壺充之以餐加壁

其上夜令人遺公子公子見使者再拜受其餐而辭其璧公子自曹入楚自楚入秦入秦三年秦穆公召羣臣而謀曰昔者晉獻公與寡人交諸侯莫弗聞獻公不幸離羣臣出入十年矣嗣子不善吾恐此將令其宗廟不祓除而社稷不血食也如是弗定則非與人交之道吾欲輔重耳而入之晉何如羣臣皆曰善公因起卒革車五百乘疇騎二千（疇等也言馬齊等皆精妙也）步卒五萬輔重耳入之于晉立爲晉君重耳即位三年舉兵而伐曹矣因令人告曹君曰懸叔瞻而出之我且殺而以爲大戮又令人告釐負羈曰軍旅薄城吾知子不違也（知不敢違君言非本心也）其表子之閭寡人將以爲令令軍勿敢犯曹人聞之率其親戚而保釐負羈之閭者七百餘家此禮之所用也故曹小國也而迫於晉楚之間其君之危猶累卵也而以無禮莅之此所以絶世也故曰國小無禮不用諫臣則絶世之勢也

韓非子卷第三

韓非子卷第四

孤憤第十一　說難第十二

和氏第十三　姦劫弑臣第十四

孤憤第十一

言法術之士既無黨與孤獨而已故其材用終不見明卞生既以抱玉而長號韓公由之寢謀而內憤

智術之士必遠見而明察不明察不能燭私能法之士必強毅而勁直不勁直不能矯姦人臣循令而從事案法而治官非謂重人也重人也者無令而擅爲虧法以利私耗國以便家力能得其君此所爲重人也擅爲虧法逆理而動其力尚能得君從己況其餘乎此謂重人也言其貴賤國人所共重之也智術之士明察聽用且燭重人之陰情智術之士既明且察今見聽用能燭見重人之陰情能法之士勁直聽用且矯重人之姦行故智術能法之士用則貴重之臣必在繩之外矣言必見削除也是智法之士與當塗之人不可兩存之仇也既不可兩存所以相仇也當塗之人擅事要則外內爲之用矣外謂百官也內謂君之左右也皆與當塗之人爲用也是以諸侯不因則

事不應故敵國爲之訟鄰國諸侯或來求事不因當塗者其求必不見應故重人有事敵國爲之訟冤百官不因則業不進故羣臣爲之用郎中不因則不得近主故左右爲之匿郎中爲郎居中則君之左右之人也既因重人而得近主故爲之匿非也學士不因則養祿薄禮卑故學士爲之談也談者謂爲重人延譽此四助者邪臣之所以自飾也重人不能忠主而進其仇重人所仇者法術之士也人主不能越四助而燭察其臣臣亦謂法術之臣也故人主愈弊而大臣愈重凡當塗者之於人主也希不信愛也又且習故重人得主信愛者多又用事既久乃慣習故舊也若夫即主心同乎好惡固其所自進也官爵貴重朋黨又衆而一國爲之訟訟即說也重人舉措常就主心而同其好惡已自進舉之人官爵重之朋黨衆及其有事一國爲之訟冤則君無德而誅之則法術之士欲干上者非有所信愛之親習故之澤也又將以法術之言矯人主阿辟之心是與人主相反也處世卑賤無黨孤特夫以疏遠與近愛信爭近愛信謂重人是也其數不勝也數理也以新旅與習故爭其數不勝也以反主意與同好爭

重人與君同好其數不勝也以輕賤與貴重爭其數不勝也以一口與一國爭重人與一國爲朋黨其數不勝也法術之士操五不勝之勢以歲數而又不得見所經時歲已至於數猶不得見君當塗之人乘五勝之資而旦暮獨說於前法術之士既不得見故當塗之人獨訟而稱冤故法術之士奚道得進而人主奚時得悟乎法術之士既不得進則人主何從而悟乎故資必不勝而勢不兩存法術之士焉得不危法術之士既貧必不可勝之數而又重人勢不兩存則法術之士必危而見陷其可以罪過誣者公法而誅之法術之士有過失可誣罔者重人則舉以爲罪而誅之其不可被以罪過者以私劍而窮之若無過失可誣者則使俠客以劍刺之以窮其命也是明法術而逆主上者不僇於吏誅必死於私劍矣朋黨比周以弊主言曲以便私者必信於重人矣故其可以功伐借者以官爵貴之彼有功伐重人借爲己用者則官爵貴其人也其不可借以美明者以外權重之彼雖無功伐可使近權令者威重之是以弊主上而趨於私門者不顯於官爵必重於外權矣趨向也今人主不合參驗而行誅謂於法術之士不參驗以

知其真僞即行誅罰不待見功而爵祿重人所進雖未見功先與之爵祿也故法術之士安能蒙死亡而進其說姦邪之臣安肯乘利而退其身故主上愈卑私門益尊夫越雖富兵強中國之主皆知無益於己也曰非吾所得制也越國爲異國即敵國也今有國者雖地廣人衆然而人主壅蔽大臣專權是國爲越也大臣專國常有謀君之心即已國還爲越國故曰是國爲越也智不類越而不智不類其國不察其類者也縱臣專權國變成越是不自知已國即與越國不異所以然者良以不察知已國類於越國故也人主所以謂齊亡者非地與城亡也呂氏弗制而田氏用之所以謂晉亡者亦非地與城亡也姬氏不制而六卿專之也今大臣執柄獨斷而上弗知收是人主不明也不知收取其柄而自執之令臣於上獨斷此主之不明也今謂秦也與死人同病者不可生也與亡國同事者不可存也今襲跡於齊晉欲國安存不可得也襲重也凡法術之難行也不獨萬乘千乘亦然人主之左右不必智也人主於人有所智而聽之因與左右論其言是與愚人論智

也人主之左右不必賢也人主於人有所賢而禮之因與左右論其行是與不肖論賢也智者決策於愚人賢士程行於不肖則賢智之士羞而人主之論悖矣人臣之欲得官者其脩士且以精絜固身（脩士謂脩身之士但精絜自固其身）其智士且以治辯進業（智者謂智謀之士也）其脩士不能以貨賂事人（既脩身故不以貨事人也）恃其精潔而更不能以枉法爲治（既精潔故不能枉法爲治智士不重説似闕文也）則脩智之士不事左右不聽請謁矣（左右謂財貨脩智之士不肯聽從也）人主之左右行非伯夷也求索不得貨賂不至則精辯之功息而毀誣之言起矣（精謂脩士精潔也辯謂智士辭辯也）治亂之功制於近習（治亂謂智士材辯能治於亂也）精潔之行決於毀譽則脩智之吏廢則人主之明塞矣（脩智之士能發人主之聰明今既廢而不用則主明自塞矣）不以功伐決智行（決智行當以功伐積功曰伐也）不以參伍審罪過（審罪過當參伍之參比驗也伍偶會也）而聽左右近習之言則無能之士在廷而愚汙之吏處官矣（近習之臣既皆小人同氣相求同聲相應故所親者无能之人所愛者愚汙之人亦既親愛必用之在廷）

舉之處官矣萬乘之患大臣太重千乘之患左右太信此人主之所公患也公正也正當以此當患也且人臣有大罪人主有大失臣主之利與相異者也何以明之哉曰主利在有能而任官臣利在無能而得事主利在有勞而爵祿臣利在無功而富貴主利在豪傑使能豪傑之人有材能然後使之矣臣利在朋黨用私是以國地削而私家富主上卑而大臣重故主失勢而臣得國主更稱蕃臣君臣易位故主稱蕃臣於其臣而相室剖符相室家臣也剖符言得專授人官与之剖符也此人臣之所以譎主便私也譎誰也設詐謀以誑誤於主也故當世之重臣主變勢而得固寵者十無二三變謂行譎誑以移主意十中但有二三故曰十无二三也是其故何也人臣之罪大也臣有大罪者其行欺主也其罪當死亡也智士者遠見而畏於死亡必不從重人矣賢士者脩廉而羞與姦臣欺其主必不從重臣矣是當塗者之徒屬非愚而不知患者必汙而不避姦者也重人所爲必不執故智士恐与同之廉士羞与之欺主莫有從之遊者同惡相濟上故與之爲徒屬者必惡愚之人也

大臣挾愚汙之人上與之欺主下與之收利侵漁朋黨言侵奪百姓若漁者之取魚也比周相與阿黨爲比忠信爲周也比周者言以阿黨之人爲忠信与親也一口惑主敗法以亂士民雷同是非故曰一口使國家危削主上勞辱此大罪也臣有大罪而主弗禁此大失也使其主有大失於上臣有大罪於下索國之不亡者不可得也

說難第十二夫說者有逆順之機順以招福逆而制禍失之毫氂差之千里以此說之所以難也

凡說之難非吾知之有以說之之難也不知而說雖忠見疑故曰非吾知之說之難也又非吾辯之能明吾意之難也吾雖不自辯數則能明吾所說之意如此者萬不失一有所以則爲難也又非吾敢橫失而能盡之難也吾之所說其不可循理非敢橫失能盡此意亦復難有凡說之難在知所說之心可以吾說當之既知所說之心則能隨心而發唱故所說能當所說出於爲名高者也而說之以厚利則見下節而遇卑賤必弃遠矣所說之人意在名高今以厚利說之彼則爲己志節凡下而以卑賤相遇亦既賤之必弃遺而疎遠矣所說出於厚利者也而說之以名高則見無心而遠事情必

不收矣所說之人意在厚利今以名高說之此則爲己无相時之心而闊遠事情矣如此則必見弃而不收矣所說陰爲厚利而顯爲名高者也而說之以名高則陽收其身而實疏之說之以厚利則陰用其言顯弃其身矣所說之人內陰爲厚利外陽爲名高今見其外說以名高彼雖陽收其身內實疏遠若察知其內說以厚利私用其言外明弃其身以飾其名高也此不可不察也夫事以密成語以泄敗未必其身泄之也而語及所匿之事如此者身危所說之人其所謀事身雖不泄謀說者泛語言及所匿似若說者先知其事今以發動之既懷此疑其身必危矣彼顯有所出事而乃以成他故說者不徒知所出而已矣又知其所以爲如此者身危所說之人顯出其事有所避諱乃託以他故而說者深知其事既所出入知所爲所說既知情露必有危巳之心規異事而當知者揣之外而得之事泄於外必以爲己也如此者身危說者爲君規謀異事而智謀之士當知此者自外揣之遂得其謀因泄於外君則疑己漏之便以爲不密而加誅也周澤未渥也而語極知說行而有功則德忘說不行而有敗則見疑如此者身危君之於己周給之澤未有渥厚遂以知之極妙而以語之行說有功猶忘其德若不行有敗則羞始生焉此正危身之道也貴人有過端而

說者明言礼義以挑其惡如此身危（挑謂發揚也）貴人或得計而欲自以爲功說者与知焉如此者身危彊以其所不能爲止以其所不能已如此者身危（不能而強不以而止必以不許而興怒故危也）故与之論大人則以為間己矣（間代也論大人必談以道德引讜彼則以為薦大人以代之也）与之論細人則以為賣重（論細人必談以器斗筲彼則以為短人而賣重也）論其所愛則以為藉資（謂為藉君之所愛以爲己資）論其所增則以為嘗己也（嘗試也論君所增則謂爲試己也含怒之深淺）徑省其說則以為不智而拙之（徑直）米鹽博辯則以為多而交之（米鹽之為物積羣萃以成斗斛謂博明細雜之物則謂己多合而猥交之也）略事陳意則曰怯懦而不盡（略言其事粗陳其意則謂己怯懦而有所畏懼不敢具言）慮事廣肆則曰草野而倨侮（肆陳也所說之事廣有陳說不爲忌諱則謂草野凡鄙俗直而侮慢也）此說之難不可不知也凡說之務在知飾所說之所矜而滅其所恥（凡欲說彼要在知其所矜則隨而光飾之知其所恥則隨而掩滅之如此則順旨而不忤）彼有私急也必以公義示而強之其意有下也然而不能已說者因為之飾其美而少其不為也（所說而成者或有私事將欲急爲則示以公義而勉強之彼雖下意從己而不能止其私此則爲之飾其背私之義而以不能順公爲少有以激彼存公也）其心有高也而實不能及說者為之舉其過而見其惡而多其不行也（若所說心以公義高而其材實不能及如此者則舉簡私之過見背公之惡以不行私急爲多所以

成其高有欲矜以智能則為之斈異事之同類者多為之地使之資說於我而佯
不知也以資其智所說或矜以廣智則多與斈彼同類之異事以寬所取之地令其取說於我而我佯若不知如此者所以助其智也欲
內相存之言則必以美名明之而微見其合於私利也欲彼內有存恤之言則為陳顯義之名明其人
能為此又微言成此美名於私有則利其人必得而相存者也欲陳危害之事則顯其毀誹而微見其合於私
患也欲為陳危之事其有毀誹之者則為之顯言又微毀誹當為私患其人必以誠而可試之譽異人與同行者規異事
與同計者有與同汙者則必以大飾其無傷也有與同敗者則必以明飾其無
失也說者或延斈言異人与彼同行或規謀異事與彼同計其異人之計行若與彼同汙則大文飾之言此汙何所傷其異事之計若與彼同敗者則明為
文飾言此敗何所失如此必以己為善補過而崇重之也彼自多其力則毋以其難概之也彼或自多矜其力當就斈之無
得以其所難滯礙之概礙也自勇之斷則無以其謫怒之彼或自以斷為勇則無得以其先所罪謫而動怒之也自智
其計則毋以其敗窮之彼或自以計謀為智則無得以其先所因敗而窮屈之凡此皆所以護其短而養其銳者說可以無傷也大
意無所拂悟辭言無所繫縻然後極騁智辯焉意无拂忤辭无繫縻其智辯得以極騁此道
所得親近不疑而得盡辭也說者因道此術則得親近於君終不見疑其辭又得自盡也伊尹為宰百里奚
為虜皆所以干其上也二人自託於宰虜者所以干其上也此二人者皆聖人也然猶不能無役

身以進加如此其汙也今以吾言爲宰虜而可以聽用而振世此非能仕之所恥也夫曠日離久而周澤未渥（離猶經也謂所經久遠也）深計而不疑引爭而不罪則明割利害以致其功（斷割）直指是非以飾其身（直指言無所迴避也飾身謂以寵榮光飾相持其身也）以此相持此說之成也（君則以不疑不罪以固臣臣則以致功飾身以輸忠故曰相持如此者說之成也）昔者鄭武公欲伐胡故先以其女妻胡君以娛其意因問於群臣吾欲用兵誰可伐者大夫關其思對曰胡可伐武公怒而戮之曰胡兄弟之國也子言伐之何也胡君聞之以鄭爲親己遂不備鄭鄭人襲胡取之宋有富人天雨墻壞其子曰不築必將有盜其鄰人之父亦云暮而果大亡其財（此夕盜至故大亡也）其家甚智其子而疑鄰人之父此二人說者皆當矣厚者爲戮薄者見疑（二人謂關其思鄰人之父鄭武公所以戮其所厚欲令胡不疑也富人所以疑其薄者不當爲巳同憂也）則非知之難也處知則難也（其思鄰父非不知也但處用其知不得其宜故或見疑或見戮故曰處之難也）故繞朝之言當矣其爲聖人於晉而爲戮於秦也此不可不察（晉人譎取士會於秦繞朝贈之以策曰吾謀適不用其言非不當也晉人雖以爲聖後秦竟以言戮之是亦處知失宜也）昔者弥子瑕有寵於衛君衛國之法竊駕君車者罪刖弥子瑕母病人閒往夜告弥子弥子矯駕君車以出

君聞而賢之曰孝哉爲母之故忘其刖罪異日與君遊於果園食桃而甘不盡以其半啗君君曰愛我哉忘其口味以啗寡人及彌子色衰愛弛得罪於君君曰是固嘗矯駕吾車又嘗啗我以餘桃故彌子之行未變於初也而以前之所以見賢而後獲罪者愛憎之變也故有愛於主則智當而加親有憎於主則智不當見罪而加疏故諫說談論之士不可不察愛憎之主而後說焉夫龍之爲虫也柔可狎而騎也然其喉下有逆鱗徑尺若人有嬰之者則必殺人嬰觸人主亦有逆鱗說者能無嬰人主之逆鱗則幾矣

和氏第十三

楚人和氏得玉璞楚山中奉而獻之厲王厲王使玉人相之玉人曰石也王以和爲誑而刖其左足及厲王薨武王即位和又奉其璞而獻之武王武王使玉人相之又曰石也王又以和爲誑而刖其右足武王薨文王即位和乃抱其璞而哭於楚山之下三日三夜泣盡而繼之以血王聞之使人問其故曰天下之刖者多矣子奚哭之悲也和曰吾非悲刖也悲夫寶玉而題之以石貞士而名之以誑此吾所以悲也王乃使玉人理其璞而得寶焉遂命曰和氏之璧夫珠玉人主之所急也和雖獻璞而未美未爲主之

害也所獻之寶設令未美亦無害於王也然猶兩足斬而寶乃論論寶若此其難也今人主之於法術也未必和壁之急也而禁羣臣士民之私邪人主之於法術未必如和璧之急乃更禁其臣人爲卞和之忠苟無卞和之忠誰肯犯禁而論其法術亂也然則有道者之不僇也持帝王之璞未獻耳帝王之璞即法術也有道之士所以不見僇者則以未獻法術也主用術則大臣不得擅斷近習不敢賣重官行法則浮萌趍於耕農而游士危於戰陳則法術者乃羣臣士民之所禍也人主非能倍大臣之議越民萌之誹獨周乎道言也則法術之士雖至死亡道必不論矣昔者吴起教楚悼王以楚國之俗曰大臣太重封君太衆若此則上偪主而下虐民此貧國弱兵之道也不如使封君之子孫三世而收爵禄絶滅百吏之禄秩損不急之枝官

枝官謂非要急者若樹之枝也然養樹者必拔落其枝爲政者亦損其閑冗以奉選練之士悼王行之期年而薨矣吴起枝解於楚商君教秦孝公以連什伍設告坐之過使什家伍家相拘連中有犯罪或有告者則并坐其什伍故曰告坐燔詩書而明法令塞私門之請而遂公家之勞於公有勞者不滯其功賞禁游宦之民不守本業游散求官者設法以禁之也而顯耕戰之士孝公行之主以尊安國以富強八年而薨商君車裂於秦楚不用吴起而削亂秦行商君法而富強二子之言也已當矣然而枝解吴起而車裂商君者何也大臣苦法而細民惡治也當今之世大臣貪重大臣虧公法而行私惠所以成其重也細民安乱甚於秦楚之俗此篇非未入秦時爲韓著之故得引秦以爲喻而人主無悼王孝公之聽則法術之士安能蒙二子之危也而明己之法術哉此世所乱無霸

王也

姦劫弑臣第十四

凡姦臣皆欲順人主之心以取親幸之勢者也是以主有所善臣從而譽之主有所憎臣因而毀之凡人之大體取舍同者則相是也取舍異者則相非也今人臣之所譽者人主之所是也此之謂同取人臣之所毀者人主之所非也此之謂同舍夫取舍合而相與逆者未嘗聞也此人臣之所以信幸之道也夫姦臣得乘信幸之勢以毀譽進退群臣者人主所有術數以御之也非參驗以審之也必將以曩之合己信今之言此幸臣之所以得欺主成私者也故主必欺於上而臣必重於下矣此之謂擅主之臣國有擅主之臣則群下不得盡其

智力以陳其忠百官之吏不得奉法以致其功矣何以明之夫安利者就之危害者去之此人之情也今爲臣盡力以致功竭智以陳忠者其身困而家貧父子罹其害爲姦利以弊人主行財貨以事貴重之臣者身尊家富父子被其澤人焉能去安利之道而就危害之處哉治國若此其過也而上欲下之無姦吏之奉法其不可得亦明矣故左右知貞信之不可以得安利也必曰我以忠信事上積功勞而求安是猶盲而欲知黑白之情必不幾矣若以道化行正理不趨富貴事上而求安是猶聾而欲審清濁之聲也愈不幾矣二者不可以得安我安能無相比周蔽主上爲姦私以適重人哉此必不顧人主之義矣其百官之吏亦知方正之不

可以得安也必曰我以清廉事上而求安若無規矩而欲爲方圓也必不幾矣若以守法不朋黨治官而求安是猶以足搔頂也愈不幾也二者不可以得安能無廢法行私以適重人哉此必不顧君上之法矣故以私爲重人者衆而以法事君者少矣是以主孤於上而臣成黨於下此田成之所以弑簡公者也夫有術者之爲人臣也得效度數之言上明主法下困姦臣以尊主安國者也是以度數之言得效於前則賞罰必用於後矣人主誠明於聖人之術而不苟於世俗之言循名實而定是非因參驗而審言辭是以左右近習之臣知僞詐之不可以得安也必曰我不去姦私之行盡力竭智以事主而乃以相與比周妄毀譽以求安是猶負千鈞之重陷於不測之淵而求生也必不幾矣百官之吏亦知爲姦利之不可以得安也必曰我不以清廉方正奉法乃以貪汙之心枉法以取私利是猶上高陵

之顛墮峻谿之下而求生必不幾矣安危之道若此其明也左右安能以虛言惑主而百官安敢以貪漁下是以臣得陳其忠而不弊下得守其職而不怨此管仲之所以治齊而商君之所以強秦也從是觀之則聖人之治國也固有使人不得不愛我之道而不恃人之以愛爲我也恃人之以愛我者危矣恃吾不可不爲者安矣夫君臣非有骨肉之親正直之道可以得利則臣盡力以事主正直之道不可以得安則臣行私以干上明主知之故設利害之道以示天下而已矣夫是以人主雖不口教百官不目索姦衺而國已治矣人主者非目若離婁乃爲明也非耳若師曠乃爲聰也目必不任其數而待目以爲明所見者少矣非不弊之術也耳必不因其勢而待耳以爲聰所聞者寡矣非不欺之道也明主者使天下不得不爲己視天下不得不爲己聽故身在深宮之中而明照四海之內而天下弗能蔽弗

能欺者何也闇亂之道廢而聰明之勢興也故善任勢者國安不知因其勢者國危古秦之俗君臣廢法而服私是以國亂兵弱而主卑商君說秦孝公以變法易俗而明公道賞告姦困末作而利本事當此之時秦民習故俗之有罪可以得免無功可以得尊顯也故輕犯新法於是犯之者其誅重而必告之者其賞厚而信故姦莫不得而被刑者衆民疾怨而衆過日聞孝公不聽遂行商君之法民後知有罪之必誅而私姦者衆也故民莫犯其刑無所加是以國治而兵強地廣而主尊此其所以然者匿罪之罰重而告姦之賞厚也此亦使天下必爲己視聽之道也至治之法術已明矣而世學者弗知也且夫世之愚學皆不知治亂之情讘談多誦先古之書以亂當世之治智慮不足以避穽井之陷又非有術之士聽其言者危用其計者亂此亦愚之至大而患之至甚者也俱與有術之士有談說之名而實

於去千萬也此夫名同而實有異者也夫世愚學之人比有術之士也猶蟻垤之比大陵也其相去遠矣而聖人者審於是非之實察於治亂之情也故其治國也正明法陳嚴刑將以救羣生之亂去天下之禍使強不陵弱衆不暴寡耆老得遂幼孤得長邊境不侵君臣相親父子相保而無死亡係虜之患此亦功之至厚者也愚人不知顧以爲暴愚者固欲治而惡其所以治皆惡危而喜其所以危者何以知之夫嚴刑重罰者民之所惡也而國之所以治也哀憐百姓輕刑罰者民之所喜而國之所以危也聖人爲法國者必逆於世而順於道德知之者同於義而異於俗弗知之者異於義而同於俗天下知之者少則義非矣處非道之位被衆口之譖溺於當世之言而欲當嚴天子而求安幾不亦難哉此夫智士所以至死而不顯於世者也楚莊王之弟春申君有愛妾曰余春申君之正妻子曰甲余欲君

之弃其妻也因自傷其身以視君而泣曰得爲君之妾甚幸雖然適夫人非所以事君也適君非所以事夫人也身故不肖力不足以適二主其勢不俱適與其死夫人所者不若賜死君前妾以賜死若復幸於左右願君必察之無爲人笑君因信妾余之詐爲弃正妻余又欲殺甲而以其子爲後因自裂其親身衣之裏以示君而泣曰余之得幸君之日久矣甲非弗知也今乃欲強戲余余與爭之至裂余之衣而此子之不孝莫大於此矣君怒而殺甲也故妻以妾余之詐弃而子以之死從是觀之父之愛子也猶可以而害也君臣之相與也非有父子之親也而羣臣之毀言非特一妾之口也何怪夫賢聖之戮死哉此商君之所以車裂於秦而吳起之所以枝解於楚者也凡人臣者有罪固不欲誅無功者皆欲尊顯而聖人之治國也賞不加於無功而誅必行於有罪者也然則有術數者之爲人也固左右姦

臣之所害非明主弗能聽也世之學術者說人主不曰乘威嚴之勢以困姦衺之臣而皆曰仁義惠愛而已矣世主美仁義之名而不察其實是以大者國亡身死小者地削主卑何以明之夫施貧困者此世之所謂仁義哀憐百姓不忍誅罰者此世之所謂惠愛也夫有施與貧困則無功者得賞不忍誅罰則暴乱者不止國有無功得賞者則民不外務當敵斬首内不急力田疾作皆欲行貨財事富貴爲私善立名譽以取尊官厚俸故姦私之臣愈衆而暴亂之徒愈勝不亡何待夫嚴者民之所畏也重罰者民之所惡也故聖人陳其所畏以禁其衺設其所惡以防其姦是以國安而暴亂不起吾以是明仁義愛惠之不足用而嚴刑重罰之可以治國也無捶策之威銜橛之備雖造父不能以服馬無規矩之法繩墨之端雖王爾不能以成方圓無威嚴之勢賞罰之法雖堯舜不能以爲治今世主皆輕釋重罰嚴

誅行愛惠而欲霸王之功亦不可幾也故善爲主者明賞設利以勸之使民以功賞而不以仁義賜嚴刑重罰以禁之使民以罪誅而不以愛惠免是以無功者不望而有罪者不幸矣託於犀車良馬之上則可以陸犯阪阻之患乘舟之安持檝之利則可以水絶江河之難操法術之數行重罰嚴誅則可以致霸王之功治國之有法術賞罰猶若陸行之有犀車良馬也水行之有輕舟便檝也乘之者遂得其成伊尹得之湯以王管仲得之齊以霸商君得之秦以強此三人者皆明於霸王之術察於治強之數而不以牽於世俗之言適當世明主之意則有直任布衣之士立爲卿相之處處位治國則有尊主廣地之實此之謂足貴之臣湯得伊尹以百里之地立爲天子桓公得管仲立爲五霸主九合諸侯一匡天下孝公得商君地以廣兵以強故有忠者外無敵國之患内無亂臣之憂長安於天下而名垂後世

所謂忠臣也若夫豫讓爲智伯臣也上不能説主使人之明法術度數之理以避禍難之患下不能領御其衆以安其國及襄子之殺智伯也豫讓乃自黔劓敗其形容以爲智伯報襄子之仇是雖有殘形殺身以爲人主之名而實無益於智伯若秋毫之末此吾之所下也而世主以爲忠而高之古有伯夷叔齊者武王讓以天下而弗受二人餓死首陽之陵若此臣不畏重誅不利重賞不可以罰禁也不可以賞使也此之謂無益之臣也吾所少而去也而世主之所多而求也

諺曰厲憐王此不恭之言也雖然古無虚諺不可不察也此謂刦殺死亡之主言也人無法術以御其臣雖長年而美材大臣猶將得勢擅事主斷而各爲其私急而恐父兄豪傑之士借人主之力以禁誅於己也故弑賢長而立幼弱廢正的而立不義故春秋記之曰楚王子圍將聘於鄭未出境聞王病而反因入

問病以其冠纓絞王而殺之遂自立也齊崔杼其妻美而莊公通之數如崔氏之室及公往崔子之徒賈舉率崔子之徒而攻公公入室請與之分國崔子不許公請自刃於廟崔子又不聽公乃走踰於北墻賈舉射公中其股公墜崔子之徒以戈斫公而死之而立其弟景公近之所見李兌之用趙也餓主父百日而死卓齒之用齊也擢湣王之筋懸之廟梁宿昔而死故厲雖癰腫疕瘍上比於春秋未至於絞頸射股也下比於近世未至餓死擢筋也故劫殺死亡之君此其心之憂懼形之苦痛也必甚厲矣由此觀之雖厲憐王可也

韓非子卷第四

韓非子卷第五

亡徵第十五　三守第十六
備内第十七　南面第十八
飾邪第十九

亡徵第十五

凡人主之國小而家大權輕而臣重者可亡也簡法禁而務謀慮荒封内而恃交援者可亡也羣臣爲學門子好辯商賈外積小民右仗者可亡也好宫室臺榭陂池事車服器玩好罷露百姓煎靡貨財者可亡也用時日事鬼神信卜筮而好祭祀者可亡也聽以爵以待參驗用一人爲門户者可亡也官職可以重求爵禄可以貨得者可亡也緩心無而成柔茹而寡斷好惡無決而無所定立者可亡也饕貪而無饜近利而好得者可亡也喜淫而不周於法好辯説而不求其用濫於文麗而不顧其功

者可亡也淺薄而易見漏泄而無藏不能周密而通羣臣之語者可亡也很剛而不和愎諫而好勝不顧社稷而輕爲自信者可亡也恃交援而簡近隣怙強大之救而侮所迫之國者可亡也羈旅僑士重帑在外上間謀計下與民事者可亡也民信其相下不能其上主愛信之而弗能廢者可亡也境内之傑不事而求封外之士不以功伐課試而好以名問舉錯羈旅起貴以陵故常者可亡也輕其適正庶子稱衡太子未定而主即世者可亡也大心而無悔國亂而自多不料境内之資而易其隣敵者可亡也國小而不處卑力少而不畏強無禮而侮大隣貪愎而拙交者可亡也太子已置而娶於強敵以爲后妻則太子危如是則羣臣易慮者可亡也怯懾而弱守蚤見而心柔懦知有謂可斷而弗敢行者可亡也出君在外而國置質太子未反而君易子如是則國攜國攜者可亡也挫辱大臣而狎其身刑戮

小民而逆其使懷怒思恥而專習則賊生賊生者可亡也大臣兩重父兄衆強内黨外援以爭事勢者可亡也婢妾之言聽愛玩之智用外内悲惋而數行不法者可亡也簡侮大臣無禮父兄勞苦百姓殺戮不辜者可亡也好以智矯法時以行雜公法禁變易號令數下者可亡也無地固城郭惡無畜積財物寡無守戰之備而輕攻伐者可亡也種類不壽主數即世嬰兒爲君大臣專制樹羈旅以爲黨數割地以待交者可亡也太子尊顯徒屬衆強多大國之交而威勢蚤具者可亡也變褊而心急輕疾而易動發心悁忿而不訾前後者可亡也主多怒而好用兵簡本欲教而輕戰攻者可亡也貴臣相妒大臣隆盛外藉敵國内困百姓以攻怨讎而人主弗誅者可亡也君不肖而側室賢太子輕而庶子伉官吏弱而人民桀如此則國躁國躁者可亡也藏怨而弗發懸罪而弗誅使羣臣陰憎而愈憂懼而久未可

知者可亡也出軍命將太重邊地任守太尊專制擅命徑爲而無所請者可亡也后妻淫亂主母畜穢外内混通男女無別是謂兩主兩主者可亡也后妻賤而婢妾貴太子卑而庶子尊相室輕而典謁重如此則内外乖内外乖者可亡也大臣甚貴偏黨衆強壅塞主斷而重擅國者可亡也私門之官用馬府之世軍馬之府立功者也鄉曲之善舉官職之勞廢貴私行而賤公功者可亡也公家虚而大臣實正户貧而寄寓富耕戰之士困末作之民利者可亡也見大利而不趨聞禍端而不備淺薄於爭守之事而務以仁義自飾者可亡也不爲人主之孝而慕匹夫之孝不顧社稷之利而聽主母之令女子用國刑餘用事者可亡也辭辯而不法心智而無術主多能而不以法度從事者可亡也親臣進而故人退不肖用事而賢良伏無功貴而勞苦賤如是則下怨下怨者可亡也父兄大臣禄秩過功章服侵等宫室供養

大侈而人主弗禁則臣心無窮臣心無窮者可亡也公壻公孫與民同門暴慠其隣者可亡也亡徵者非曰必亡言其可亡也夫兩堯不能相王兩桀不能相亡亡王之機必其治亂其强弱相踦者也木之折也必通蠹墻之壞也必通隙然木雖蠹無疾風不折墻雖隙無大雨不壞萬乘之主有能服術行法以爲亡徵之君風雨者其兼天下不難矣

三守第十六

人主有三守三守完則國安身榮三守不完則國危身殆何謂三守人臣有議當途之失用事之過舉臣之情人主不心藏而漏之近習能人使人臣之欲有言者不敢不下適近習能人之心而乃上以聞人主然則端言直道之人不得見而忠直日疏愛人不獨利也待譽而後利之憎人不獨害也待非而後害之然則人主無威而重在左右矣惡自治之勞憚使羣臣輻湊之變

因傳柄移藉使殺生之機奪予之要在大臣如是者侵此謂三守不完三守不完則刧殺之徵也凡刧有三有明刧有事刧有刑刧人臣有大臣之尊外操國要以資羣臣使外內之事非己不得行雖有賢良逆者必有禍而順者必有福然則羣臣直莫敢忠主憂國以爭社稷之利害人主雖賢不能獨計而人臣有不敢忠主則國爲亡國矣此謂國無臣國無臣者豈郎中虛而朝臣少哉羣臣持祿養交行私道而不效公忠此謂明刧鬻寵擅權矯外以勝內險言禍福得失之形以阿主之好惡人主聽之卑身輕國以資之事敗與主分其禍而功成則臣獨專之諸用事之人壹心同辭以語其美則主言惡者必不信矣此謂事刧至於守司囹圄禁制刑罰人臣擅之此謂刑刧三守不完則三刧者起三守完則三刧者止三刧止塞則王矣

備內第十七

人主之患在於信人信人則制於人人臣之於其君非有骨肉之親也縛於勢而不得不事也故爲人臣者窺覘其君心也無須臾之休而人主怠傲處其上此世所以有劫君弒主也爲人主而大信其子則姦臣得乘於子以成其私故李兌傅趙王而餓主父爲人主而大信其妻則姦臣得乘於妻以成其私故優施傅麗姬殺申生而立奚齊夫以妻之近與子之親而猶不可信則其餘無可信者矣且萬乘之主千乘之君后妃夫人適子爲太子者或有欲其君之蚤死者何以知其然夫妻者非有骨肉之恩也愛則親不愛則疏語曰其母好者其子抱然則其爲之反也其母惡者其子釋丈夫年五十而好色未解也婦人年三十而美色衰矣以衰美之婦人事好色之丈夫則身死見疏賤而子疑不爲後此后妃夫人之所以冀其君之死者也唯母爲后而子爲主則令無不行禁無不止男女之樂不減於先君而

擅萬乘不疑此鴆毒扼昧（扼昧謂暗中絞縊也）之所以用也故桃左春秋曰人主之疾死者不能處半人主弗知則亂多資故曰利君死者衆則人主危故王良愛馬越王勾踐愛人爲戰與馳醫善吮人之傷含人之血非骨肉之親也利所加也故輿人成輿則欲人之富貴匠人成棺則欲人之夭死也非輿人仁而匠人賊也人不貴則輿不售人不死則棺不買情非憎人也利在人之死也故后妃夫人太子之黨成而欲君之死也君不死則勢不重情非憎君也利在君之死也故人主不可以不加心於利己死者故日月暈圍於外其賊在內備其所憎禍在所愛是故明王不舉不參之事不食非常之食遠聽而近視以審內外之失省同異之言以知朋黨之分偶參伍之驗以責陳言之實執後以應前按法以治衆衆端以參觀（衆事之端皆相參而觀之）士無幸賞無踰行殺必當罪不赦則姦邪無所容其私徭役多則民苦民苦則

權勢起權勢起則復除重復除重則貴人富苦民以富貴人起勢以藉（藉假借也）人臣非天下長利也故曰徭役少則民安民安則下無重權下無重權則權勢滅權勢滅則德在上矣今夫水之勝火亦明矣然而釜鬵間之水煎沸竭盡其上而火得熾盛焚其下水失其所以勝者矣今夫治之禁姦又明此然守法之臣爲釜鬵之行則法獨明於胷中而已失其所以禁姦者矣上古之傳言春秋所記犯法爲逆以成大姦者未嘗不從尊貴之臣也然而法令之所以備刑罰之所以誅常於卑賤是以其民絶望無所告愬大臣比周蔽上爲一陰相善而陽相惡以示無私相爲耳目以候主隙人主掩蔽無道得聞有主名而無實臣專法而行之周天子是也偏借其權勢則上下易位矣此言人臣之不可借權勢也

南面第十八

人主之過在已任在臣矣又必反與其所不任者備之此其說必與其所任者爲讎而主反制於其所不任者今所與備人者且曩之所備也人主不能明法而以制大臣之威無道得小人之信矣人主釋法而以臣備臣則相愛者比周而相譽相憎者朋黨而相非非譽交爭則主惑亂矣人臣者非名譽請謁無以進取非背法專制無以爲威非假於忠信無以不禁（僞爲忠信然後不禁）三者惛主壞法之資也人主使人臣雖有智能不得背法而專制雖有賢行不得踰功而先勞雖有忠信不得釋法而不禁此之謂明法人主有誘於事者有壅於言者二者不可不察也人臣易言事者少索資以事誣主主誘而不察因而多之則是臣反以事制主也如是者謂之誘誘於事者困於患其進言少其退費多雖有功其進言不信不信者有罪事有功者必賞則羣臣莫敢飾言以惛主主道者使人臣前言不復於後後言不復

於前事雖有功必伏其罪謂之任下人臣爲主設事而恐其非
也則先出說設言曰議是事者妬事者也人主藏是言不更聽
羣臣羣臣畏是言不敢議事二勢者用則忠臣不聽而譽臣獨
任如是者謂之壅於言壅於言者制於臣矣主道者使人臣必
有言之責又有不言之責言無端末辯無所驗者此言之責也
以不言避責持重位者此不言之責也人主使人臣言者必知
其端以責其實不言者必問其取舍以爲之責則人臣莫敢妄
言矣又不敢默然矣言默則皆有責也人主欲爲事不通其端
末而以明其欲有爲之者其爲不得利必以害反知此者任理
去欲舉事有道計其入多其出少者可爲也惑主不然計其入
不計其出出雖倍其入不知其害則是名得而實亡如是者功
小而害大矣凡功者其入多其出少乃可謂功今大費無罪而
少得爲功則人臣出大費而成小功小功成而主亦有害不知

治者必曰無變古毋易常變與不變聖人不聽正治而已然則古之無變常之毋易在常古之可與不可伊尹毋變殷太公毋變周則湯武不王矣管仲毋易齊郭偃毋更晉則桓文不霸矣凡人難變古者憚易民之安也夫不變古者襲亂之迹適民心者恣姦之行也民愚而不知亂上懦而不能更是治之失也人主者明能知治嚴必行之故雖拂於民心立其治說在商君之内外而鐵殳重盾而豫戒也故郭偃之始治也文公有官卒管仲始治也桓公有武車戒民之備也是以遇贛窳惰之民苦小費而忘大利也故夤虎受阿謗而輾小變而失長便故鄒賈非載旅狎習於亂而容於治故鄭人不能歸

飾邪第十九

鑿龜數筴兆曰大吉而以攻燕者趙也鑿龜數筴兆曰大吉而以攻趙者燕也劇辛之事燕無功而社稷危鄒衍之事燕無功

而國道絶趙代先得意於燕後意於齊國亂節高自以爲與秦提衡非趙龜神而燕龜欺也趙又嘗鑿龜數筴而北伐燕將劫燕以逆秦兆曰大吉始攻大梁而秦出上黨矣兵至釐而六城拔矣至陽城秦拔鄴矣龐援揄兵而南則鄣盡矣臣故曰趙龜雖無遠見於燕且宜近見於秦秦以其大吉辟地有實救燕有有名趙以其大吉利削兵辱主不得意而死又非秦龜神而趙龜欺也初時者魏數年東鄉攻盡陶衛數年西鄉以失其國此非豐隆五行太一王相攝提六神五括天河殷搶歲星非數年在西也又非天缺弧逆刑星熒惑奎台非數年在東也故曰龜筴鬼神不足舉勝左右背鄉不足以專戰然而恃之愚莫大焉

古者先王盡力於親民加事於明法彼法明則忠臣勸罰必則邪臣止忠勸邪止而地廣主尊者秦是也羣臣朋黨比周以隱正道行私曲而地削主卑者山東是也亂弱者亡人之性也

治強者王古之道也越王勾踐恃大朋之龜與吾戰而不勝身臣入宦于吴反國弃龜明法親民以報吴則夫差爲擒故恃鬼神者慢於法恃諸侯者危其國曹恃齊而不聽宋齊攻荆而宋滅曹荆恃吴而不聽齊越伐吴而齊滅荆許恃荆而不聽魏荆攻宋而魏滅許鄭恃魏而不聽韓攻魏荆而韓滅鄭今者韓國小而恃大國主慢而聽秦魏恃齊荆爲用而小國愈亡故恃人不足以廣壤而韓不見也荆爲攻魏而加兵許鄢齊攻任扈而削魏不足以存鄭而韓弗知也此皆不明其法禁以治其國恃外以滅其社稷者也臣故曰明於治之數則國雖小富賞罰敬信民雖寡強賞罰無度國雖大兵弱者地非其地民非其民也無地無民堯舜不能以王三代不能以強人主又以過予人臣又以徒取舍法律而言先王明君之功者上任之以國臣故曰是願古之功以古之賞賞今之人

也以主是過予而臣以此徒取矣主過予則人偷幸臣徒取則功不尊無功者受賞則財匱而民望財匱而民望則民不盡力矣故用賞過者失民用刑過者民不畏有賞不足以勸有刑不足以禁則國雖大必危故曰小知不可使謀事小忠不可使主法荆恭王與晉厲公戰於鄢陵荆師敗恭王傷酣戰而司馬子反渴而求飲其友豎穀陽奉卮酒而進之子反曰去之此酒也豎穀陽曰非也子反受而飲之子反爲人嗜酒甘之不能絶之於口醉而卧恭王欲復戰而謀事使人召子反子反辭以心疾恭王駕而往視之入幄中聞酒臭而還曰今日之戰寡人目親傷所恃者司馬司馬又如此是亡荆國之社稷而不恤吾衆也寡人無與復戰矣罷師而去之斬子反以爲大戮故曰豎穀陽之進酒也非以端惡(端故也)子反也實心以忠愛之而適足以殺之而已矣此行小忠而賊大忠者也故曰小忠大忠之賊也

若使小忠主法則必將赦罪以相愛是與下安矣然而妨害於治民者也當魏之方明立辟從憲令行之時有功者必賞有罪者必誅強匡天下威行四隣及法慢妄予而國日削矣當趙之方明國律從大軍之時人衆兵強辟地齊燕及國律慢用者弱而國日削矣當燕之方明奉法審官斷之時東縣齊國南盡中山之地及奉法已亡官斷不用左右交爭論從其下則兵弱而地削國制於隣敵矣故曰明法者強慢法者弱強弱如是其明矣而世主弗爲國亡宜矣語曰家有常業雖飢不餓國有常法雖危不亡夫舍常法而從私意則臣飾於智能臣下飾於智能則法禁不立矣是妄意之道行治國之道廢也治國之道去害法者則不惑於智能不矯於名譽矣昔者舜使吏決鴻水先令有功而舜殺之禹朝諸侯之君會稽之上防風之君後至而禹斬之以此觀之先令者殺後令者斬則古者先貴如令矣故鏡執清而無事美

惡從而比焉衡執正而無事輕重從而載焉夫搖鏡則不得爲明搖衡則不得爲正法之謂也故先王以道爲常以法爲本本治者名尊本亂者名絶凡智能明通有以則行無以則止故智能單道不可傳於人而道法萬全智能多失夫懸衡而知平設規而知圓萬全之道也明主使民飾於道之故佚而則功釋規而任巧釋法而任智惑亂之道也亂主使民飾將智不知道之故故勞而無功釋法禁而聽請謁羣臣賣官於上取賞於下是以利在私家而威在羣臣故民無盡力事主之心而務爲交於上民好上交則貨財上流而巧說者用若是則有功者愈少姦臣愈進而材臣退則主惑而不知所行民聚衆而不知所道道從也此廢法禁後功勞舉名譽聽請謁之失也凡敗法之人必設詐託物以來親又好言天下之所希有此暴君亂主之所以惑也人臣賢佐之所以侵也故人臣稱伊尹管仲之功則背法飾智

有資稱比干子胥之忠而見殺則疾強諫有辭夫上稱賢明下稱暴亂不可以取類若是禁君之立法以爲是也今人臣多立其私智以法爲非者是邪以智以此思之則知凡官之情皆欲過功法立私智也過法立智如是者禁主之道也禁主之道必明於公私之分明法制去私恩夫令必行禁必止人主之公義也必行其私信於朋友不可爲賞勸不可爲罰沮人臣之私義也私義行則亂公義行則治故公私有分人臣有私心有公義脩身潔白而行公行正居官無私人臣之公義也汙行從欲安身利家人臣之私心也明主在上則人臣去私心行公義亂主在上則人臣去公義行私心故君臣異心君以計畜臣臣以計事君君臣之交計也害身而利國臣弗爲也富國而利臣君不行也臣之情害身無利君之情害國無親君臣也者以計合者也至夫臨難必死盡智竭力爲法爲之故先王明賞以勸之嚴刑以威之賞刑明則民

盡死民盡死則兵强主尊刑賞不察則民無功而求得有罪而幸免則兵弱主卑故先王賢佐盡力竭智故曰公私不可不明法禁不可不審先王知之矣

韓非子卷第五

韓非子卷第六

解老第二十

德者内也得者外也上德不德言其神不滛於外也神不淫於外則身全身全之謂德德者得身也凡德者以無爲集以無欲成以不思安以不用固爲之欲之則德無舍德無舍則不全用之思之則不固不固則無功無功則生於德德則無德不得則在有德故曰上德不德是以有德所以貴無爲無思爲虚者謂其意無所制也夫無術者故以無爲無思爲虚也夫故以無爲無思爲虚者其意常不忘虚是制於爲虚也虚者謂其意所無制也今制於爲虚是不虚也虚者之無爲也不以無爲爲有常不以無爲爲有常則虚虚則德盛德盛之謂上德故曰上德無爲而無不爲也

仁者謂其中心欣然愛人也其喜人之有福而惡人之有禍也

生心之所不能已也非求其報也故曰上仁爲之而無以爲也

義者君臣上下之事父子貴賤之差也知交朋友之接也親疎内外之分也臣事君宜下懷上子事父宜衆敬貴宜知交友朋之相助也宜親者内而疎者外宜義者謂其宜也宜而爲之故曰上義爲之而有以爲也

禮者所以情貌也群義之文章也君臣父子之交也貴賤賢不肖之所以别也中心懷而不諭其疾趨卑拜而明之實心愛而不知故好言繁辭以信之禮者外節之所以諭内也故曰禮以情貌也凡人之爲外物動也不知其爲身之禮也衆人之爲禮也以尊他人也故時勸時衰君子以爲禮以爲其身以爲其身故神之爲上禮上禮神而衆人貳故不能相應不能相應故曰上禮爲之而莫之應衆人雖貳聖人之復恭敬盡手足之禮也不衰故曰攘臂而仍之道有積而德有功德者道之功功有實

而實有光仁者德之光光有澤而澤有事義者仁之事也事有禮而禮有文禮者義之文也故曰失道而後失德失德而後失仁失仁而後失義失義而後失禮禮爲情貌者也文爲質飾者也夫君子取情而去貌好質而惡飾夫恃貌而論情者其情惡也須飾而論質者其質衰也何以論之和氏之璧不飾以五采隋侯之珠不飾以銀黃其質至美物不足以飾之夫物之待飾而後行者其質不美也是以父子之間其禮朴而不明故曰禮薄也凡物不並盛陰陽是也理相奪予威德是也實厚者貌薄父子之禮是也由是觀之禮繁者實心衰也然則爲禮者事通人之樸心者也衆人之爲禮也人應則輕歡不應則責怨今爲禮者事通人之樸心而資之以相責之分能毋爭乎有爭則亂故曰夫禮者忠信之薄也而亂之首乎

先物行先理動之謂前識前識者無緣而妄意度也何以論之

詹何坐弟子侍牛鳴於門外弟子曰是黑牛也而白題詹何曰然是黑牛也而白在其角使人視之果黑牛而以布裹其角以詹子之術嬰衆人之心華焉殆矣故曰道之華也嘗試釋詹子之察而使五尺之愚童子視之亦知其黑牛而以布裹其角也故以詹子之察苦心傷神而後與五尺之愚童子同功是以曰愚之首也故曰前識者道之華也而愚之首也

所謂大丈夫者謂其智之大也所謂處其厚不處其薄者行情實而去禮貌也所謂處其實不處其華者必緣理不徑絕也所謂去彼取此者去貌徑絕而取緣理好情實也故曰去彼取此

人有禍則心畏恐心畏恐則行端直行端直則思慮熟思慮熟則得事理行端直則無禍害無禍害則盡天年得事理則必成功盡天年則全而壽必成功則富與貴全壽富貴之謂福而福本於有禍故曰禍兮福之所倚以成其功也

人有福則富貴至富貴至衣食美衣食美則驕心生驕心生則邪僻而動弃理行邪僻則身死夭動弃理則無成功夫内有死夭之難而外無成功之名者大禍也而禍本生於有福故曰福兮禍之所伏

夫緣道理以從事者無不能成無不能成者大能成天子之勢尊而小易得卿相將軍之賞禄夫弃道理而妄舉動者雖上有天子諸侯之勢尊而天下有猗頓陶朱卜祝之富猶失其民人而亡其財資也衆人之輕弃道理而易妄舉動者不知其禍福之深大而道闊遠若是也故諭人曰孰知其極人莫不欲富貴全壽而未有能免於貧賤死夭之禍也心欲富貴全壽而今貧賤死夭是不能至於其所欲至也凡失其所欲之路而妄行者之謂迷迷則不能至於其所欲至矣今衆人之不能至於其所欲至故曰迷衆人之所不能至於其所欲至也自天地之剖判

以至于今故曰人之迷也其日故以久矣
所謂方者内外相應也言行相稱也所謂廉者必生死之命也輕恬資財也所謂直者義必公正公心不偏黨也所謂光者官爵尊貴衣裘壯麗也今有道之士雖中外信順不以誹謗窮墮雖死節輕財不以侮罷羞貪雖義端不黨不以去邪罪私雖勢尊衣美不以夸賤欺貧其故何也使失路者而肯聽習問知即不成迷也今衆人之所以欲成功而反爲敗者生於不知道理而不肯問知而聽能衆人不肯問知聽能而聖人强以其禍敗適之則怨衆人多而聖人寡寡之不勝衆數也今舉動而與天下之爲讎非全身長生之道也是以行軌節而舉之也故曰方而不割廉而不穢直而不肆光而不耀聰明睿智天也動靜思慮人也人也者乘於天明以視寄於天聰以聽託於天智以思慮故視强則目不明聽甚則耳不聰思慮過度則智識乱目不明則

不能決黑白之分耳不聰則不能別清濁之聲智識亂則不能審得失之地目不能決黑白之色則謂之盲耳不能別清濁之聲則謂之聾心不能審得失之地則謂之狂盲則不能避晝日之險聾則不能知雷霆之害狂則不能免人間法令之禍書之所謂治人者適動靜之節省思慮之費也所謂事天者不極聰明之力不盡智識之任苟極盡則費神多費神多則盲聾悖狂之禍至是以嗇之嗇之者愛其精神嗇其智識也故曰治人事天莫如嗇

衆人之用神也躁躁則多費多費之謂侈聖人之用神也靜靜則少費少費之謂嗇嗇之謂術也生於道理夫能嗇也是從於道而服於理者也衆人離於患陷於禍猶未知退而不服從道理聖人雖未見禍患之形虛無服從於道理以稱蚤服故曰夫謂嗇是以蚤服

知治人者其思慮靜知事天者其孔竅虛思慮靜故德不去孔竅虛則和氣日入故曰重積德夫能令故德不去新和氣日至者蚤服者也故曰蚤服是謂重積德積德而後神靜神靜而後和多和多而後計得計得而後能御萬物能御萬物則戰易勝敵戰易勝敵而論必蓋世論必蓋世故曰無不克無不克本於重積德故曰重積德則無不克戰易勝敵則兼有天下論必蓋世則民人從進兼天下而退從民人其術遠則衆人莫見其端末莫見其端是以莫知其極故曰無不克則莫知其極

凡有國而後亡之有身而後殃之不可謂能有其國能保其身夫能有其國必能安其社稷能保其身必能終其天年而後可謂能有其國能保其身矣夫能有其國保其身者必且體道體道則其智深其智深則其會遠其會遠衆人莫能見其所極唯夫能令人不見其事極不見事極者爲保其身有其國故曰莫

知其極莫知其極則可以有國

所謂有國之母母者道也道也者生於所以有國之術所以有國之術故謂之有國之母夫道以與世周旋者其建生也長持祿也久故曰有國之母可以長久樹木有曼根有直根根者書之所謂柢也柢也者木之所以建生也曼根者木之所持生也德也者人之所以建生也祿也者人之所以持生也今建於理者其持祿也久故曰深其根體其道者其生日長故曰固其柢柢固則生長根深則視久故曰深其根固其柢長生久視之道也

工人數變業則失其功作者數搖徙則亡其功一人之作日亡半日十日則亡五人之功矣萬人之作日亡半日十日則亡五萬人之功矣然則數變業者其人彌衆其虧彌大矣

凡法令更則利害易利害易則民務變務變之謂變業故以理觀之事大衆而數搖之則少成功藏大器而數徙之則多敗傷

亨小鮮而數撓之則賊其澤治大國而數變法則民苦之是以有道之君貴靜不重變法故曰治大國者若亨小鮮人處疾則貴醫有禍則畏鬼聖人在上則民少欲民少欲則血氣治而舉動理則少禍害夫内無痤疽癉痔之害而外無刑罰法誅之禍者其輕恬鬼也甚故曰以道莅天下其鬼不神治世之民不與鬼神相害也故曰非其鬼不神也其神不傷人也鬼祟也疾人之謂鬼傷人人逐除之之謂人傷鬼也民犯法令之謂民傷上上刑戮民之謂上傷民民不犯法則上亦不行刑上不行刑之謂上不傷人故曰聖人亦不傷民上不與民相害而人不與鬼相傷故曰兩不相傷民不敢犯法則上内不用刑罰而外不事利其產業上内不用刑罰而外不事利其產業則民蕃息民蕃息而畜積盛民蕃息而畜積盛之謂有德凡所謂祟者魂魄去而精神亂精神亂則無德鬼不祟人則魂魄不去魂魄不去而精

神不亂精神不亂之謂有德上盛畜積而鬼不亂其精神則德盡在於民矣故曰兩不相傷則德交歸焉言其德上下交盛而俱歸於民也

有道之君外無怨讎於鄰敵而内有德澤於人民夫外無怨讎於鄰敵者其遇諸侯也外有禮義内有德澤於人民者其治人事也務本遇諸侯有禮義則役希起治民事務本則淫奢止凡馬之所以大用者外供甲兵而内給淫奢也今有道之君外希用甲兵而内禁淫奢上不事馬於戰鬬逐北而民不以馬遠淫通物所積力唯田疇必且糞灌故曰天下有道却走馬以糞也

人君無道則内暴虐其民而外侵欺其鄰國内暴虐則民產絶外侵欺則兵數起民產絶則畜生少兵數起則士卒盡畜生少則戎馬乏士卒盡則軍危殆戎馬乏則將馬出軍危殆則近

臣役馬者軍之大用郊者言其近也今所以給軍之具於將馬近臣故曰天下無道戎馬生於郊矣

人有欲則計會亂計會亂而有欲甚有欲甚則邪心勝邪心勝則事經絶事經絶則禍難生由是觀之禍難生於邪心邪心誘於可欲可欲之類進則教良民爲姦退則令善人有禍姦起則上侵弱君禍至則民人多傷然則可欲之類上侵弱君而下傷人民夫上侵弱君而下傷人民者大罪也故曰禍莫大於可欲是以聖人不引五色不淫於聲樂明君賤玩好而去淫麗人無毛羽不衣則不犯寒上不屬天而下不著地以腸胃爲根本不食則不能活是以不免於欲利之心欲利之心不除其身之憂也故聖人衣足以犯寒食足以充虚則不憂矣衆人則不然大爲諸侯小餘千金之資其欲得之憂不除也胥靡有免死罪時活今不知足者之憂終身不解故曰禍莫大於不知足故欲利

甚於憂憂則疾生疾生而智慧衰智慧衰則失度量失度量則
妄舉動妄舉動則禍害至禍害至而疾嬰內疾嬰內則
痛禍薄外痛禍薄外則苦痛雜於腸胃之間苦痛雜於腸胃之
間則傷人也憯憯則退而自咎退而自咎也生於欲利故曰咎
莫憯於欲利
道者萬物之所然也萬理之所稽也理者成物之文也道者萬
物之所以成也故曰道理之者也物有理不可以相薄物有理
不可以相薄故理之爲物之制萬物各異理而道盡稽萬物之
理故不得不化不得不化故無常操無常操是以死生氣稟焉
萬智斟酌焉萬事廢興焉天得之以高地得之以藏維斗得以
成其威日月得以恒其光五常得之以常其位列星得之以端
其行四時得之以御其變氣軒轅得之以擅四方赤松得之與
天地統聖人得之以成文章道與堯舜俱智與接輿俱狂與桀

紂俱滅與湯武俱昌以爲近乎遊於四極以爲遠乎常在吾側以爲暗乎光昭昭以爲明乎其物冥冥而功成天地和化雷霆宇內之物恃之以成凡道之情不制不形柔弱隨時與理相應萬物得之以死得之以生萬事得之以敗得之以成道譬諸若水溺者多飲之即死渴者適飲之即生譬之若劒戟愚人以行忿則禍生聖人以誅暴則福成故得之以死得之以生得之以敗得之以成

人希見生象也而得死象之骨案其圖以想其生也故諸人之所以意想者皆謂之象也今道雖不可得聞見聖人執其見功以處見其形故曰無狀之狀無物之象凡理者方圓短長麤靡堅脆之分也故理定而後可得道也故定理有存亡有死生有盛衰夫物之一存一亡乍死乍生初盛而後衰者不可謂常唯夫與天與地之剖判也具生至天地之消散也不死不衰者謂

常者而常無攸易無定理無定理非在於常所是以不可道也聖人觀其玄虛用其周行強字之曰道然而可論故曰道之可道非常道也

人始於生而卒於死始之謂出卒之謂入故曰出生入死人之身三百六十節四肢九竅其大具也四肢與九竅十有三者十有三者之動靜盡屬於生焉屬之謂徒也故曰生之徒也十有三者至死也十有三具者皆還而屬之於死死之徒亦有十三故曰生之徒十有三死之徒十有三凡民之生生而生者固動動盡則損也而動不止是損而不止也損而不止則生盡生盡之謂死則十有三具者皆爲死死地也故曰民之生生而動動皆之死地之十有三是以聖人愛精神而貴處靜此甚大於兕虎之害夫兕虎有域動靜有時避其域省其時則免其兕虎之害矣民獨知兕虎之有爪角也而莫知萬物之盡有爪角

也不免於萬物之害何以論之時雨降集曠野閒靜而以昏晨犯山川則兕虎之爪角害之事上不忠輕犯禁令則刑法之爪角害之處鄉不節憎愛無度則爭鬭之爪角害之嗜慾無限動靜不節則虛痤疽之爪角害之好用其私智而弃道理則網羅之爪角害之兕虎有域而萬害有原避其域塞其原則免於諸害矣凡兵革者所以備害也重生者雖入軍無忿爭之心無忿爭之心則無所用救害之備此非獨謂野處之軍也聖人之遊世也無害人之心則必無人害無人害則不備人故曰陸行不遇兕虎入山不恃備以救害故曰入軍不備甲兵遠諸害故曰兕無所投其角虎無所錯其爪兵無所害其刃不設備而必無害天地之道理也體天地之道故曰無死地焉動無死地而謂之善攝生矣愛子者慈於子重生者慈於身貴功者慈於事慈母之於弱子也務致其福則事除其禍事除其禍則思慮熟思慮熟則得

事理得事理則必成功必成功則其行之也不疑不疑之謂勇聖人之於萬事也盡如慈母之爲弱子慮也故見必行之道則明其從事亦不疑不疑之謂勇不疑生於慈故曰慈故能勇周公曰冬日之閉凍也不固則春夏之長草木也不茂天地不能常侈常費而況於人乎故萬物必有盛衰萬事必有弛張國家必有文武官治必有賞罰是以智士儉用其財則家富聖人愛寶其神則精盛人君重戰其卒則民衆民衆則國廣是以舉之曰儉故能廣

凡物之有形者易裁也易割也何以論之有形則有短長有短長則有小大有小大則有方圓有方圓則有堅脆有堅脆則有輕重有輕重則有白黑短長大小方圓堅脆輕重白黑之謂理理定而物易割也故議於大庭而後言則立權議之士知之矣故欲成方圓而隨其規矩則萬事之功形矣而萬物莫不有規

矩議言之士計會規矩也聖人盡隨於萬物之規矩故曰不敢爲天下先不敢爲天下先則事無不事功無不功而議必蓋世欲無處大官其可得乎處大官之謂爲成事長是以故曰不敢爲天下先故能爲成事長

慈於子者不敢絶衣食慈於身者不敢離法度慈於方圓者不敢舍規矩故臨兵而慈於士吏則戰勝敵慈於器械則城堅固故曰慈於戰則勝以守則固夫能自全也而盡隨於萬物之理者必且有天生天生也者生心也故天下之道盡之生也若以慈衞之也事必萬全而舉無不當則謂之寶矣故曰吾有三寶持而寶之書之所謂大道也者端道也所謂貌施也者邪道也所謂徑大也者佳麗也佳麗也者邪道之分也朝甚除也者獄訟繁也獄訟繁則田荒田荒則府倉虛府倉虛則國貧國貧而民俗淫侈民俗淫侈則衣食之業絶衣食之業絶則民不得無

飾巧詐飾巧詐則知采文知采文之謂服文采獄訟繁倉廩虛而有以淫侈爲俗則國之傷也若以利劒刺之故曰帶利劒諸夫飾智故以至於傷國者其私家必富私家必富故曰資貨有餘國有若是者則愚民不得無術而效之效之則小盜生由是觀之大姦作小盜隨大姦唱則小盜和竽也者五聲之長者也故竽先則鍾瑟皆隨竽唱則諸樂皆和今大姦作則俗之民唱俗之民唱則小盜必和故服文采帶利劒厭飲食而貨資有餘者是之謂盜竽矣

人無愚智莫不有趨舍恬淡平安莫不知禍福之所由來得於好惡怵於淫物而後變亂所以然者引於外物亂於玩好也恬淡有趨舍之義平安知禍福之計而今也玩好變之外物引之引之而往故曰拔至聖人不然一建其趨舍雖見所好之物不能引不能引之謂不拔一於其情雖有可欲之類神不爲動神

不爲動之謂不脫爲人子孫者體此道以守宗廟不滅之謂祭祀不絶身以積精爲德家以資財爲德鄉國天下皆以民爲德今治身而外物不能亂其精神故曰脩之身其德乃眞眞者愼之固也治家無用之物不能動其計則資有餘故曰脩之家其德有餘治鄉者行此節則家之有餘者益衆故曰脩之鄉其德乃長治邦者行此節則鄉之有德者益衆故曰脩之邦其德乃豐莅天下者行此節則民之生莫不受其澤故曰脩之天下其德乃普脩身者以此别君子小人治鄉治邦莅天下者各以此科適觀息耗則萬不失一故曰以身觀身以家觀家以邦觀邦以天下觀天下吾奚以知天下之然也以此

韓非子卷第六

韓非子卷第七

喻老第二十一　　說林上第二十二

喻老第二十一

天下有道無急患則曰靜遽傳不用故曰却走馬以糞天下無道攻擊不休相守數年不已甲冑生蟣虱鷰雀處帷幄而兵不歸故曰戎馬生於郊翟人有獻豐狐玄豹之皮於晉文公文公受客皮而歎曰此以皮之美自爲罪夫治國者以名號爲罪徐偃王是也則以城與地爲罪虞虢是也故曰罪莫大於可欲智伯兼范中行而攻趙不已韓魏反之軍敗晉陽身死高粱之東遂卒被分漆其首以爲溲器故曰禍莫大於不知足虞君欲屈產之乘與垂棘之璧不聽宮之奇故邦亡身死故曰咎莫憯於欲得邦以存爲常霸其可也身以生爲常富貴其可也不欲自害則邦不亡身不死故曰知足之爲足矣楚莊王既勝狩于河雍歸而賞孫叔敖孫叔

敖請漢間之地沙石之處楚邦之法祿臣再世而收地唯孫叔敖獨在此不以其邦爲收者瘠也故九世而祀不絕故曰善建不拔善抱不脫子孫以其祭祀世世不輟孫叔敖之謂也制在己曰重不離位曰靜重則能使輕靜則能使躁故曰重爲輕根靜爲躁君故曰君子終日行不離輜重也邦者人君之輜重也主父生傳其邦此離其輜重者也故雖有代雲中之樂超然已無趙矣主父萬乘之主而以身輕於天下無勢之謂輕離位之謂躁是以生幽而死故曰輕則失臣躁則失君主父之謂也勢重者人君之淵也君人者勢重於人臣之間失則不可復得也簡公失之於田成晉公失之於六卿而邦亡身死故曰魚不可脫於深淵賞罰者邦之利器也在君則制臣在臣則勝君君見賞臣則損之以爲德君見罰臣則益之以爲威人君見賞而人臣用其勢人君見罰人臣乘其威故曰邦之利器不可以示人

越王入宦於吳而觀之伐齊以弊吳吳兵既勝齊人於艾陵張之於江濟強之於黃池故可制於五湖故曰將欲翕之必固張之將欲弱之必固強之晉獻公將欲襲虞遺之以璧馬知伯將襲仇由遺之以廣車故曰將欲取之必固與之起事於無形而要大功於天下是謂微明處小弱而重自卑謂損弱勝強也有形之類大必起於小行久之物族必起於少故曰天下之難事必作於易天下之大事必作於細是以欲制物者於其細也故曰圖難於其易也爲大於其細也千丈之堤以螻蟻之穴潰百尺之室以突隙之煙焚故曰白圭之行堤也塞其穴丈人之慎火也塗其隙是以白圭無水難丈人無火患此皆慎易以避難敬細以遠大者也扁鵲見蔡桓公立有間扁鵲曰君有疾在腠理不治將恐深桓侯曰寡人無扁鵲出桓侯曰醫之好治不病以爲功居十日扁鵲復見曰君之病在肌膚不治將益深桓侯不

應扁鵲出桓侯又不悦居十日扁鵲復見曰君之病在腸胃不治將益深桓侯又不應扁鵲桓侯又不悦居十日扁鵲望桓侯而還走桓侯故使人問之扁鵲曰疾在腠理湯熨之所及在肌膚鍼石之所及也在腸胃火齊之所及也在骨髓司命之所屬無柰何也今在骨髓臣是以無請也居五日桓侯體痛使人索扁鵲已逃秦矣桓侯遂死故良醫之治病也攻之於腠理此皆争之於小者也夫事之禍福亦有腠理之地故曰聖人蚤從事焉昔晉公子重耳出亡過鄭鄭君不禮叔瞻諫曰此賢公子也君厚待之可以積德鄭君不聽叔瞻又諫曰不厚待之不若殺之無令有後患鄭公又不聽及公子返晉邦舉兵伐鄭大破之取八城焉晉獻公以垂棘之璧假道於虞而伐虢大夫宫之奇諫曰不可脣亡而齒寒虞虢相救非相德也今日晉滅虢明日虞必隨之亡虞君不聽受其璧而假之道晉已取虢還反滅虞此二臣

者皆爭於腠理者也而二君不用也然則叔瞻宮之奇亦虞鄭之扁鵲也而二君不聽故鄭以破虞以亡故曰其安易持也其未兆易謀也昔者紂爲象箸而箕子怖以爲象箸必不加於土鉶必將犀玉之杯象箸玉杯必不羹菽藿必旄象豹胎旄象豹胎必不衣短褐而食於茅屋之下則錦衣九重廣室高臺吾畏其卒故怖其始居五年紂爲肉圃設炮烙登糟丘臨酒池紂遂以亡故箕子見象箸以知天下之禍故曰見小曰明勾踐入宦於吳身執干戈爲吳王洗馬故能殺夫差於姑蘇文王見詈於王門顔色不變而武王擒紂於牧野故曰守柔曰強越王之霸也不病宦 武王之王也不病詈故曰聖人之不病也以其不病是以無病也

宋之鄙人得璞玉而獻之子罕子罕不受鄙人曰此寶也宜爲君子器不宜爲細人用子罕曰爾以玉爲寶我以不受子玉爲

寶是鄙人欲玉而子罕不欲玉故曰欲不欲而不貴難得之貨王壽負書而行見徐馮於周塗馮曰事者爲也爲生於時知者無常事書者言也言生於知知者不藏書今子何獨負之而行於是王壽因焚其書而儛之故知者不以言談教而慧者不以藏書篋此世之所過也而王壽復之是學不學也故曰學不學復歸衆人之所過也

夫物有常容因乘以導之因隨物之容故靜則建乎德動則順乎道宋人有爲其君以象爲楮葉者三年而成豐殺莖柯毫芒繁澤亂之楮葉之中而不可别也此人遂以功食祿於宋邦列子聞之曰使天地三年而成一葉則物之有葉者寡矣故不乘天地之資而載一人之身不隨道理之數而學一人智此皆一葉之行也故冬耕之稼后稷不能羨也豐年大禾臧獲不能惡也以一人力則后稷不足隨自然則臧獲有餘故曰恃萬物

之自然而不敢爲也空竅者神明之户牖也耳目竭於聲色精神竭于外貌故中無主中無主則禍福雖如丘山無從識之故曰不出於户可以知天下不闚於牖可以知天道此言神明之不離其實也

趙襄主學御於王子期俄而與於期逐三易馬而三後襄主曰子之教我御術未盡也對曰術巳盡用之則過也凡御之所貴馬體安于車人心調于馬而後可以進速致遠今君後則欲逮臣先則恐逮于臣夫誘道争遠非先則後也而先後心在于臣上何以調於馬此君之所以後也

白公勝慮亂罷朝倒杖而策鋭貫頤血流至于地而不知鄭人聞之曰頤之忘將何爲忘哉故曰其出彌遠者其智彌少此言智周乎遠則所遺在近也是以聖人無常行也能並智故曰不行而知能並視故曰不見而明隨時以舉事因資而立功用萬物之能而獲利其上故曰不爲而成楚莊王莅政三年無令發無政

爲也右司馬御座而與王隱曰有鳥止南方之阜三年不翅不飛不鳴嘿然無聲此爲何名王曰三年不翅將以觀長羽翼不飛不鳴將以觀民則雖無飛飛必沖天雖無鳴鳴必驚人子釋之不穀知之矣處半年乃自聽政所廢者十所起者九誅大臣五舉處士六而邦大治舉兵誅齊敗之徐州勝晉於河雍合諸侯於宋遂霸天下莊王不爲小害善故有大名不蚤見示故有大功故曰大器晚成大音希聲

楚莊王欲伐越杜子諫曰王之伐越何也曰政亂兵弱杜子曰臣愚患之智如目也能見百步之外而不能自見其睫王之兵自敗於秦晉喪地數百里此兵之弱也莊蹻爲盜於境内而吏不能禁此政之亂也王之弱亂非越之下也欲伐越此智之如目也王乃止故知之難不在見人在自見故曰自見之謂明

子夏見曾子曾子曰何肥也對曰戰勝故肥也曾子曰何謂也

子夏曰吾入見先王之義則榮之出見富貴之樂又榮之兩者戰於胷中未知勝負故臞今先王之義勝故肥是以志之難也不在勝人在自勝也故曰自勝之謂強

周有玉版紂令膠鬲索之文王不予費仲來求因予之是膠鬲賢而費仲無道也周惡賢者之得志也故予費仲文王舉太公於渭濱者貴之也而資費仲玉版者是愛之也故曰不貴其師不愛其資雖知大迷是謂要妙

說林上第二十二

湯以伐桀而恐天下言己爲貪也因乃讓天下於務光而恐務光之受之也乃使人說務光曰湯殺君而欲傳惡聲于子故讓天下於子務光因自投於河

秦武王令甘茂擇所欲爲於僕與行事孟卯曰公不如爲僕公所長者使也公雖爲僕王猶使之於公也公佩僕璽而爲行事

是兼官也

子圉見孔子於商太宰孔子出子圉入請問客太宰曰吾已見孔子則視子猶蚤虱之細者也吾今見之於君子圉恐孔子貴於君也因請太宰曰君已見孔子孔子亦將視子猶蚤虱也太宰因弗復見也

魏惠王爲臼里之盟將復立於天子彭喜謂鄭君曰君勿聽大國惡有天子小國利之若君與大不聽魏焉能與小立之晉人伐邢齊桓公將救之鮑叔曰太蚤邢不亡晉不敝晉不敝齊不重且夫持危之功不如存亡之德大君不如晚救之以敝晉齊實利待邢亡而復存之其名實美桓公乃弗救

子胥出走邊候得之子胥曰上索我者以我有美珠也今我已亡之矣我且曰子取吞之候因釋之慶封爲亂於齊而欲走越其族人曰晉近奚不之晉慶封曰越遠利以避難族人曰變

是心也居晉而可不變是心也雖遠越其可以安乎

智伯索地於魏宣子魏宣子弗予任章曰何故不予宣子曰無故請地故弗予任章曰無故索地鄰國必恐彼重欲無猒天下必懼君予之地智伯必驕而輕敵鄰邦必懼而相親以相親之兵待輕敵之國則智伯之命不長矣周書曰將欲敗之必姑輔之將欲取之必姑予之君不如與之以驕智伯且君何釋以天下圖智氏而獨以吾國爲智氏質乎君曰善乃與之萬户之邑智伯大悅因索地於趙弗與因圍晉陽韓魏反之外趙氏應之内智氏自亡

秦康公築臺三年荊人起兵將欲以兵攻齊任妄曰饑召兵疾召兵勞召兵亂召兵君築臺三年今荊人起兵將攻齊臣恐其攻齊爲聲而以襲秦爲實也不如備之戍東邊荊人輟行

齊攻宋宋使臧孫子南求救於荊荊大說許救之甚歡臧孫子

憂而反其御曰索救而得今子有憂色何也臧孫子曰宋小而齊大夫救小宋而惡於大齊此人之所以憂也而荆王說必以堅我也我堅而齊敝荆之所利也臧孫子乃歸齊人拔五城於宋而荆救不至

魏文侯借道於趙而攻中山趙肅侯將不許趙刻曰君過矣魏攻中山而弗能取則魏必罷罷則魏輕魏輕則趙重魏拔中山必不能越趙而有中山也是用兵者魏也而得地者趙也君必許之而大歡彼將知君利之也必將輟行君不如借之道示以不得已也

鴟夷子皮事田成子田成子去齊走而之燕鴟夷子皮負傳而從至望邑子皮曰子獨不聞涸澤之蛇乎涸澤蛇將徙有小蛇謂大蛇曰子行而我隨之人以爲蛇之行者耳必有殺子不如相銜負我以行人以我爲神君也乃相銜負以越公道人皆避

之曰神君也今子美而我惡以子爲我上客千乘之君也以子爲我使者萬乘之卿也子不如爲我舍人田成子因負傳而隨之至逆旅逆旅之君待之甚敬因獻酒肉

溫人之周周不納客問之曰客耶對曰主人問其巷人而不知也吏因囚之君使人問之曰子非周人也而自謂非客何也對曰臣少也誦詩曰普天之下莫非王土率土之濱莫非王臣今君天子則我天子之臣也豈有爲人之臣而又爲之客哉故曰主人也君使出之

韓宣王謂樛留曰吾欲兩用公仲公叔其可乎對曰不可晉用六卿而國分簡公兩用田成闞止而簡公殺魏兩用犀首張儀而西河之外亡今王兩用之其多力者樹其黨寡力者借外權羣臣有內樹黨以驕主內有外爲交以削地則王之國危矣

紹績昧醉寐而亡其裘宋君曰醉足以亡裘乎對曰桀以醉亡

天下而康誥曰毋彝酒者彝酒常酒也常酒者天子失天下匹夫失其身

管仲隰朋從於桓公而伐孤竹春往冬反迷惑失道管仲曰老馬之智可用也乃放老馬而隨之遂得道行山中無水隰朋曰蟻冬居山之陽夏居山之陰蟻壤一寸而仞有水乃掘地遂得水以管仲之聖而隰朋之智至其所不知不難師於老馬與蟻今人不知以其愚心而聖人之智不亦過乎

有獻不死之藥於荆王者謁者操之以入中射之士問曰可食乎曰可因奪而食之王大怒使人殺中射之士中射之士使人說王曰臣問謁者曰可食臣故食之是臣無罪而罪在謁者也且客獻不死之藥臣食之而王殺臣是死藥也是客欺王也夫殺無罪之臣而明人之欺王也不如釋臣王乃不殺

田駟欺鄒君鄒君將使人殺之田駟恐告惠子惠子見鄒君曰

今有人見君則睞其一目奚如君曰我必殺之惠子曰瞽兩目睞君奚爲不殺君曰不能勿睞惠子曰田駟東慢齊侯南欺荆王駟之於欺人瞽也君奚怨焉鄒君乃不殺

魯穆公使衆公子或宦於晉或宦於荆犁鉏曰假人於越而救溺子越人雖善遊子必不生矣失火而取水於海海水雖多火必不滅矣遠水不救近火也今晉與荆雖強而齊近魯患其不救乎

嚴遂不善周君患之馮沮曰嚴遂相而韓傀貴於君不如行賊於韓傀則君必以爲嚴氏也

張譴相韓病將死公乘無正懷三十金而問其疾居一月自問張譴曰若子死將誰使代子荅曰無正重法而畏上雖然不如公子食我之得民也張譴死因相公乘無正

樂羊爲魏將而攻中山其子在中山中山之君烹其子而遺之

羹樂羊坐於幕下而啜之盡一杯文侯謂堵師贊曰樂羊以我故而食其子之肉荅曰其子而食之且誰不食樂羊罷中山文侯賞其功而疑其心

孟孫獵得麑使秦西巴載之持歸其母隨之而啼秦西巴弗忍而與之孟孫歸至而求麑荅曰余弗忍而與其母孟孫大怒逐之居三月復召以爲其子傅其御曰曩將罪之今召以爲子傅何也孟孫曰夫不忍麑又且忍吾子乎故曰巧詐不如拙誠樂羊以有功見疑秦西巴以有罪益信

曾從子善相劍者也衞君怨吴王曾從子曰吴王好劍臣相劍者也臣請爲吴王相劍拔而示之因爲君刺之衞君曰子爲之是也非緣義也爲利也吴強而富衞弱而貧子必往吾恐子爲吴王用之於我也乃逐

紂爲象箸箕子怖以爲象著不盛羹於土簋則必犀玉之杯玉

柸象箸必不盛菽藿則必旄象豹胎旄象豹胎必不衣短褐而舍茅茨之下則必錦衣九重高臺廣室也稱此以求則天下不足矣聖人見微以知萌見端以知末故見象箸而怖知天下不足也

周公旦巳勝殷將攻商蓋辛公甲曰大難攻小易服不如服衆小以刼大乃攻九夷而商蓋服矣

紂爲長夜之飲懼以失日問其左右盡不知也乃使人問箕子箕子謂其徒曰爲天下主而一國皆失日天下其危矣一國皆不知而我獨知之吾其危矣辭以醉而不知

魯人身善織屨妻善織縞而欲徙於越或謂之曰子必窮矣魯人曰何也曰屨爲履之也而越人跣行縞爲冠之也而越人被髮以子之所長游於不用之國欲使無窮其可得乎

陳軫貴於魏王惠子曰必善事左右夫楊橫樹之即生倒樹之

即生折而樹之又生然使十人樹之而一人拔之則毋生楊至以十人之衆樹易生之物而不勝一人者何也樹之難而去之易也子雖工自樹於王而欲去子者衆子必危矣

魯季孫新弒其君吳起仕焉或謂起曰夫死者始死而血已血衂已衂而灰已灰而土及其土也無可爲者矣今季孫乃始血其毋乃未可知也吳起因去之晋

隰斯彌見田成子田成子與登臺四望三面皆暢南望隰子家之樹蔽之田成子亦不言隰子歸使人伐之斧離數創隰子止之其相室曰何變之數也隰子曰古者有諺曰知淵中之魚者不祥夫田子將有大事而我示之知微我必危矣不伐樹未有罪也知人之所不言其罪大矣乃不伐也

楊子過於宋東之逆旅有妾二人其惡者貴美者賤楊子問其故逆旅之父荅曰美者自美吾不知其美也惡者自惡吾不知

其惡也楊子謂弟子曰行賢而去自賢之心焉往而不美

衛人嫁其子而教之曰必私積聚爲人婦而出常也其成居幸也其子因私積聚其姑以爲多私而出之其子所以反者倍其所以嫁其父不自罪於教子非也而自知其益富今人臣之處官者皆是類也

魯丹三説中山之君而不受也因散五十金事其左右復見未語而君與之食魯丹出而不反舍遂去中山其御曰反見乃始善我何故去之魯丹曰夫以人言善我必以人言罪我未出境而公子惡之曰爲趙來間中山君因索而罪之

田伯鼎好士而存其君白公好士而亂荆其好士則同其所以爲則異公孫友自刖而尊百里竪刁自宮而諂桓公其自刑則同其所自刑之爲則異慧子曰狂者東走逐者亦東走其東走則同其所以東走之爲則異故曰同事之人不可不審察也

韓非子卷第七

韓非子卷第八

說林下第二十三　觀行第二十四
安危第二十五　守道第二十六
用人第二十七　功名第二十八
大體第二十九

說林下第二十三

伯樂教二人相踶馬相與之簡子廐觀馬一人舉踶馬其一人舉踶馬其一人從後而循之三撫其尻而馬不踶此自以爲失相其一人曰子非失相也此其爲馬也踒肩而腫膝夫踶馬也者舉後而任前腫膝不可任也故後不舉子巧於相踶馬而拙於任在腫膝而不任拙於腫膝夫事有所必歸而以有所腫膝而不任智者之所獨知也惠子曰置猿於柙中則與豚同故勢不便非所以逞能也

衛將軍文子見曾子，曾子不起而延於坐席，正身於奥。文子謂其御曰：「曾子愚人也哉！以我爲君子也，君子安可毋敬也？以我爲暴人也，暴人安可侮也？曾子不僇命也。」

鳥有翢翢者，重首而屈尾，將欲飲於河則必顛，乃銜其羽而飲之。人之所有飲不足者，不可不索其羽也。

鱣似蛇，蠶似蠋。人見蛇則驚駭，見蠋則毛起。漁者持鱣，婦人拾蠶，利之所在，皆爲賁、諸。

伯樂教其所憎者相千里之馬，教其所愛者相駑馬。千里之馬時一，其利緩；駑馬日售，其利急。此周書所謂下言而上用者惑也。

桓赫曰：「刻削之道，鼻莫如大，目莫如小。鼻大可小，小不可大也；目小可大，大不可小也。」舉事亦然，爲其不可復者也，則事寡敗矣。

崇侯、惡來知不適紂之誅也，而不見武王之滅之也。比干、子胥知其君之必亡也，而不知身之死也。故曰：崇侯、惡來知心而不

知事比干子胥知事而不知心聖人其備矣

宋太宰貴而主斷季子將見宋君梁子聞之曰語必可與太宰三坐乎不然將不免季子因說以貴主而輕國

楊朱之弟楊布衣素衣而出天雨解素衣衣緇衣而反其狗不知而吠之楊布怒將擊之楊朱曰子毋擊也子亦猶是曩者使女狗白而往黑而來子豈能毋怪哉

惠子曰羿執鞅持扞操弓關機越人爭爲持的弱子扞弓慈母入室閉戶故曰可必則越人不疑羿不可必則慈母逃弱子

桓公問管仲富有涯乎荅曰水之以涯其無水者也以富之以涯其富已足者也人不能自止於足而亡其富之涯乎

宋之富賈有監止子者與人爭買百金之璞玉因佯失而毀之負其百金而理其毀瑕得千溢焉事有舉之而有敗而賢其毋舉之者負之時也

有欲以御見荆王者衆騶妒之因曰臣能撽鹿見王王爲御不及鹿自御及之王善其御也乃言衆騶妒之

荆令公子將伐陳丈人送之曰晉彊不可不愼也公子曰丈人奚憂吾爲丈人破晉丈人曰可吾方廬陳南門之外公子曰是何也曰我笑勾踐也爲人之如是其易也己獨何爲密密十年難乎

堯以天下讓許由許由逃之舍於家人家人藏其皮冠夫弃天下而家人藏其皮冠是不知許由者也

三虱相與訟一虱過之曰訟者奚說三虱曰爭肥饒之地一虱曰若亦不患臘之至而茅之燥耳若又奚患於是乃相與聚嘬其母而食之彘臞人乃弗殺

蟲有就（或作蚘）者一身兩口爭相齕也遂相殺因自殺人臣之爭事而亡其國者皆蚘類也

宮有堊器有滌則潔矣行身亦然無滌堊之地則寡非矣公子糾將爲亂桓公使使者視之使者報曰笑不樂視不見必爲亂乃使魯人殺之

公孫弘斷髮而爲越王騎公孫喜使人絶之曰吾不與子爲昆弟矣公孫弘曰我斷髮子斷頸而爲人用兵我將謂子何周南之戰公孫喜死焉

有與悍者鄰欲賣宅而避之人曰是其貫將滿也遂去之故曰勿之矣子姑待之荅曰吾恐其以我滿貫也遂去故曰物之幾者非所靡也

孔子謂弟子曰孰能導子西之釣名也子貢曰賜也能乃導之不復疑也孔子曰寛哉不被於利絜哉民性有恒曲爲曲直爲直

孔子曰子西不免白公之難子西死焉故曰直於行者曲於欲

晉中行文子出亡過於縣邑從者曰此嗇夫公之故人公奚不

休舍且待後車文子曰吾嘗好音此人遺我鳴琴吾好珮此人遺我玉環是振我過者也以求容於我者吾恐其以我求容於人也乃去之果收文子後車二乘而獻之其君矣

周趮謂宫他曰爲我謂齊王曰以齊資我於魏請以魏事王宫他曰不可是示之無魏也齊王必不資於無魏者而以怨有魏者公不如曰以王之所欲臣請以魏聽王齊王必以公爲有魏也必因公是公有齊也因以有齊魏矣

白圭謂宋令尹曰君長自知政公無事矣今君少主也而務名不如令荆賀君之孝也則君不奪公位而大敬重公則公常用宋矣

管仲鮑叔相謂曰君亂甚矣必失國齊國之諸公子其可輔者非公子糾則小白也與子人事一人爲相達者相收管仲乃從公子糾鮑叔從小白國人果弑君小白先入爲君魯人拘管仲

而效之鮑叔言而相之故諺曰巫咸雖善祝不能自祓也秦醫雖善除不能自彈也以管仲之聖而待鮑叔之助此鄙諺所謂虜自賣裘而不售士自譽辯而不信者也

荆王伐吴吴使沮衞蹷融犒於荆師而將軍曰縛之殺以釁鼓問之曰女來卜乎荅曰卜卜吉荆人曰今荆將欲女釁鼓其何也荅曰是故其所以吉也吴使人來也固視將軍怒將軍怒將深溝高壘將軍不怒將懈怠今也將軍殺臣則吴必警守矣且國之卜非爲一臣卜夫殺一臣而存一國其不言吉何也且死者無知則以臣釁鼓無益也死者有知也臣將當戰之時臣使鼓不鳴荆人因不殺也

知伯將伐仇由而道難不通乃鑄大鍾遺仇由之君仇由之君大說除道將内之赤章曼枝曰不可此小之所以事大也而今也大以來卒以隨之不可内也仇由之君不聽遂内之赤章曼

枝因斷轂而驅至於齊七月而仇由亡矣

越巳勝吳又索卒於荆而攻晋左史倚相謂荆王曰夫越破吳豪士死銳卒盡大甲傷今又索卒以攻晋示我不病也不如起師與分吳荆王曰善因起師而從越越王怒將擊之大夫種曰不可吾豪士盡大甲傷我與戰必不剋不如賂之乃割露山之陰五百里以賂之

荆伐陳吳救之軍閒三十里雨十日夜星左史倚相謂子期曰雨十日甲輯而兵聚吳人必至不如備之乃爲陳陳未成也而吳人至見荆陳而反左史曰吳反覆六十里其君子必休小人必食我行三十里擊之必可敗也乃從之遂破吳軍

韓趙相與爲難韓子索兵於魏曰願借師以伐趙魏文侯曰寡人與趙兄弟不可以從趙又索兵攻韓文侯曰寡人與韓兄弟不敢從二國不得兵怒而反巳乃知文侯以搆於己乃皆朝魏

齊伐魯，索讒鼎，魯以其鴈往。齊人曰：「鴈也。」魯人曰：「眞也。」齊曰：「使樂正子春來，吾將聽子。」魯君請樂正子春，樂正子春曰：「胡不以其眞往也？」君曰：「我愛之。」荅曰：「臣亦愛臣之信。」

韓咎立爲君，未定也，弟在周，周欲重之，而恐韓咎不立也。綦毋恢曰：「不若以車百乘送之。得立，因曰爲戒；不立，則曰來效賊也。」

靖郭君將城薛，客多以諫者。靖郭君謂謁者曰：「毋爲客通。」齊人有請見者，曰：「臣請三言而已，過三言，臣請烹。」靖郭君因見之。客趨進曰：「海大魚。」因反走。靖郭君曰：「請聞其說。」客曰：「臣不敢以死爲戲。」靖郭君曰：「願爲寡人言之。」荅曰：「君聞大魚乎？網不能止，繳不能絓也，蕩而失水，螻蟻得意焉。今夫齊亦君之海也。君長有齊，奚以薛爲？君失齊，雖隆薛城至於天，猶無益也。」靖郭君曰：「善。」乃輟不城薛。

荆王弟在秦，秦不出也。中射之士曰：「資臣百金，臣能出之。」因載百金之晉見叔向曰荆王弟在秦秦不出也請以百金委叔向叔向受金而以見之晉平公曰可以城壺丘矣平公曰何也對曰荆王弟在秦秦不出也是秦惡荆也必不敢禁我城壺丘若禁之我曰爲我出荆王之弟吾不城也彼如出之可以得荆彼不出是卒惡也必不敢禁我城壺丘矣公曰善乃城壺丘謂秦公曰爲我出荆王之弟吾不城也秦因出之荆王大說以鍊金百鎰遺晉

闔廬攻郢戰三勝問子胥曰可以退乎子胥對曰溺人者一飲而止則無逆者以其不休也不如乘之以沉之

鄭人有一子將宦謂其家曰必築壞墻是不善人將竊其巷人亦云不時築而人果竊之以其子爲智以巷人告者爲盜

觀行第二十四

古之人目短於自見故以鏡觀面智短於自知故以道正己故

鏡無見疵之罪道無明過之怨目失鏡則無以正鬚眉身失道則無以知迷惑西門豹之性急故佩韋以緩己董安于之心緩故佩弦以自急故以有餘補不足以長續短之謂明主

天下有信數三一曰智有所不能立二曰力有所不能舉三曰彊有所不能勝故雖有堯之智而無衆人之助大功不立有烏獲之勁而不得人助不能自舉有賁育之彊而無法術不得長生故世有不可得事有不可成故烏獲輕千鈞而重其身非其身重於千鈞也勢不便也離朱易百步而難眉睫非百步近而眉睫遠也道不可也故明主不窮烏獲以其不能自舉不困離朱以其不能自見因可勢求易道故用力寡而功名立時有滿虛事有利害物有生死人主爲三者發喜怒之色則金石之士離心焉聖賢之撲淺深矣故明主觀人不使人觀己明於堯不能獨成烏獲不能自舉賁育之不能自勝以法術則觀行之道畢矣

安危第二十五

安術有七危道有六安術一曰賞罰隨是非二曰禍福隨善惡三曰死生隨法度四曰有賢不肖而無愛惡五曰有愚智而無非譽六曰有尺寸而無意度七曰有信而無詐

危道一曰斲削於繩之内二曰斲割於法之外三曰利人之所害四曰樂人之所禍五曰危人於所安六曰所愛不親所惡不踈如此則人失其所以樂生而忘其所以重死人不樂生則人主不尊不重死則令不行也

使天下皆極智能於儀表盡力於權衡以動則勝以靜則安治世使人樂生於爲是愛身於爲非小人少而君子多故社稷長立國家久安奔車之上無仲尼覆舟之下無伯夷故號令者國之舟車也安則智廉生危則爭鄙起故安國之法若饑而食寒而衣不令而自然也先王寄理於竹帛其道順故後世服令使

人去饑寒雖賁育不能行廢自然雖順道而不立強勇之所不能行則上不能安上以無厭責已盡則下對無有則輕法法所以爲國也而輕之則功不立名不成聞古扁鵲之治其病也以刀刺骨聖人之救危國也以忠拂耳刺骨故小痛在體而長利在身拂耳故小逆在心而久福在國故甚病之人利在忍痛猛毅之君以福拂耳忍痛故扁鵲盡巧拂耳則子胥不失壽安之術也病而不忍痛則失扁鵲之巧危而不拂耳則失聖人之意如此長利不遠垂功名不久立

人主不自刻以堯而責人臣以子胥是幸殷人之盡如比干盡如比干則上不失下不亡不權其力而有田成而幸其身盡如比干故國不得一安廢堯舜而立桀紂則人不得樂所長而憂所短失所長則國家無功守所短則民不樂生以無功御不樂生以無功御不樂生不可行於齊民如此則上無以使下下無

以事上

安危在是非不在於強弱存亡在虛實不在於衆寡故齊萬乘也而名實不稱上空虛於國內不充滿於名實故臣得奪主殺天子也而無是非賞於無功使讒諛以詐僞爲貴誅於無罪使傴以天性剖背以詐僞是天性爲非小得勝大

明主堅內故不外失失之近亡不亡於遠者無有故周之奪殷也拾遺於庭使殷不遺於朝則周不敢望秋毫於境而況敢易位乎

明主之道忠法其法忠心故臨之而法去之而思堯無膠漆之約於當世而道行舜無置錐之地於後世而德結能立道於往古而垂德於萬世者之謂明主

守道第二十六

聖王之立法也其賞足以勸善其威足以勝暴其備足以必

完法治世之臣功多者位尊力極者賞厚情盡者名立善之
生如春惡之死如秋故民勸極力而樂盡情此之謂上下相得
上下相得故能使用力者自極於權衡而務至於任鄙戰士出
死而願爲賁育守道者皆懷金石之心以死子胥之節用力者
爲任鄙戰如賁育中爲金石則君人者高枕而守已完矣
古之善守者以其所重禁其所輕以其所難止其所易故君子
與小人俱正盗跖與曾史俱廉何以知之夫貪盗不赴谿而掇
金則身不全賁育不量敵則無勇名盗跖不計可則利不成
明主之守禁也賁育見侵於其所不能勝盗跖見害於其所不
能取故能禁賁育之所不能犯守盗跖之所不能取則暴者守
愿邪者反正大勇愿巨盗貞平則天下公平而齊民之情正矣
人主離法失人則危於伯夷不妄取而不免於田成盗跖之耳
可也今天下無一伯夷而姦人不絶世故立法度量度量信則

伯夷不失是而盜跖不得非法分明則賢不得奪不肖強不得侵弱衆不得暴寡託天下於堯之法則貞士不失分姦人不徼幸寄千金於羿之矢則伯夷不得亡而盜跖不敢取堯明於不失姦故天下無邪羿巧於失發故千金不亡邪人不壽而盜跖止如此故圖不載宰予不舉六卿書不著子胥不明夫差孫吳之略廢盜跖之心伏人主甘服於玉堂之中而無瞋目切齒傾取之患人臣垂拱金城之內而無扼捥聚脣嗟唶之禍服虎而不以柙禁姦而不以法塞僞而不以符此賁育之所患堯舜之所難也故設柙非所以備鼠也所以使怯弱能服虎也立法非所以避曾史也所以庸主能止盜跖也爲符非所以豫尾生也所以使衆人不相謾也不獨恃比干之死節不幸亂臣之無詐也恃怯之所能服握庸主之所易守當今之世爲人主忠計爲天下結德者利莫長於如此故君人者無亡國之圖而忠臣無

失身之畫明於尊位必賞故能使人盡力於權衡死節於官職通賁育之情不以死易生惑於盜跖之貪不以財易身則守國之道畢備矣

用人第二十七

聞古之善用人者必循天順人而明賞罰循天則用力寡而功立順人則刑罰省而令行明賞罰則伯夷盜跖不亂如此則白黑分矣治國之臣效功於國以履位見能於官以受職盡力於權衡以任事人臣皆宜其能勝其官輕其任而莫懷餘力於心莫負兼官之責於君故內無伏怨之亂外無馬服之患明君使事不相干故莫訟使士不兼官故技長使人不同功故莫爭訟爭訟止技長立則彊弱不觳力冰炭不合形天下莫得相傷治之至也

釋法術而心治堯不能正一國去規矩而妄意度奚仲不能成一

輪廢尺寸而差短長王爾不能半中使中主守法術拙匠守規矩尺寸則萬不失矣君人者能去賢巧之所不能守中拙之所萬不失則人力盡而功名立

明主立可爲之賞設可避之罰故賢者勸賞而不見子胥之禍不肖者少罪而不見傴剖背盲者處平而不遇深谿愚者守靜而不陷險危如此則上下之恩結矣古之人曰其心難知喜怒難中也故以表示目以鼓語耳以法教心君人者釋三易之數而行之一難知之如此則怒積於上而怨積於下以積怒而御積怨則兩危矣

明主之表易見故約立其教易知故言用其法易爲故令行三者立而上無私心則下得循法而治望表而動隨繩而斲因攢而縫如此則上無私威之毒而下無愚拙之誅故上君明而少怒下盡忠而少罪

聞之曰舉事無患者堯不得也而世未嘗無事也君人者不輕爵祿不易富貴不可與救危國故明主厲廉恥招仁義昔者介子推無爵祿而義隨文公不忍口腹而仁割其肌故人主結其德書圖著其名人主樂乎使人以公盡力而苦乎以私奪威人臣安乎以能受職而苦乎以一負二（謂一身兩役也）故明主除人臣之所苦而立人主之所樂上下之利莫長於此不察私門之內輕慮重事厚誅薄罪久怨細過長侮偷快（長輕侮人偷取一時之快也）數以德追禍（禍賊當誅而反以德報之也）是斷手而續以玉也故世有易身之患人主立難爲而罪不及則私怨立人臣失所長而奉難給則伏怨結勞苦不撫循憂悲不哀憐喜則譽小人賢不肖俱賞怒則毀君子使伯夷與盜跖俱辱故臣有叛主使燕王內憎其民而外愛魯人則燕不用而魯不附見憎不能盡力而務功魯見說而不能離死命而親他主如此則人臣爲隙穴而人主獨立以

隙穴之臣而事獨立之主此之謂危殆

釋儀的而妄發雖中小不巧釋法制而妄怒雖殺戮而姦人不恐罪生甲禍歸乙伏怨乃結故至治之國有賞罰而無喜怒故聖人極有刑法而死無螫毒故姦人服發矢中的賞罰當符故堯復生羿復立如此則上無殷夏之患下無比干之禍君高枕而臣樂業道蔽天地德極萬世矣夫人主不塞隙穴而勞力於赭堊暴雨疾風必壞不去眉睫之禍而慕賁育之死不謹蕭牆之患而固金城於遠境不用近賢之謀而外結萬乘之交於千里飄風一旦起則賁育不及救而外交不及至禍莫大於此當今之世爲人主忠計者必無使燕王說魯人無使近世慕賢於古無思越人以救中國溺者如此則上下親内功立外名成

功名第二十八

明君之所以立功成名者四一曰天時二曰人心三曰技能四

曰勢位非天時雖十堯不能冬生一穗逆人心雖賁育不能盡人力故得天時則務而自生得人心則不趣而自勸因技能則不急而自疾得勢位則不推進而名成若水之流若船之浮守自然之道行毋窮之令故曰明主

夫有材而無勢雖賢不能制不肖故立尺材於高山之上則臨千仞之谿材非長也位高也桀爲天子能制天下非賢也勢重也堯爲匹夫不能正三家非不肖也位卑也千鈞得船則浮錙銖失船則沉非千金輕錙銖重也有勢之與無勢也故短之臨高也以位不肖之制賢也以勢人主者天下一力以共載之故安衆同心以共立之故尊人臣守所長盡所能故忠以尊主主御忠臣則長樂生而功名成名實相持而成形影相應而立故臣主同欲而異使人主之患在莫之應故曰一手獨拍雖疾無聲人臣之憂在不得一故曰右手畫圓左手畫方不能兩成故

曰至治之國君若桴臣若鼓技若車事若馬故人有餘力易於應而技有餘巧於事立功者不足於力親近者不足於信成名者不足於勢近者已親而遠者不結則名不稱實者也聖人德若堯舜行若伯夷而位不載於世則功不立名不遂故古之能致功名者衆人助之以力近者結之以成遠者譽之以名尊者載之以勢如此故太山之功長立於國家而日月之明久著於天地此堯之所以南面而守名舜之所以北面而效功也

大體第二十九

古之全大體者望天地觀江海因山谷日月所照四時所行雲布風動不以智累心不以私累己寄治亂於法術託是非於賞罰屬輕重於權衡不逆天理不傷情性不吹毛而求小疵不洗垢而察難知不引繩之外不推繩之內不急法之外不緩法之內守成理因自然禍福生乎道法而不出乎愛惡榮辱之責在乎

己而不在乎人故致至安之世法如朝露純摸不散心無結怨口無煩言故車馬不疲獘於遠路旌旗不亂於大澤萬民不失命於寇戎雄駿不創壽於旗幢豪傑不著名於圖書不録功於盤盂記年之牒空虛故曰利莫長於簡福莫久於安使匠石以千歲之壽操鉤視規矩舉繩墨而正太山使賁育帶干將而齊萬民雖盡力於巧極盛於壽太山不正民不能齊故曰古之牧天下者不使匠石極巧以敗太山之體不使賁育盡威以傷萬民之性因道全法君子樂而大姦止澹然閒靜因天命持大體故使人無離法之罪魚無失水之禍如此故天下少不可上不天則下不遍覆心不地則物不必載太山不立好惡故能成其高江海不擇小助故能成其富故大人寄形於天地而萬物備歷心於山海而國家富上無忿怒之毒下無伏怨之患上下交摸以道爲舍故長利積大功立名成於前德垂於後治之

至也

韓非子卷第八

韓非子卷第九

内儲說上七術第三十（儲聚也謂聚其所說皆君之内謀故曰内儲說）

主之所用也七術所察也六微七術一曰衆端參觀（端直也欲求衆直必參驗而聽觀也）二曰必罰明威三曰信賞盡能四曰一聽責下（專聽一理必有失責下不一能則不明）五曰疑詔詭使（疑危而制之譎詭而回使之則下不敢隱情）六曰挾知而問七曰倒言反事（或倒其言或反其事則姦情可得而盡）此七者主之所用也

觀聽不參則誠不聞（不參謂偏聽一人則誠者莫告）聽有門戶則臣壅塞（其聽有所從若門戶然則爲臣所塞）其說侏儒之夢見竈（侏儒夢竈言竈有一人煬則後人不見此譏靈公偏聽子瑕）哀公之稱莫衆而迷（公言謀事無衆故迷孔子對舉國盡黨季孫與之同亂是一國爲一人公之迷宜矣）故齊人見河伯（齊王專信一人故被誑以大魚爲河伯）與惠子之言亡其半也（惠子言君之謀事有半疑有半今皆稱不疑則當同朋黨故曰亡其半此上五說皆不參門戶之聽）其患在豎牛之餓叔孫（叔孫專聽豎牛故身餓死而二子戮亡也）而江乞之說荆俗也（荆俗不言人惡故白公得以爲亂）嗣公欲治不知（謂不知治之術也）故使有敵（恐其所貴臣妾擁已故更貴臣妾以

敵之彼得敵適足以成其朋黨爲擁更甚也是以明主推積鐵之類積鐵爲室盡以備矢則體不傷積疑爲心盡以備臣則姦不生而察一市之患雖一市之人言市有之虎猶未可信況三人乎

叅觀一

愛多者則法不立威寡者則下侵上是以刑罰不必則禁令不行其說在董子之行石邑董子至石邑象深澗以立法故趙國治也與子産之教游吉也子産教游吉令法火以嚴斷故仲尼說隕霜仲尼對哀公言隕霜不殺草則以宜殺而不殺故也而殷法刑弃灰將行去樂池將行以樂池不專任以刑賞之柄故去之而公孫鞅重輕罪公孫鞅以謂輕罪尚不能犯則無由犯重罪故先重輕罪是以麗水之金不守竊麗水之金其罪辜磔猶竊而不止則有竊而獲免者故雖重罪不止也而積澤之火不救魯之積澤火焚而人不救則以不行法故也成歡以太仁弱齊國成歡以齊王太仁知其必弱齊國卜皮以慈惠亡魏王卜皮以魏王慈惠其必亡其身也管仲知之故斷死人知治国常嚴禁人之厚葬不用命者戮其尸嗣公知之故買胥靡嗣公亦知國當必罰有胥靡逃之以一都買而誅之

必罰二

賞譽薄而謾者下不用也謾欺也賞譽厚而信者下輕死其說在文子稱若獸鹿獸鹿唯就薦草猶人臣之歸恩厚也故越王焚宮室焚其室者欲行賞罰於救火以驗人之用命而吳起倚車轅賞移轅者欲示其信而不欺也李悝斷訟以射欲人之善射故其斷訟與善射者理也宋崇門以毀死崇門之人居喪而瘠君與之官故多毀死者也勾踐知故式怒鼃勾踐知勸賞可以詔人故式怒鼃以求勇昭侯知之故藏弊袴厚賞之使人爲貴諸也婦人之拾蠶漁者之握鱣是以效之拾蠶握鱣而不惱者利在故也此得利忘難之效也

賞譽三

一聽則愚智不分直聽一理不反覆參之則愚智不分責下則人臣不參下之材能一一責之則人臣不得參雜其說在索鄭魏王以鄭求梁地故索鄭而合之不思梁求鄭地鄭人亦索梁而合之此一聽之過也與吹竽混商吹竽是不責下也故令得參雜其患在申子之以趙紹韓沓爲嘗試申子爲請兵先令趙紹韓沓嘗君知其意然後說終成其私也故公子汜議割河東韓王欲河東以搆三國此非計也公子汜激君行令而應侯謀弛上黨應侯謀上黨亦非計也秦王從之此

上二事皆一聽之患也

一聽四

數見久待而不任姦則鹿散謂人數見於君或復久待雖不任用外人則謂此得主之意終不敢爲姦如鹿之散使人問他則不鬻私謂使此雖知其所爲陽若不知更試以他事或問之他人不敢鬻其私矣鬻猶售是以龐敬還公大夫龐敬使市者不爲姦故還大夫而警之而戴讙詔視轀車戴讙欲知奉笥者更使視轀車周主亡玉簪周主故亡玉簪以求神明之譽也商太宰論牛矢太宰詭論牛矢以求聽察之名也

詭使五

挾智而問則不智者至挾已所智而有所問則雖不智者莫不皆智也深智一物衆隱皆變於伏一物智之能深則衆隱伏之物莫不變而露見其說在昭侯之握一爪也握爪佯王以驗左右之誠故必南門而三鄉得必審南門之牛犯苗而三鄉之犯者皆得其情實周主索曲杖而羣臣懼私得曲杖羣臣聳懼卜皮事庶子使庶子愛御史便得彼陰懼也西門豹詳遺轄謀遺其轄欲取清明之稱也

挾智六

倒言反事以嘗所疑則姦情得（倒錯其言反爲其事以試其所疑也）故陽山謾樛豎（僞謾樛豎知君疑也）淖齒爲秦使（詐爲秦使知君惡己）齊人欲爲亂（佯逐所愛令君知而不疑）子之以白馬（謬言白馬以驗左右之誠）子産離訟者（分離訟者便得兩訟之情）嗣公過關市（知過者之輸金便得聽察之稱）

倒言七右經

一衛靈公之時彌子瑕有寵專於衛國侏儒有見公者曰臣之夢賤矣公曰何夢對曰夢見竈爲見公也公怒曰吾聞見人主者夢見日奚爲見寡人而夢見竈對曰夫日兼燭天下一物不能當也（言一物不能蔽日之光也）人君兼燭一國人一人不能擁也（一人不能擁君之明）故將見人主者夢見日夫竈一人煬焉則後人無從見矣（一人煬則蔽竈之光故後人不見之煬然也）今或者一人有煬君者乎（此譏彌子瑕專擁蔽君之明）則臣雖夢見竈不亦可乎

魯哀公問於孔子曰鄙諺曰莫衆而迷（舉事不與衆謀者必迷惑）今寡人舉事與羣臣慮之而國愈亂其故也孔子對曰明主之問臣一人知之一人不知也（一人知之一人不知則得再三詳議）如是者明主在上羣臣直議於下今羣臣無不一辭同軌乎季孫者舉魯國盡化爲一（舉國既化爲一則不得論其是非也）君雖問境内之人猶之人不免於亂也（境内之人亦與季孫爲一故問之無益）

一曰晏嬰子聘魯哀公問曰語曰莫三人而迷（舉事不與三人謀必知迷惑也）今寡人與一國慮之魯不免於亂何也晏子曰古之所謂莫三人而迷者一人失之二人得之三人足以爲衆矣故曰莫三人而迷今魯國之羣臣以千百數一言於季氏之私人數非不衆所言者一人也安得三哉

齊人有謂齊王曰河伯大神也王何不試與之遇乎臣請使王遇之遇爲壇場大水之上而與王立之焉有間大魚動因曰此河伯（直信一人言故有斯弊）

張儀欲以秦韓與魏之勢伐齊荆而惠施欲以齊荆偃兵以齊荆爲援則秦韓不敢加兵故兵可偃也二人爭之羣臣左右皆爲張子言而以攻齊荆爲利而莫爲惠子言王果聽張子而以惠子言爲不可攻齊荆事已定惠子入見王言曰先生毋言矣攻齊荆之事果利矣一國盡以爲然惠子因說不可不察也夫齊荆之事也誠利一國盡以爲利是何智者之衆也攻齊荆之事誠不可利一國盡以爲利何愚者之衆也凡謀者疑也有疑然後謀疑也者誠疑以爲可者半以爲不可者半若誠有疑則半可半不可今一國盡以爲可是王亡半也無致疑之人故亡其半刼主者固亡其半者也無人致疑則大盜得恣其謀田成趙高成其言簒殺者無人疑故也

叔孫相魯貴而主斷其所愛者曰豎牛亦擅用叔孫之令叔孫有子曰壬豎牛妬而欲殺之因與壬游於魯君所魯君賜之玉環壬拜受之而不敢佩使豎牛請之叔孫豎牛欺之曰吾已爲

爾請之矣使爾佩之壬因佩之豎牛因謂叔孫何不見壬於君乎叔孫曰孺子何足見也壬固已數見於君矣君賜之玉環壬已佩之矣叔孫召壬見之而果佩之叔孫怒而殺壬壬兄曰丙豎牛又妬而欲殺之叔孫爲丙鑄鐘鐘成丙不敢擊使豎牛請之叔孫豎牛不爲請又欺之曰吾以爾請之矣使爾擊之丙因擊之叔孫聞之曰丙不請而擅擊鐘怒而逐之丙出走齊居一年豎牛爲謝叔孫叔孫使豎牛召之又不召而報之曰吾已召之矣丙怒甚不肯來叔孫大怒使人殺之二子已死叔孫有病豎牛因獨養之而去左右不內人曰叔孫不欲聞人聲因不食而餓殺叔孫已死豎牛因不發喪也徙其府庫重寶空之而奔齊夫聽所信之言而子父爲人僇此不參之患也江乞爲魏王使荆謂荆王曰臣入王之境内聞王之國俗曰君子不蔽人之美不言人之惡誠有之乎王曰有之然則若白公之亂得庶無危乎

不言人惡則白公得成其姦謀故危也誠得如此臣免死罪矣有惡不言何罪之有

衛嗣君重如耳愛世姬而恐其皆因其愛重以壅己也乃貴薄疑以敵之如耳尊魏姬以耦世姬曰以是相參也嗣君知欲無壅而未得其術也夫不使賤議貴賤不得與貴議也下必坐上下得罪必坐於與上議也而必待勢重之鈞也而後敢相議今兩受勢重既鈞正可相與議則是益樹壅塞之臣也兩受其謀爲壅更甚此嗣君不得術嗣君之壅乃始

夫矢來有鄉鄉方也有來從之方則積鐵以備一鄉謂聚鐵於身以備一處即甲之不全者也矢來無鄉則爲鐵室以盡備之謂甲之全者自首至足無不有鐵故曰鐵室備之則體不傷故彼以盡備之不傷此以盡敵之無姦也言君亦當盡敵於臣皆所防疑則姦絶也

龐恭與太子質於邯鄲謂魏王曰今一人言市有虎王信之乎曰不信二人言市有虎王信之乎曰不信三人言市有虎王信之乎王曰寡人信之龐恭曰夫市之無虎也明矣然而三人言而成虎今邯鄲之去魏也遠於市議臣者過於三人願王察之

龐恭從邯鄲反竟不得見

二董閼于爲趙上地守行石邑山中澗深峭如墻深百仞因問其旁鄉左右曰人嘗有入此者乎對曰無有曰嬰兒癡聾狂悖之人嘗有入此者乎對曰無有牛馬犬彘嘗有入此者乎對曰無有董閼于喟然太息曰吾能治矣使吾治之無赦猶入澗之必死也則人莫之敢犯也何爲不治之子産相鄭病將死謂游吉曰我死後子必用鄭必以嚴莅人夫火形嚴故人鮮灼水形懦人多溺子必嚴子之形無令溺子之懦故子産死游吉不肯嚴形鄭少年相率爲盜處於雚澤將遂以爲鄭禍游吉率車騎與戰一日一夜僅能尅之游吉喟然歎曰吾蚤行夫子之教必不悔至於此矣

魯哀公問於仲尼曰春秋之記曰冬十二月霣霜不殺菽何爲記此仲尼對曰此言可以殺而不殺也夫宜殺而不殺桃李冬

實天失道草木猶犯干之而況於人君乎人君失道人臣凌之者宜殷之法刑弃灰於街者子貢以爲重問之仲尼仲尼曰知治之道也夫弃灰於街必掩人灰塵播揚善掩翳人也掩人人必怒怒則鬬鬬必三族相殘也因鬬相殘傷此殘三族之道也雖刑之可也且夫重罰者人之所惡也而無弃灰人之所易也使人行之所易而無離所惡此治之道一曰殷之法弃灰于公道者斷其手子貢曰弃灰之罪輕斷手之罰重古人何太毅也毅酷也曰無弃灰所易也斷手所惡也行所易不關所惡古人以爲易故行之

中山之相樂池以車百乘使趙選其客之有智能有者以爲將行將主行道之人以爲行位中道而亂樂池曰吾以公爲有智而使公爲將行今中道而亂何也客因辭而去曰公不知治有威足以服之人而利足以勸之故能治之今臣君之少客也言在客之少也夫從少正長從賤治貴而不得操其利害之柄以制之此所以亂也嘗

試使臣彼之善者我能以爲卿相彼不善者我得以斬其首何故而不治

公孫鞅之法也重輕罪者人之所難犯也而小過者人之所易去也使人去其所易無離其所難此治之道夫小過不生大罪不至是人無罪而亂不生也今重罪輕輕罪避故能無罪而不生亂也一曰公孫鞅曰行刑重其輕者輕者不至重者不來不犯輕自然無重罪也是謂以刑去刑也以輕刑去重刑

荆南之地麗水之中生金人多竊采金采金之禁得而輒辜磔於市甚衆壅離其水也又設防禁遮擁令人離其水也而人竊金不止大罪莫重辜磔於市猶不止者不必得也言犯罪者不必一一皆得而有免脫者則人幸其免脫而輕犯重罪故今有於此曰予汝天下而殺汝身庸人不爲也夫有天下大利也猶不爲者知必死故不必得也則雖辜磔竊金不止知必死則天下不爲也

魯人燒積澤天北風火南倚火勢南靡故曰倚也恐燒國哀公懼自將衆輙救火者左右無人盡逐獸而火不救乃召問仲尼仲尼曰夫逐獸者樂而無罰救火者苦而無賞此火之所以無救也哀公曰善仲尼曰事急不及以賞救火者盡賞之則國不足以賞於人請徒行賞哀公曰善於是仲尼乃下令曰不救火者比降北之罪逐獸者比入禁之罪令下未遍而火已救矣

成驩謂齊王曰王太仁太不忍人王曰太仁太不忍人非善名邪對曰此人臣之善也非人主之所行也夫人臣必仁而後可與謀不忍人而後可近也不仁則不可與謀忍人則不可近也王曰然則寡人安所太仁安不忍人對曰王太仁於薛公而太不忍於諸田太仁薛公則大臣無重太仁則縱之驕奢不修德義衆必輕之故威不得重也太不忍諸田則父兄犯法大臣無重則兵弱於外父兄犯法則政亂於內兵弱於外政亂於內此亡國之本也

魏惠王謂卜皮曰子聞寡人之聲聞亦何如焉對曰臣聞王之慈惠也王欣然喜曰然則功且安至對曰王之功至於亡王曰慈惠行善也行之而亡何也卜皮對曰夫慈者不忍而惠者好與也不忍則不誅有過好予則不待有功而賞有過不罪無功受賞雖亡不亦可乎

齊國好厚葬布帛盡於衣衾材木盡於棺槨桓公患之以告管仲曰布帛盡則無以爲蔽材木盡則無以爲守備而人厚葬之不休禁之柰何管仲對曰凡人之有爲也非名之則利之也於是乃下令曰棺槨過度者戮其尸罪夫當喪者夫戮死無名罪當喪者無利人何故爲之也

衛嗣君之時有胥靡逃之魏因爲襄王之后治病（魏襄王之后也）衛嗣君聞之使人請以五十金買之五反而魏王不予乃以左氏易之（左氏都邑名也）君羣臣左右諫曰夫以一都買胥靡可乎王曰非子之所

知也夫治無小而亂無大（若不治小者則大亂起也）法不立而誅不必（當誅而不誅故曰不必也）雖有十左氏無益也法立而誅必雖失十左氏無害也魏王聞之曰主欲治而不聽之不祥因載而往徒獻之（徒獻雖胥靡不取都金）

三齊王問於文子曰治國何如對曰夫賞罰之爲道利器也君固握之不可以示人若如臣者猶獸鹿也唯薦草而就（獸鹿就薦草人臣歸厚賞故賞罰之利器不可示於人也）

越王問於大夫文種曰吾欲伐吳可乎對曰可矣吾賞厚而信罰嚴而必君欲之何不試焚宮室於是遂焚宮室人莫救之乃下令曰人之救火者死比死敵之賞救火而不死者比勝敵之賞不救火者比降北之罪人塗其體被濡衣而走火者左三千人右三千人此知必勝之勢也

吳起爲魏武侯西河之守秦有小亭臨境吳起欲攻之不去則甚害田者（言小亭能爲田者害政當去之）去之則不足以徵甲兵（亭小故也）於是乃

倚一車轅於北門之外而令之曰有能徙此南門之外者賜之上田上宅人莫之徙也及有徙之者還賜之如令俄又置一石赤菽東門之外而令之曰有能徙此於西門之外者賜之如初人爭徙之乃下令大夫曰明日且攻亭有能先登者仕之國大夫賜之上田宅人爭趨之於是攻亭一朝而拔之

李悝爲魏文侯上地之守而欲人之善射也乃下令曰人之有狐疑之訟者令之射的（的所射質）中之者勝不中者負令下而人皆疾習射日夜不休及與秦人戰大敗之以人之善戰射也

宋崇門之巷人服喪而毀甚瘠上以爲慈愛於親舉以爲官師明年人之所以毀死者歲十餘人子之服親喪者爲愛之也而尚可以賞勸也況君上之於民乎（君而無賞則功不立）越王慮伐吳（慮謀也）欲人之輕死也出見怒鼃乃爲之式從者曰奚敬於此王曰爲其有氣故也明年之請以頭獻王者歲十餘人由此觀之毀之足

以殺人矣舉於勇則人之以頭獻

一曰越王勾踐見怒鼃而式之御者曰何爲式王曰鼃有氣如此可無爲式乎士人聞之曰鼃有氣王猶爲式況士人有勇者乎是歲人有自剄死以其頭獻者剄割也故曰王將復吾而試其教燔臺而鼓之使民赴火者賞在火也火雖殺人赴之必得賞故赴之不懼也臨江而鼓之使人赴水者賞在水也臨戰而使人絕頭刳腹而無顧心者賞在兵也又況據法而進賢其助甚此矣進賢可以得賞又無水火之難則人豈不爲哉其所不進賢者但不賞故也

韓昭侯使人藏弊袴侍者曰君亦不仁矣弊袴不以賜左右而藏之昭侯曰非子之所知也吾聞明主之愛一嚬一笑必憂其不善勸其能善不妄爲也嚬有爲嚬而笑有爲笑今夫袴豈特嚬笑哉嚬笑尚不妄爲況弊袴豈可以無功而與也袴之與嚬笑遠矣吾必待有功者故收藏之未有予也

鱣似蛇蠶似蠋人見蛇則驚駭見蠋則毛起然而婦人拾蠶漁者握鱣利之所在則忘其所惡皆爲孟賁鱣蠶有利故人握拾皆有孟賁之勇

四魏王謂鄭王曰始鄭梁一國也已而別今願復得鄭而合之梁鄭君患之召羣臣而與之謀所以對魏公子謂鄭君曰此甚易應也君對魏曰以鄭爲故魏而可合也則弊邑亦願得梁而合之鄭魏王乃止

齊宣王使人吹竽必三百人南郭處士請爲王吹竽宣王說之廩食以數百人廩給宣王死湣王立好一一聽之處士逃一曰韓昭侯曰吹竽者衆吾無以知其善者田嚴對曰一一而聽之

趙令人因申子於韓請兵將以攻魏申子欲言之君而恐君之欲疑己外市也爲外請兵取其貨利故曰市不則恐惡於趙乃令趙紹韓沓嘗試君之動貌而後言之許不之貌必有變動可得而知故曰動貌內則知昭侯之意外則有得趙之功既爲之請若許其恩固以成不許終以爲之請矣亦不敢許其恩固趙之功也　三

國至韓王謂樓緩曰三國之兵深矣寡人欲割河東而講何如（講謂有急且與之後寧將復取事疑存終反復若講論故曰講）對曰夫割河東大費也免國於患大功也此父兄之任也王何不召公子汜而問焉王召公子汜而告之對曰講亦悔不講亦悔王今割河東而講三國歸王必曰三國固且去矣吾特以三城送之（三国自去又與之城是徒以三城爲送此悔之辭）不講三國也入韓則國必大舉矣王必大悔王曰不獻三城也（若不講之三国入而韓必大舉王必悔曰不獻三城之故也）臣故曰王講亦悔不講亦悔王曰爲我悔也寧亡三城而悔無危乃悔寡人斷講矣（言講事斷定）

應侯謂秦王曰王得宛葉藍田陽夏斷河内困梁鄭所以未王者趙未服也弛上黨在一而已（廢上黨弃一郡而已）以臨東陽則邯鄲口中虱也（以守上黨之兵臨東陽則邯鄲危如口中虱也）王拱而朝天下後者以兵中之（中傷也）然上黨之安樂其處甚劇臣恐弛之而不聽柰何（今上黨既安樂而其處又煩劇雖欲弛之恐王不聽）王曰必弛易之矣（謂移易其兵以臨東陽吾斷定矣）

五龐敬縣令也遣市者行而召公大夫而還之公大夫亦遣爲市立以間無以詔之卒遣行不命卒遣去俱不測其由也市者以爲令與公大夫有言不相信以至無姦大夫雖告以不命復亦不信故不敢爲姦

戴驩宋太宰夜使人曰吾聞數夜有乘輼車至李史門者謹爲我伺之使人報曰不見輼車見有奉笥而與李史語者有間李史受笥遣伺輼車故實奉笥本令伺奉笥彼當易其辭

周主亡玉簪令吏求之三日不能得也周主令人求而得之家人之屋間周主曰吾之吏之不事事也不事於臣之事也求簪三日不得之吾令人求之不移日而得之於是吏皆聳懼以爲君神明也

商太宰使少庶子之市顧反而問之曰何見於市對曰無見也太宰曰雖然何見也對曰市南門之外甚衆牛車僅可以行耳太宰因誡使者無敢告人吾所問於女因召市吏而誚之曰市門之外何多牛屎市吏甚怪太宰知之疾也乃悚懼其所也

六韓昭侯握爪而佯亡一爪求之甚急左右因割其爪而效之
昭侯以察左右之臣不割（割爪不誠）韓昭使騎於縣使者報昭侯問
曰何見也對曰無所見也昭侯曰雖然何見曰南門之外有黃
犢食苗道左者昭侯謂使者毋敢洩吾所問於女乃下令曰當
苗時禁牛馬入人田中固有令而吏不以爲事牛馬甚多入
人田中亟舉其數上之不得將重其罪於是三鄉舉而上之昭
侯曰未盡也復往審之乃得南門之外黃犢吏以昭侯爲明察皆
悚懼其所而不敢爲非

周主下令索曲杖吏求之數日不能得周主私使人求之不移日而
得之乃謂吏曰吾知吏不事事也曲杖甚易也而吏不能得我令人
求之不移日而得之豈可謂忠哉吏乃皆悚懼其所以君爲神明

卜皮爲縣令其御史汙濊而有愛妾卜皮乃使少庶子佯愛之
（佯愛御史）以知御史陰情

西門豹爲鄴令佯亡其車轄令吏求之不能得使人求之而得之家人屋間

七陽山君相謂聞王之疑己也乃僞謗樛豎以知之樛豎王之所愛令僞謗之必憤而言王之疑己也

淖齒聞齊王之惡己也乃矯爲秦使以知之王既不疑秦使必以情告齊人有欲爲亂者恐王知之因詐逐所愛者令走王知之王知逐所愛則不疑其爲亂也

子之相燕坐而佯言曰走出門者何白馬也左右皆言不見有一人走追之報曰有子之以此知左右之不誠信僞報有白馬者是不誠信

有相與訟者子產離之而無使得通辭倒其言以告而知之謂得以此言以告彼彼言以告此則知訟者之情實

衞嗣公使人爲客過關市關市苛難之因事關市以金與關吏乃舍之嗣公爲關吏曰某時有客過而所與汝金而汝因遣之關市乃大恐而以嗣公爲明察

韓非子卷第九

韓非子卷第十

内儲說下六微第三十一

六微一曰權借在下二曰利異外借三曰託於似類四曰利害有反五曰參疑內爭六曰敵國廢置此六者主之所察也

權勢不可以借人上失其一臣以爲百故臣得借則力多力多則內外爲用則人主壅其說在老聃之言失魚也是以人主久語而左右鬻懷刷其患在胥僮之權厲公與州侯之一言而燕人浴矢也

權借一

君臣之利異故人臣莫忠故臣利立而主利滅是以姦臣者召敵兵以內除舉外事以眩主苟成其私利不顧國患其說在衞人之妻夫禱祝也故戴歇議子弟而三桓攻昭公公叔內齊軍而翟黃召韓兵太宰嚭說大夫種大成牛教申不害司馬喜告

趙王呂倉規秦楚宋石遺衛君書白圭教暴譴

利異二

似類之事人主之所以失誅而大臣之所以成私也是以門人捐水而夷射誅濟陽自矯而二人罪司馬喜殺爰騫而季辛鄭袖言惡臭而新人劓費無忌教郄宛而令尹誅陳需殺張壽而犀首走故燒芻廥而中山罪殺老儒而濟陽賞也

似類三

事起而有所利其市主之有所害必反察之是以明主之論也國害則省其利者臣害則察其反者其說在楚兵至而陳需相黍種貴而廩吏覆是以昭奚恤執販茅而不僖侯譙其次文公髮繞炙而穰侯請立帝

有反四

參疑之勢亂之所由生也故明主愼之是以晉驪姬殺太子申

生而鄭夫人用毒藥衛州吁殺其君完公子根取東周王子職甚有寵而商臣果作亂嚴遂韓廆爭而哀侯果遇賊田常闞止戴驩皇喜敵而宋君簡公殺其說在狐突之稱二好與鄭昭之對未生也

參疑五

敵之所務在淫察而就靡人主不察則敵廢置矣故文王資費仲而秦王患楚使黎且去仲尼而干象沮甘茂是以子胥宣王言而子常用內美而虞虢亡佯遺書而萇弘死用雞猳而鄶桀盡

廢置六

參疑廢置之事明主絕之於內而施之於外資其輕者輔其弱者此謂廟攻參伍既用於內觀聽又行於外則敵僞得其說在秦侏儒之告惠文君也故襄疵言襲鄴而嗣公賜令蓆

廟攻右經

一勢重者人主之淵也臣者勢重之魚也魚失於淵而不可復得也人主失其勢重於臣而不可復收也古之人難正言故託之於魚賞罰者利器也君操之以制臣臣得之以擁主故君先見所賞則臣鬻之以爲德君先見所罰則臣鬻之以爲威故曰國之利器不可以示人

靖郭君相齊與故人久語則故人富懷左右刷則左右重久語懷刷小資也猶以成富況於吏勢乎

晉厲公之時六卿貴胥僮長魚矯諫曰大臣貴重敵主爭事外市樹黨下亂國法上以劫主而國不危者未嘗有也公曰善乃誅三卿胥僮長魚矯又諫曰夫同罪之人偏誅而不盡是懷怨而借之間也公曰吾一朝而夷三卿予不忍盡也長魚矯對曰公不忍之彼將忍公公不聽居三月諸卿作難遂殺厲公而分其地

州侯相荆貴而主斷荆王疑之因問左右左右對曰無有如出

一口也燕人無惑故浴狗矢燕人其妻有私通於士其夫早自外而來士適出夫曰何客也其妻曰無客問左右左右言無有如出一口其妻曰公惑易也因浴之以狗矢一曰燕人李季好好遠出其妻私有通於士季突之士在內中妻患之其室婦曰令公子裸而解髮直出門吾屬佯不見也於是公子從其計疾走出門季曰是何人也家室皆無有季曰吾見鬼乎婦人曰然爲之柰何曰取五姓之矢一云尿浴之季曰諾乃浴以矢一曰浴以蘭湯

二衞人有夫妻禱者而祝曰使我無故得百來束布其夫曰何少也對曰益是子將以買妾

荆王欲宦諸公子於四隣戴歇曰不可宦公子於四隣四隣必重之曰子出者重重則必爲所重之國黨則是教子於外市也不便

魯孟孫叔孫季孫相戮力刼昭公遂奪其國而擅其制魯三桓

公偪昭公攻季孫氏而孟孫氏叔孫氏相與謀曰救之乎叔孫氏之御者曰我家臣也安知公家凡有孫與無季孫於我孰利皆曰無季孫必無叔孫然則救之於是撞西北隅而入孟孫見叔孫之旗入亦救之三桓爲一昭公不勝逐之死於乾侯

公叔相韓而有攻齊公仲甚重於王公叔恐王之相公仲也使齊韓約而攻魏公叔因内齊軍於鄭以劫其君以固其位而信兩國之約翟璜魏王之臣也而善於韓乃召韓兵令之攻魏因請爲魏王構之以自重也

越王攻吴王吴王謝而告服越王欲許之范蠡大夫種曰不可昔天以越與吴吴不受今天反夫差亦天禍也以吴予越再拜受之不可許也太宰嚭遺大夫種書曰狡兔盡則良犬烹敵國滅則謀臣亡大夫何不釋吴而患越乎大夫種受書讀之太息而歎曰殺之越與吴同命

大成牛從趙謂申不害於韓曰以韓重我於趙請以趙重子於韓是子有兩韓我有兩趙

司馬喜中山君之臣也而善於趙嘗以中山之謀微告趙王呂倉魏王之臣也而善於秦荆微諷秦荆令之攻魏因請行和以自重也

宋石魏將也衛君荆將也兩國搆難二子皆將宋石遺衛君書曰二君相當兩旗相望唯毋一戰戰必不兩存此乃兩主之事也與子無有私怨善者相避也

白圭相魏王暴譴相韓白圭謂暴譴曰子以韓輔我於魏我以魏待子於韓臣長用魏子長用韓

三齊中大夫有夷射者御飲於王醉甚而出倚於郎門門者刖跪請曰足下無意賜之餘隸乎夷射曰叱去刑餘之人何事乃敢乞飲長者刖跪走退及夷射去刖跪因捐水郎門霤下類溺者

之狀明日王出而訶之曰誰溺於是刖跪對曰臣不見也雖然昨日中大夫夷射立於此王因誅夷射而殺之

魏王臣二人不善濟陽君濟陽君因僞令人矯王命而謀攻己王使人問濟陽君濟陽君曰誰與恨對曰無敢與恨雖然嘗與二人不善不足以至於此王問左右左右曰固然王因誅二人者

季辛與爰騫相怨司馬喜新與季辛惡因微令人殺爰騫中山之君以爲季辛也因誅之

荆王所愛妾有鄭袖者荆王新得美女鄭袖因教之曰王甚喜人之掩口也爲近王必掩口美女入見近王因掩口王問其故鄭袖曰此固言惡王之臭及王與鄭袖美女三人坐袖因先誡御者曰王適有言必亟聽從王言美女前近王甚數掩口王悖然怒曰劓之御因揄刀而劓美人一曰魏王遺荆王美人荆王甚悅之夫人鄭袖知王悅愛之也亦悅愛之甚於王衣服玩好

擇其所欲爲之王曰夫人知我愛新人也其悅愛之甚於寡人此孝子所以養親忠臣之所以事君也夫人知王之不以己爲妬也因爲新人曰王甚悅愛子然惡子之鼻子見王常掩鼻則王長幸子矣於是新人從之每見王常掩鼻王謂夫人曰新人見寡人常掩鼻何也對曰不已知也王強問之對曰頃嘗言惡聞王臭王怒曰劓之夫人先誡御者曰王適有言必可從命御者因揄刀而劓美人

費無極荊令尹之近者也郄宛新事令尹令尹甚愛之無極因謂令尹曰君愛宛甚何不一爲酒其家令尹曰善因令之爲具於郄宛之家無極教宛曰令尹甚傲而好兵子必謹敬先亟陳兵堂下及門庭宛因爲之令尹往而大驚曰此何也無極曰君殆去之事未可知也令尹大怒舉兵而誅郄宛遂殺之

犀首與張壽爲怨陳需新入不善犀首因使人微殺張壽魏王

以爲犀首也乃誅之

中山有賤公子馬甚瘦車甚弊左右有私不善者乃爲之請王曰公子甚貧馬甚瘦王何不益之馬食王不許左右因微令夜燒芻廐王以爲賤公子也乃誅之

魏有老儒而不善濟陽君客有與老儒私怨者因攻老儒殺之以德於濟陽君曰臣爲其不善君也故爲君殺之濟陽君因不察而賞之一曰濟陽君有少庶子有不見知欲入愛於君者齊使老儒掘藥於馬梨之山濟陽少庶子欲以爲功入見於君曰齊使老儒掘藥於馬梨之山名掘藥也實間君之國君殺之是將以濟陽君抵罪於齊矣臣請刺之君曰可於是明日得之城陰而刺之濟陽君還益親之

四陳需魏王之臣也善於荆王而令荆攻魏荆攻魏陳需因請爲魏王行解之因以荆勢相魏

韓昭侯之時黍種嘗貴甚昭侯令人覆廩吏果竊黍種而糶之甚多

昭奚恤之用荊也有燒倉廥窌者而不知其人昭奚恤令吏執販茅者而問之果燒也

昭僖侯之時宰人上食而羹中有生肝焉昭侯召宰人之次而誚之曰若何爲置生肝寡人羹中宰人頓首服死罪曰竊欲去尚宰人也一曰僖侯浴湯中有礫僖侯曰尚浴免則有當代者乎左右對曰有僖侯曰召而來譙之曰何爲置礫湯中對曰尚浴免則臣得代之是以置礫湯中

文公之時宰臣上炙而髮繞之文公召宰人而譙之曰女欲寡人之哽耶奚爲以髮繞炙宰人頓首再拜請曰有死罪三援礪砥刀利猶干將也切肉肉斷而髮不斷臣之罪一也援木而貫臠而不見髮臣之罪二也奉熾鑪炭火盡赤紅而炙熟而髮不燒

臣之罪三也堂下得財無微有疾臣者乎公曰善乃召其堂下而譙之果然乃誅之一曰晉平公觴客少庶子進炙而髮繞之平公趣殺炮人毋有反令炮人呼天曰嗟乎臣有三罪死而不自知乎平公曰何謂也對曰臣刀之利風靡骨斷而髮不斷是臣之一死也桑炭炙之肉紅白而髮不焦是臣之二死也炙熟又重睫而視之髮繞炙而目不見是臣之三死也意者堂下其有翳憎臣者乎殺臣不亦蚤乎

穰侯相秦而齊強穰侯欲立秦爲帝而齊不聽因請立齊爲東帝而不能成也

五晉獻公之時驪姬貴擬於后妻而欲以其子奚齊代太子申生因患申生於君而殺之遂立奚齊爲太子

鄭君已立太子矣而有所愛美女欲以其子爲後夫人恐因用毒藥賊君殺之

衛州吁重於衛擬於君羣臣百姓盡畏其勢重州吁果殺其君而奪之政

公子朝周太子也弟公子根甚有寵於君君死遂以東周叛分爲兩國

楚成王以商臣爲太子旣而又欲置公子職商臣作亂遂攻殺成王一曰楚成王商臣爲太子旣欲置公子職商人聞之未察也乃爲其傅潘崇曰奈何察之也潘崇曰饗江芊而勿敬也太子聽之江芊曰呼役夫宜君王之欲廢女而立職也商臣曰信矣潘崇曰能事之乎曰不能能爲之諸侯乎曰不能能舉大事乎曰能於是乃起宿營之甲而攻成王成王請食熊膰而死不許遂自殺

韓廆相韓哀侯嚴遂重於君二人甚相害也嚴遂乃令人刺韓廆於朝韓廆走君而抱之遂刺韓廆而兼哀侯

田恒相齊闞止重於簡公二人相憎而欲相賊也田恒因行私惠以取其國遂殺簡公而奪之政

戴驩爲宋太宰皇喜重於君二人爭事而相害也皇喜遂殺宋君而奪其政

狐突曰國君好内則太子危好外則相室危

鄭君問鄭昭曰太子亦何如對曰太子未生也君曰太子已置而曰未生何也對曰太子雖置然而君之好色不已所愛有子君必愛之愛之則必欲以爲後臣故曰太子未生也

文王資費仲而遊於紂之旁令之諫紂而亂其心

荆王使人之秦秦王甚禮之王曰敵國有賢者國之憂也今荆王之使者甚賢寡人患之羣臣諫曰以王之賢聖與國之資厚願荆王之賢人王何不深知之而陰有之荆以爲外用也則必誅之

仲尼爲政於魯道不拾遺齊景公患之梨且謂景公曰去仲尼猶吹毛耳君何不迎之以重禄高位遺哀公女樂以驕榮其意哀公新樂之必怠於政仲尼必諫諫必輕絶於魯景公曰善乃令犁且以女樂六遺哀公哀公樂之果怠於政仲尼諫不聽去而之楚

楚王謂干象曰吾欲以楚扶甘茂而相之秦可乎干象對曰不可也王曰何也曰甘茂少而事史舉先生史舉上蔡之監門也大不事君小不事家以苛刻聞天下茂事之順爲惠王之明張儀之辨也茂事之取十官而免於罪是茂賢也王曰相人敵國而相賢其不可何也干象曰前時王使邵滑之越五年而能亡越所以然者越亂而楚治也日者知用之越今亡之秦不亦太亟亡乎王曰然則爲之柰何干象對曰不如相共立王曰共立可相何也對曰共立少見愛幸長爲貴卿被王衣含杜若握玉

環以聽於朝且利以亂秦矣共立一云公子赫

吳政荆子胥使人宣言於荆曰子期用將擊之子常用將去之荆人聞之因用子常而退子期也吳人擊之遂勝之晉獻公伐虞虢乃遺之屈産之乘垂棘之璧女樂六以榮其意而亂其政

叔向之讒萇弘也爲書曰萇弘謂叔向曰子爲我謂晉君所與君期者時可矣何不亟以兵來因佯遺其書周君之庭而急去行周以萇弘爲賣周也乃誅萇弘而殺之

鄭桓公將欲襲鄶先問鄶之豪傑良臣辯智果敢之士盡與姓名擇鄶之良田賂之爲官爵之名而書之因爲設壇場郭門之外而埋之釁之以雞豭若盟狀鄶君以爲内難也而盡殺其良臣桓公襲鄶遂取之

鄴令襄疵陰善趙王左右趙王謀襲鄴襄疵常輒聞而先言之

魏王備之趙乃輒還

七秦侏儒善於荊王而陰有善荊王左右而内重於惠文君荊適有謀侏儒常先聞之以告惠文君

衛嗣君之時有人於令之左右縣令有發蓐而席弊甚嗣公還令人遺之席曰吾聞汝今者發蓐而席弊甚賜汝席縣令大驚以君爲神也

韓非子卷第十

韓非子卷第十一

外儲說左上第三十二

一明主之道如有若之應宓子也明主之聽言也美其辯其觀行也賢其遠故羣臣士民之道言者迂弘其行身也離世其說在田鳩對荊王也故墨子爲木鳶謳癸築武宮夫藥酒用言明君聖主之以獨知也

二人主之聽言也不以功用爲的則說者多棘刺白馬之說不以儀的爲關則射者皆如羿也人主於說也皆如燕王學道也而長說者皆如鄭人爭年也是以言有纖察微難而非務也故李惠宋墨皆畫策也論有深閎大非用也故畏震瞻車狀皆鬼魅也言而拂難堅确非功也故務卞鮑介墨翟皆堅瓠也且虞慶詘匠也而屋壞范且窮工而弓折是故求其誠者非歸餉也不可

三挾夫相爲則責望自爲則事行故父子或怨譟取庸作者進美羹說在文公之先宣言與勾踐之稱如皇也故桓公藏蔡怒而攻楚吴起懷瘳實而吮傷且先王之賦頌鍾鼎之銘皆播吾之跡華山之博也然先王所期者利也所用者力也築社之諺目辭說也請許學者而行宛曼於先王或者不宜今乎如是不能更也鄭縣人得車厄也衛人佐弋卜子妻寫弊袴也而其少者也先王之言有其所為小而世意之大者有其所為大而世意小者未可必知也說在宋人之解書與梁人之讀記也故先王有郢書而後世多燕說夫不適國事而謀先王皆歸取度者也

四利之所在民歸之名之所彰士死之是以功外於法而賞加焉則上不信得所利於下名外於法而譽加焉則士勸名而下畜之於君故中章胥己仕而中牟之民弃田圃而隨文学者邑

之半平公腓痛足痺而不敢壞坐晉國之辭仕託者國之錘此三士者言襲法則官府之籍也行中事則如令之民也二君之禮太甚若言離法而行遠功則繩外民也二君又何禮之當亡且居學之士國無事不用力有難不被甲禮之則惰脩耕戰之功不禮則周主上之法國安則尊顯危則爲屈公之威人主奚得於居學之士哉故明王論李疵視中山也

五詩曰不躬不親庶民不信傅說之以無衣紫緩之以鄭簡宋襄責之以尊厚耕戰夫不明分不責誠而以躬親位下走睡臥與去揜弊微服孔丘不知故稱猶盂鄒君不知故先自僇明主之道如叔向賦獵與昭侯之奚聽也

六小信成則大信立故明主積於信賞罰不信則禁令不行說在文公之攻原與箕鄭救餓也是以吳起須故人而食文侯會虞人而獵故明主信如曾子殺彘也患在尊厲王擊警鼓與

李悝謾兩和也

一宓子賤治單父有若見之曰子何臞也宓子曰君不知賤不肖使治單父官事急心憂之故臞也有若曰昔者舜鼓五絃歌南風之詩而天下治今以單父之細也治之而憂治天下將奈何乎故有術而御之身坐於廟堂之上有處女子之色無害於治無術而御之身雖瘁臞猶未有益

楚王謂田鳩曰墨子者顯學也其身體則可其言多而不辯何也曰昔秦伯嫁其女於晉公子令晉爲之飾裝從衣文之媵七十人至晉晉人愛其妾而賤公女此可謂善嫁妾而未可謂善嫁女也楚人有賣其珠於鄭者爲木蘭之櫃薰桂椒之櫝綴以珠玉飾以玫瑰輯以羽翠鄭人買其櫝而還其珠此可謂善賣櫝矣未可謂善鬻珠也今世之談也皆道辯說文辭之言人主覽其文而忘有用墨子之說傳先王之道論聖人之言以宣告人

若辯其辭則恐人懷其文忘其直以文害用也此與楚人鬻珠秦伯嫁女同類故其言多不辯

墨子爲木鳶三年而成蜚一日而敗弟子曰先生之巧至能使木鳶飛墨子曰不如爲車輗者巧也用咫尺之木不費一朝之事而引三十石之任致遠力多久於歲數今我爲鳶三年成蜚一日而敗惠子聞之曰墨子大巧巧爲輗拙爲鳶

宋王與齊仇也築武宮謳癸倡行者止觀築者不倦王聞召而賜之對曰臣師射稽之謳又賢於癸王召射稽使之謳行者不止築者知倦王曰行者不止築者知倦其謳不勝如癸美何也對曰王試度其功癸四板射稽八板擿其堅癸五寸射稽二寸

夫良藥苦於口而智者勸而飲之知其入而已已疾也忠言拂於耳而明主聽之知其可以致功也

二宋人有請爲燕王以棘刺之端爲母猴者必三月齋然後能

觀之燕王因以三乘養之右御治工言王曰臣聞人主無十日不燕之齋今知王不能久齋以觀無用之器也故以三月爲期凡刻削者以其所以削必小今臣治人也無以爲之削此不然物也王必察之王因囚而問之果妄乃殺之治人謂王曰計無度量言談之士多棘刺之說也一曰好微巧衞人曰能以棘刺之端爲母猴燕王說之養之以五乘之奉王曰吾試觀客爲棘刺之母猴人主欲觀之必半歲不入宮不飲酒食肉雨霽日出視之晏陰之間而棘刺之母猴乃可見也燕王因養衞人不能觀其母猴鄭有臺下之治者謂燕王曰臣削者也諸微物必以削之而所削必大於削今棘刺之端不容削鋒難以治棘刺之端王試觀客之削能與不能可知也王曰善謂衞人曰客爲棘削之曰以削王曰吾欲觀見之客曰臣請之舍取之因逃見說宋人善辯者也持白馬非馬也服齊稷下之辯者乘白馬而

過關則顧白馬之賦故籍之虛辭則能勝一國考實按形不能謾於一人

夫新砥礪殺矢彀弩而射雖冥而妄發其端未嘗不中秋毫也然而莫能復其處不可謂善射無常儀的也設五寸之的引十步之遠非羿逢蒙不能必全者有常儀的也有度難而無度易也有常儀的則羿蒙以五寸爲巧無常儀的則以妄發而中秋毫爲拙故無度而應之則辯士繁說設度而持之雖知者猶畏失也不敢妄言今人主聽說不應之以度而說其辯不度以功譽其行而不入關此人主所以長欺而說者所以長養也

客有教燕王爲不死之道者王使人學之所使學者未及學而客死王大怒誅之王不知客之欺己而誅學者之晚也夫信不然之物而誅無罪之臣不察之患也且人所急無如其身不能自使其無死安能使王長生哉

鄭人有相與爭年者其一人曰我與黄帝之兄同年訟此而不決以後息者爲勝耳

客有爲周君畫莢者三年而成君觀之與髹莢者同狀周君大怒畫莢者曰築十版之墻鑿八尺之牖而以日始出時加之其上而觀周君爲之望見其狀盡成龍蛇禽獸車馬萬物之狀備具周君大悦此莢之功非不微難也然其用與素髹莢同

客有爲齊王畫者齊王問曰畫孰最難者曰犬馬難孰易者曰鬼魅最易夫犬馬人所知也旦暮罄於前不可類之故難鬼神無形者不罄於前故易之也

齊有居士田仲者宋人屈穀見之曰穀聞先生之義不恃仰人而食今穀有樹瓠之道堅如石厚而無竅獻之仲曰夫瓠所貴者謂其可以盛也今厚而無竅則不可剖以盛物而任重如堅石則不可以剖而以斟吾無以瓠爲也曰然穀將以欲弃之今

田仲不恃仰人而食亦無益人之國亦堅瓠之類也
虞慶爲屋謂匠人曰屋太尊匠人對曰此新屋也塗濡而椽生
虞慶曰不然夫濡塗重而生椽撓以撓椽任重塗此宜卑更日
久則塗乾而椽燥塗乾則輕椽燥則直椽任輕塗此益尊匠人
詘爲之而屋壞一曰虞慶將爲屋匠人曰材生而塗濡夫材生
則撓塗濡則重以撓任重今雖成久必壞虞慶曰材乾則直塗
乾則輕今誠得乾日以輕直雖久必不壞匠人詘作之成有閒
屋果壞

范且曰弓之折必於其盡也不於其始也夫工人張弓也伏檠
三旬而蹈弦一日犯機是節之其始而暴之其盡也焉得無折
且張弓不然伏檠一日而蹈弦三旬而犯機是暴之其始而節
之其盡也工人窮也爲之弓折

范且虞慶之言皆文辯辭勝而反事之情人主說而不禁此所

以敗也夫不謀治強之功而艷乎辯説文麗之聲是却有術之士而任壞屋折弓也故人主之於國事也皆不達乎工匠之構屋張弓也然而士窮乎范且虞慶者爲虚辭其無用而勝實事其無易而窮也人主多無用之辯而少無易之言此所以亂也今世之爲范且虞慶者不輟而人主説之不止是貴敗折之類而以知術之人爲工匠也不得施其技巧故屋壞弓折知治之人不得行其方術故國亂而主危

夫嬰兒相與戲也以塵爲飯以塗爲羹以木爲胾然至日晚必歸饟者塵飯塗羹可以戲而不可食也夫稱上古之傳頌辯而不慤道先王仁義而不能正國者此亦可以戲而不可以爲治也夫慕仁義而弱亂者三晉也不慕而治強者秦也然而未帝者治未畢也

三人爲嬰兒也父母養之簡子長而怨子盛壯成人其供養薄父母怒而誚之子父至親也而或譙或怨者皆挾相爲而不周於爲己也夫賣庸而播耕者主人費家而美食調布而求易錢者非愛庸客也曰如是耕者且深耨者熟耘也庸客致力而疾耘耕者盡巧而正畦陌畦時者非愛主人也曰如是羹且美錢布且易云也此其養功力有父子之澤矣而心調於用者皆挾自爲心也故人行事施予以利之爲心則越人易和以害之爲心則父子離且怨

文公伐宋乃先宣言曰吾聞宋君無道蔑侮長老分財不中教令不信余來爲民誅之

越伐吴乃先宣言曰我聞吴王築如皇之臺掘深池罷苦百姓煎靡財貨以盡民力余來爲民誅之

蔡女爲桓公妻桓公與之乘舟夫人蕩舟桓公大懼禁之不止

怒而出之乃且復召之因復更嫁之桓公大怒將伐蔡仲父諫曰夫以寢席之戲不足以伐人之國功業不可冀也請無以此爲稽也桓公不聽仲父曰必不得已楚之菁茅不貢於天子三年矣君不如舉兵爲天子伐楚楚服因還襲蔡曰余爲天子伐楚而蔡不以兵聽從遂滅之此義於名而利於實故必有天子誅之名而有報讎之實吳起爲魏將而攻中山軍人有病疽者吳起跪而自吮其膿傷者之母立泣人問曰將軍於若子如是尚何爲而泣對曰吳起吮其父之創而父死今是子又將死也今吾是以泣

趙主父令工施鉤梯而緣播吾刻疏人迹其上廣三尺長五尺而勒之曰主父常遊於此

秦昭王令工施鉤梯而上華山以松柏之心爲博箭長八尺棊長八寸而勒之曰昭王嘗與天神博於此矣

文公反國至河令籩豆捐之席蓐捐之手足胼胝面目黧黑者後之咎犯聞之而夜哭公曰寡人出亡二十年乃今得反國咎犯聞之不喜而哭意不欲寡人反國耶犯對曰籩豆所以食也席蓐所以臥也而君捐之手足胼胝面目黧黑勞有功者也而君後之今臣有與在後中不勝其哀故哭且臣爲君行詐僞以反國者衆矣臣尚自惡也而況於君再拜而辭文公止之曰諺曰築社者攐撅而置之端冕而祀之今子與我取之而不與我治之與我置之而不與我祀之焉可解左驂而盟于河

鄭縣人乙子使其妻爲袴其妻問曰今袴何如夫曰象吾袴妻子因毀新令如故袴

鄭縣人有得車軛者而不知其名問人曰此何種也對曰此車軛也俄又復得一問人曰此是何種也對曰此車軛也問者大怒曰曩者曰車軛今又曰車軛是何衆也此女欺我也遂與之鬬

衛人有佐弋者鳥至因先以其褨麾之鳥驚而不射也

鄭縣人乙子妻之市買鼈以歸過潁水以爲渴也因縱而飲之遂亡其鼈

夫少者侍長者飲長者飲亦自飲也一曰魯人有自喜者見長年飲酒不能釂則唾之亦效唾之一曰宋人有少者亦欲效善見長者飲無餘非斟酒飲也而欲盡之

書曰紳之束之宋人有治者因重帶自紳束也人曰是何也書對曰書言之固然書曰既雕既琢還歸其樸梁人有治者動作言學擧事於文曰難之顧失其實人曰是何也對曰書言之固然

郢人有遺燕相國書者夜書火不明因謂持燭者曰擧燭云而過書擧燭擧燭非書意也燕相受書而說之曰擧燭者尚明也尚明也者擧賢而任之燕相白王大說國以治治則治矣非書意也今世擧學者多似此類

鄭人有且置履者先自度其足而置之其坐至之市而忘操之已得履乃曰吾忘持度反歸取之及反市罷遂不得履人曰何不試之以足曰寧信度無自信也

王登爲中牟令上言於襄主曰中牟有士曰中章胥已者其身甚修其學甚博君何不舉之主曰子見之我將爲中大夫相室諫曰中大夫晉重列也今無功而受非晉臣之意君其耳而未之目邪襄主曰我取登既耳而目之矣登之所取又耳而目之是耳目人絕無已也王登一日而見二中大夫予之田宅中牟之人弃其田耘賣宅圃而隨文學者之半

叔向御坐平公請事公腓痛足痺轉筋而不敢壞坐晉國聞之皆曰叔向賢者平公禮之轉筋而不敢壞坐晉國之辭仕託慕叔向者國之錘矣

鄭縣人有屈公者聞敵恐因死恐已因生

趙主父使李疵視中山可攻不也還報曰中山可伐也君不亟伐將後齊燕主父曰何故可攻李疵對曰其君見好巖穴之士所傾蓋與車以見窮閭隘巷之士以十數伉禮下布衣之士以百數矣君曰以子言論是賢君也安可攻疵曰不然夫好顯巖穴之士而朝之則戰士怠於行陣上尊學者下士居朝則農夫惰於田戰士怠於行者則兵弱也農夫惰於田者則國貧也兵弱於敵國貧於內而不亡者未之有也伐之不亦可乎主父曰善舉兵而伐中山遂滅也

五齊桓公好服紫一國盡服紫當是時也五素不一紫桓公患之謂管仲曰寡人好服紫貴甚一國百姓好服紫不已寡人柰何管仲曰君欲何不試勿衣紫也謂左右曰吾甚惡紫之臭於是左右適有衣紫而進者公必曰少卻吾惡紫臭公曰諾於是日郎中莫衣紫其明日國中莫衣紫三日境內莫衣紫也一曰

齊王好衣紫齊人皆好也齊國五素不得一紫齊王患紫貴傅說王曰詩云不躬不親庶民不信今欲民無衣紫者王以自解紫衣而朝羣臣有紫衣進者曰益遠寡人惡臭是日也郎中莫衣紫是月也國中莫衣紫是歲也境內莫衣紫

鄭簡公謂子產曰國小迫於荆晉之閒今城郭不完兵甲不備不可以待不虞子產曰臣閉其外也已遠矣而守其內也已固矣雖國小猶不危之也君其勿憂是以沒簡公身無患子產相鄭簡公謂子產曰飲酒不樂也俎豆不大鍾鼓竽瑟不鳴寡人之事不一國家不定百姓不治耕戰不輯睦亦子之罪子有職寡人亦有職各守其職子產退而爲政五年國無盜賊道不拾遺桃棗蔭於街者莫有援也錐刀遺道三日可反三年不變民無飢也

宋襄公與楚人戰於涿谷上宋人既成列矣楚人未及濟右司

馬購強趨而諫曰楚人衆而宋人寡請使楚人半涉未成列而擊之必敗襄公曰寡人聞君子曰不重傷不擒二毛不推人於險不迫人於阨不鼓不成列今楚未濟而擊之害義請使楚人畢涉成陣而後鼓士進之右司馬曰君不愛宋民腹心不完特爲義耳公曰不反列且行法右司馬反列楚人已成列撰陣矣公乃鼓之宋人大敗公傷股三日而死此乃慕自親仁義之禍夫必恃人主之自躬親而後民聽從是則將令人主耕以爲上服戰鴈行也民乃肯耕戰則人主不泰危乎而人臣不泰安乎

齊景公遊少海傳騎從中來謁曰嬰疾甚且死恐公後之景公遽起傳騎又至景公曰趨駕煩且之乘使騶子韓樞御之行數百步以騶爲不疾奪轡代之御可數百步以馬爲不進盡釋車而走以煩且之良而騶子韓之巧而以爲不如下走也

魏昭王欲與官事謂孟嘗君曰寡人欲與官事君曰王欲與官

事則何不試習讀法昭王讀法十餘簡而睡卧矣王曰寡人不能讀此法夫不躬親其勢柄而欲爲人臣所宜爲者也睡不亦宜乎孔子曰爲人君者猶盂也民猶水也盂方水方盂圜水圜

鄒君好服長纓左右皆服長纓甚貴鄒君患之問左右左右曰君好服百姓亦多服是以貴君因先自斷其纓而出國中皆不服長纓君不能下令爲百姓服度以禁之長纓出以示先民是先戮以涖民也

叔向賦獵功多者受多功少者受少

韓昭侯謂申子曰法度甚易行也申子曰法者見功而與賞因能而受官今君設法度而聽左右之請此所以難行也昭侯曰吾自今以來知行法矣寡人奚聽矣一日申子請仕其從兄官昭侯曰非所學於子也聽子之謁敗子之道乎亡其用子之謁

申子辟舍請罪

六晉文公攻原裹十日糧遂與大夫期十日至原十日而原不下擊金而退罷兵而去士有從原中出者曰原三日即下矣羣臣左右諫曰夫原之食竭力盡矣君姑待之公曰吾與士期十日不去是亡吾信也得原失信吾不爲也遂罷兵而去原人聞曰有君如彼其信也可無歸乎乃降公衞人聞曰有君如彼其信也可無從乎乃降公孔子聞而記之曰攻原得衞者信也

文公問箕鄭曰救餓柰何對曰信公曰安信曰信名信名則羣臣守職善惡不踰百事不怠信事則不失天時百姓不踰信義則近親勸勉而遠者歸之矣

吴起出遇故人而止之食故人曰諾今返而御吴子曰待公而食故人至暮不來起不食待之明日早令人求故人故人來方與之食

魏文侯與虞人期獵明日會天疾風左右止文侯不聽曰不可

以風疾之故而失信吾不爲也遂自驅車往犯風而罷虞人
曾子之妻之市其子隨之而泣其母曰女還顧反爲女殺彘適
市來曾子欲捕彘殺之妻止之曰特與嬰兒戲耳曾子曰嬰兒
非與戲也嬰兒非有知也待父母而學者也聽父母之教今子
欺之是教子欺也父欺子而不信其母非以成教也遂亨彘也
楚厲王有警爲鼓以與百姓爲戍飲酒醉過而擊之也民大驚
使人止曰吾醉而與左右戲過擊之也民皆罷居數月有警
擊鼓而民不赴乃更令明號而民信之
李悝警其兩和曰謹警敵人旦暮且至擊汝如是者再三而敵
不至兩和懈怠不信李悝居數月秦人來襲之至幾奪其軍
此不信患也一曰李悝與秦人戰謂左和曰速上右和已上矣
又馳而至右和曰左和已上矣左右和曰上矣於是皆爭上其
明年與秦人戰秦人襲之至幾奪其軍此不信之患

有相與訟者子産離之而毋得使通辭到至其言以告而知也

惠嗣公使人僞關市關市呵難之因事關市以金關市乃舍

之嗣公謂關市曰某時有客過而予汝金因譴之關市大恐以

嗣公爲明察

韓非子卷第十一

韓非子卷第十二

外儲說左第三十三

一以罪受誅人不怨上（罪當故不怨也）跀危坐子皋（皋雖刑之有不忍之心跀者懷恩報德）以功受賞臣不德君（功當故不以爲德）翟璜操右契而乘軒（功當受寵故乘軒而無慙）襄王不知（不知功當厚賞也）故昭卯五乘而履蹻（卯西郤秦東止齊大績而王唯養之五乘功大賞薄猶冨人而履蹻也）上不過任臣不誣能即臣將爲失少室周（周以勇力事襄主貞信不誣人有勇力多己者即進之以自代）

二恃勢而不恃信（恃勢則信者不生心恃信則有時不信）故東郭牙議管仲（公欲專仲國柄牙以仲雖忠矣黨不忠危必矣公因命仲理外隰朋治內矣）恃術而不恃信故渾軒非文公（晉文公以箕鄭信誠以爲原令曰必不叛我軒曰人主不以術御臣而恃其不叛其若之何也）故有術之主信賞以盡能必罰以禁邪雖有駁行必得所利（駁行不貞白而駁雜者）簡主之相陽虎（虎逐魯疑齊是行駁也趙主以術御之盡其用而趙幾霸）哀公問一足（問孔子曰夔一足若何曰夔反戾惡心然所以免禍者也公曰其信一足故曰一足）

三失臣主之理則文王自履而矜君雖有師臣當亦謹小臣當即充指顧之役文王理解左右無可使者是亦失士也託言君所與者皆其師是矜過而飾非也不易朝燕之處則季孫終身莊而遇賊朝當莊燕當試今季孫一之故終身莊而遇害也

四利所禁禁所利雖神不行當禁而利當利而禁如此雖神不行況不神乎譽所罪毀所賞雖堯不治當罪而譽當賞而毀如此雖堯不治況非堯乎夫爲門而不使入門不入不如無門也委利而不使進與利不進不如止也亂之所以產也門不使入利不使進亂所由生也齊侯不聽左右魏主不聽譽者而明察照羣臣則鉅不費金錢鉅費金以齊王用左右故也孱不用璧孱用玉以魏主用毀故西門豹請復治鄴足以知之初治鄴不事左右故君奪之後治事之君乃迎而拜據此是知左右能爲國之害猶盜嬰兒之矜裘與跀危子榮衣盜者子不耻其父盜以父所盜衣矜人跀者兒不耻其父跀以不也跀所著衣榮人所諂媚爲非猶是子綽左右畫左畫圓右畫方必不得俱能成喻用左右言亦不能得賢也去蟻驅蠅以骨去蟻以魚去蠅則蠅蟻愈至喻溫言訓左右愈諂安得無桓公之憂索官公聽左右索官無以與之故憂也與宣王之患臞馬也王不察掌馬者竊芻豆但患馬臞也

五臣以卑儉爲行則爵不足以觀賞貫寵光無節則臣下侵偪說在苗賁皇非獻伯孔子議晏嬰獻伯爲相妻不衣帛晏嬰亦然故非其太逼下故仲尼論管仲與叔孫敖仲有三歸以其太奢敖有糲餅以其太儉而出入之容變陽虎之言見其臣也而簡主之應人臣也失主術虎言居齊已有三人反其得罪而三人爲君執逐虎言明已無私簡主應以私臣之事言其舉非之譬樹枳棘者反得其刺也朋黨相和臣下得欲則人主孤羣臣公舉下不相和則人主明陽虎將爲趙武之賢解狐之公此三人皆以公舉人內不避親外不避讎虎言已舉亦同之也而簡以爲枳棘非所以教國也主云所舉害已與枳棘者同此反教人爲私也

六公室卑則忌直言私行勝則少公功說在文子之直言武子之用杖武子文子之子好直言武子曰失直言者必危身而禍及父也梁車用法而成侯收璽車爲鄴令其姊犯法刖之趙侯以爲不慈免其官也矣管仲以公而國人謗怨仲不報封人之恩唯賢是用人怨謗也

一孔子相衛弟子子皐爲獄吏刖人足所刖者守門人有惡孔

子於衛君者曰尼欲作亂衛君欲執孔子孔子走弟子皆逃子皐從出門跀危引之而逃之門下室中吏追不得夜半子皐問跀危曰吾不能虧主之法令而親跀子之足是子報仇之時也而子何故乃肯逃我我何以得此於子跀危曰吾斷足也固吾罪當之不可柰何然方公之獄治臣也公傾側法令先後臣以言欲臣之免也甚而臣知之及獄決罪定公憱然不悅形於顏色臣見又知之非私臣而然也夫天性仁心固然也此臣之所以悅而德公也跀者行步危故曰跀危也

田子方從齊之魏望翟黃乘軒騎駕出既乘軒車又有輕騎方以為文侯也移車異路而避之則翟黃也徒獨方問曰子奚乘是車也曰君謀欲伐中山臣薦翟角而謀得果伐之臣薦樂羊而中山拔得中山憂欲治之臣薦李克而中山治是以君賜此車方曰寵之稱功尚薄

秦韓攻魏昭卯西説而秦韓罷齊荆攻魏卯東説而齊荆罷魏襄王養之以五乘將軍養之以五乘使爲將軍也卯曰伯夷以將軍葬於首陽山之下而天下曰夫以伯夷之賢與其稱仁而以將軍葬是手足不掩也今臣罷四國之兵而王乃與臣五乘此其稱功猶贏勝而履蹻贏利也謂賈者贏利倍勝今以薄賞報大功猶贏勝之人履草屩也

孔子曰善爲吏者樹德不能爲吏者樹怨槩者平量者也吏者平法者也治國者不可失平也

少室周者古之貞廉潔慤者也爲趙襄主力士與中牟徐子角力不若也入言之襄主以自代也襄主曰子之處人之所欲也何爲言徐子以自代曰臣以力事君者也今徐子力多臣臣不以自代恐他人言之而爲罪也有蔽賢之罪也一曰少室周爲襄主驂乘至晉陽有力士牛子耕與角力而不勝周言於主曰主之所以使臣騎乘者以臣多力也今有多力於臣者願進之

二齊桓公將立管仲令羣臣曰寡人將立管仲爲仲父善者入門而左不善者入門而右東郭牙中門而立公曰寡人立管仲爲仲父令曰善者左不善者右今子何爲中門而立牙曰以管仲之智爲能謀天下乎公曰能以斷爲敢行大事乎公曰敢牙曰君知能謀天下斷敢行大事君因專屬之國柄焉以管仲能乘公之勢以治齊國得無危乎公曰善乃令隰朋治內管仲治外以相參

晉文公出亡箕鄭挈壺餐而從迷而失道與公相失飢而道泣寢餓而不敢食及文公反國舉兵攻原克而拔之文公曰夫輕忍飢餒之患而必全壺餐是將不以原叛乃舉以爲原令大夫渾軒聞而非之曰以不動壺餐之故怙其不以原叛也不亦無術乎故明主者不恃其不我叛也恃吾不可叛也不恃其不我欺也恃吾不可欺也

陽虎議曰主賢明則悉心以事之不肖則飾姦而試之逐於魯疑於齊走而之趙趙簡主迎而相之左右曰虎善竊人國政何故相也簡主曰陽虎務取之我務守之我既守則彼不能得利遂執術而御之陽虎不敢爲非以善事簡主興主之強幾至於霸也

魯哀公問於孔子曰吾聞古者有夔一足其果信有一足乎孔子對曰不也夔非一足也夔者忿戾惡心人多不說喜也雖然其所以得免於人害者以其信也人皆曰獨此一足矣夔非一足也一而足也哀公曰審而是固足矣

一曰哀公問於孔子曰吾聞夔一足信乎曰夔人也何故一足彼其無他異而獨通於聲堯曰夔一而足矣使爲樂正故君子曰夔有一之非一足也

晉文公與楚戰至黃鳳之陵履係解因自結之左右曰不可以使人乎公曰吾聞上君所與居皆其所畏也言有德也中君之所與

居皆其所愛也（能敬順君故可愛也）下君之所與居皆其所侮也（材輕且侮）寡人雖不肖先君之人皆在是以難之也

三文王伐崇至鳳黃虛韤係解因自結太公望曰何爲也王曰君與處皆其師中皆其友下盡其使也今王先君之臣故無可使也

季孫好士終身莊居處衣服常如朝廷而季孫適懈有過失（暫廢其矜莊也）而不能長爲也故客以爲厭易己相與怨之遂殺季孫故君子去泰去甚

南宮敬子問顏涿聚曰季孫養孔子之徒所朝服與坐者以十數而遇賊何也曰昔周成王近優侏儒以逞其意而與君子斷事是能成其欲於天下今季孫養孔子之徒所朝服而與坐者以十數而與優侏儒斷事是以遇賊故曰不在所與居在所與謀也

孔子御坐於魯哀公哀公賜之桃與黍哀公請用仲尼先飯黍而後啗桃左右皆揜口而笑哀公曰黍者非飯之也以雪桃也仲尼對曰丘知之矣夫黍者五穀之長也祭先王爲上盛果蓏有六而桃爲下祭先王不得入廟丘之聞也君子以賤雪貴不聞以貴雪賤今以五穀之長雪菓蓏之下是從上雪下也丘以爲妨義故不敢以先於宗廟之盛也

簡主謂左右車席泰美夫冠雖賤頭必戴之屨雖貴足必履之今車席如此太美吾將何屩以履之屨所履席太美則更無美屨以履之也夫美下而耗上言席美則履又當美履美衣又當美累美不已則居上弥有所費也妨義之本也

費仲說紂曰西伯昌賢百姓悅之諸侯附焉不可不誅不誅必爲殷紂曰子言義主何可誅費仲曰冠雖穿弊必戴於頭履雖五采必踐之於地今西戎昌人臣也修義而人向之卒爲天下患其必昌乎人人不以其賢爲其主非可不誅也且主而誅臣

焉有過紂曰夫仁義者上所以勸下也今昌好仁義誅之不可三說不用故亡

齊宣王問匡倩曰儒者博乎曰不也王曰何也匡倩對曰博貴梟勝者必殺梟殺梟者是殺所貴也儒者以爲害義故不博也又問曰儒者弋乎曰不也弋者從下害於上者也是從下傷君也儒者以爲害故不弋又問儒者鼓瑟乎曰不也夫瑟以小絃爲大聲以大絃爲小聲是大小易序貴賤易位儒者以爲害義故不鼓也宣王曰善仲尼曰與其使民諂下也寧使民諂上（諂下則朋黨諂上則尊敬）

四詎者齊之居士孱孖者魏之居士齊魏之君不明不能親照境內而聽左右之言故二子費金璧而求入仕也

西門豹爲鄴令清尅潔慤秋毫之端無私利也而甚簡左右（不事君左右也）左右因相與比周而惡之居期年上計君收其璽豹自

曰臣昔者不知所以治鄴今臣得矣願請璽復以治鄴不當請伏斧鑕之罪文侯不忍而復與之豹因重斂百姓急事左右期年上計文侯迎而拜之豹對曰往年臣爲君治鄴而君奪臣璽今臣爲左右治鄴而君拜臣臣不能治矣遂納璽而去文侯不受曰寡人曩不知子今知矣願子勉爲寡人治之遂不受（不受豹所納之璽也）

齊有狗盗之子與刖危子戲而相誇盗子曰吾父之裘獨有尾（言裘尚有所盗之狗尾）危子曰吾父獨冬〻不失袴（刖足者不衣袴雖終其冬〻夏無所損失也）

子綽曰人莫能左畫方而右畫圓也以肉去蟻蟻愈多以魚驅蠅蠅愈至

桓公謂管仲曰官少而索者衆寡人憂之管仲曰君無聽左右之謂請因能而受禄録功而與官則莫敢索官君何患焉

韓宣子曰吾馬菽粟多矣甚臞何也寡人患之周市對曰使騶

盡粟以食雖無肥不可得也名爲多與之其實少雖無臞亦不可得也主不審其情實坐而患之馬猶不肥也

桓公問置吏於管仲曰辯察於辭清潔於貨習人情夷吾不如絃商請立以爲大理登降肅讓以明禮待賓臣不如隰朋請立以爲大行墾草仞邑（仞入也所食之邑能入其租稅也）辟地生粟臣不如甯武請以爲大田三軍既成陣使士視死如歸臣不如公子成父請以爲大司馬犯顏極諫臣不如東郭牙請立以爲諫臣治齊此五子足矣將欲霸王夷吾在此

孟獻伯相魯堂下生藿藜門外長荊棘食不二味坐不重席晉無衣帛之妾居不粟馬出不從車叔向聞之以告苗賁皇賁皇非之曰是出主之爵祿以附下也一曰孟獻伯拜上卿叔向往賀門有御馬不食禾向曰子無二馬二輿何也獻伯曰吾觀國人尚有飢色是以不秣馬班白者不徒行故不二輿向曰吾始

賀子之拜卿令賀子之儉也向出語苗賁皇曰助吾賀獻伯之儉也苗子曰何賀焉夫爵禄旂章所以異功伐別賢不肖也故晉國之法上大夫二輿二乘中大夫二輿一乘下大夫專乘此明等級也且夫卿必有軍事是故循車馬比卒乘以備戎事有難則以備不虞平夷則以給朝事今亂晉國之政乏不虞之備以成節以絜私名獻伯之儉也可與（言辭制當誅之故可與也）又何賀

管仲相齊曰臣貴矣然而臣貧桓公曰使子有三歸之家曰臣富矣然而臣卑桓公使立於高國之上曰臣尊矣然而臣疏乃立爲仲父孔子聞而非之曰泰侈偪上一曰管仲父出朱蓋青衣置鼓而歸（自朝歸設鼓吹之樂）庭有陳鼎家有三歸孔子曰良大夫也其侈偪上

孫叔敖相楚棧車（柴車也）牝馬糲餅菜羹枯魚之膳冬羔裘夏葛衣面有飢色則良大夫也其儉偪下

陽虎去齊走趙簡主問曰吾聞子善樹人虎曰臣居魯樹三人皆爲令尹及虎抵罪於魯皆搜索於虎也臣居齊薦三人一人得近王一人爲縣令一人爲候吏及臣得罪近王者不見臣縣令者迎臣執縛候吏者追臣至境上不及而止虎不善樹人主俛而笑曰樹橘柚者食之則甘嗅之則香樹枳棘者成而刺人故君子愼所樹

中牟無令晉平公問趙武曰中牟三國之股肱（趙齊燕也）邯鄲之肩髀寡人欲得其良令也誰使而可武曰邢伯子可公曰非子之讎也曰私讎不入公門公又問曰中府之令誰使而可曰臣子可故曰外舉不避讎內舉不避子

趙武所薦四十六人及武死各就賓位其無私德若此也

平公問叔向曰羣臣孰賢曰趙武公曰子黨於師人（向武之屬大夫）武立如不勝衣言如不出口然所舉士也數十人皆得其意（稱叔向故）

讎而公家甚賴之及武子之生也不利於家死不託於孤臣敢以爲賢也

解狐薦其讎於簡主以爲相其讎以爲且幸釋己也乃因往拜謝狐乃引弓送而射之曰夫薦汝公也以汝能當之也夫讎汝吾私怨也不以私怨汝之故擁汝於吾君故私怨不入公門

解狐舉邢伯柳爲上黨守柳往謝之曰子釋罪敢不再拜曰舉子公也怨子私也子往矣怨子如初也

鄭縣人賣豚人問其價曰道日暮安暇語汝

六范文子喜直言武子擊之以杖夫直議者不爲人所容無所容則危身非徒危身又將危父

子產者子國之子也子產忠於鄭君子國譙怒之曰夫介異於人臣而獨忠於主主賢明能聽汝不明將不汝聽聽與不聽未可必知而汝已離於羣臣離於羣臣則必危汝身矣非徒危己也

又且危父矣

梁車新爲鄴令其姊往看之暮而後門閉因踰郭而入車遂刖其足趙成侯以爲不慈奪之璽而免之令

管仲束縛自魯之齊道而飢渴過綺烏封人而乞食烏封人跪而食之甚敬封人因竊謂仲曰適幸及齊不死而用齊將何報我曰如子之言我且賢之用能使勞之論我何以報子封人怨之

韓非子卷第十二

傳古樓景印

“四部要籍選刊”已出書目

序號	書名	底本	定價
1	四書章句集注（3 册）	清嘉慶吴氏刻本	150
2	阮刻周易兼義（3 册）	清嘉慶阮元刻本	150
3	阮刻尚書注疏（4 册）	清嘉慶阮元刻本	200
4	阮刻毛詩注疏（10 册）	清嘉慶阮元刻本	500
5	阮刻禮記注疏（14 册）	清嘉慶阮元刻本	700
6	阮刻春秋左傳注疏（14 册）	清嘉慶阮元刻本	700
7	楚辭（2 册）	清初毛氏汲古閣刻本	100
8	杜詩詳注（9 册）	清康熙四十二年初刻本	450
9	文選（12 册）	清嘉慶十四年胡克家影宋刻本	600
10	管子（3 册）	明萬曆十年趙用賢刻本	150
11	墨子閒詁（3 册）	清光緒毛上珍活字印本	150
12	李太白文集（8 册）	清乾隆寶笏樓刻本	400
13	韓非子（2 册）	清嘉慶二十三年吴鼒影宋刻本	100

圖書在版編目（CIP）數據

韓非子 /（清）吴鼒刻本. -- 杭州 : 浙江大學出版社, 2018.5 （2024.12 重印）
（四部要籍選刊 / 蔣鵬翔主編）
ISBN 978-7-308-18117-4

Ⅰ. ①韓… Ⅱ. ①吴… Ⅲ. ①法家②《韓非子》—注釋 Ⅳ. ①B226.5

中國版本圖書館 CIP 數據核字 (2018) 第 065349 號

韓非子
（清）吴鼒刻本

叢書策劃　陳志俊
叢書主編　蔣鵬翔
責任編輯　王榮鑫
責任校對　田程雨
封面設計　夏　霖
出版發行　浙江大學出版社
（杭州市天目山路 148 號　郵政編碼 310007）
（網址：http://www.zjupress.com）
排　　版　杭州尚文盛致文化策劃有限公司
印　　刷　浙江海虹彩色印務有限公司
開　　本　850mm×1168mm 1/32
印　　張　18
字　　數　164 千
印　　數　1301—2100
版 印 次　2018 年 5 月第 1 版　2024 年 12 月第 3 次印刷
書　　號　ISBN 978-7-308-18117-4
定　　價　98.00 元（全二册）

版權所有　翻印必究　印裝差錯　負責調換

浙江大學出版社發行中心聯繫方式：（0571）88925591；http://zjdxcbs.tmall.com